시민의 품격,
국가의 품격

시민의 품격, 국가의 품격

'플루타르코스 영웅전'에서 민주주의를 읽다!

이충호 지음

일러두기

1. 이 책에 소개된 《플루타르코스 영웅전》의 장면들은 기본적으로 이다희 번역본(휴먼앤북스), 이성규 번역본(현대지성), 천병희 번역본(도서출판 숲)에서 인용하였으나 문맥이 단절되어 독자들이 이해하기 어렵거나 혼동할 수 있는 부분은 가독성을 높이기 위해 페린(Bernadotte Perrin)의 영역본 《Plutarch's Lives》를 참고하여 더욱 쉬운 표현으로 고쳤다.

2. 이 책에서는 가능한 한 외래어 표기법에 따라 인명과 지명을 표시하였고, 이해하기 쉽게 익숙한 현재의 지명을 따랐다.

CONTENTS

2부 시민답게

3부 나라답게

꿈꾸고 있을 **그대**에게

갑자기 시간이 불어났습니다. 이참에 고전을 읽어보자고 생각했습니다. 독서에 대한 나의 부실한 맷집을 알기에 마치 초겨울 언 강에 발을 내딛듯 그리스 신화로 살금살금 나아갔습니다. 호메로스의 《일리아스》는 자연스레 하인리히 슐리만의 트로이 유적 발굴 이야기로 이어졌습니다. 독서 목록은 계획한 대로 되는 게 아니라 읽은 책이 다음 책을 안내한다는 것을 알게 된 순간이기도 했습니다. 《오디세이아》로 나아가기 전에 호흡을 고른다는 차원에서 선택한 《플루타르코스 영웅전》은 적당해 보였습니다.

가벼운 마음으로 읽기 시작한 영웅들의 이야기에 이끌린 나는 어느새 3천 년의 시공간을 넘나들며 분주히 움직이고 있었습니다. 플루타르코스가 들려주는 주인공 50명의 이야기가 족히 천여 명이 넘는 조연들을 만나 또 다른 감동을 만들어냈기 때문입니다. 그들의 삶을 뒤쫓는 내내 나는 스스로에게 '시민과 지도자의 자격'을 묻고 있었습니다. 그것은 전혀 예상치 못한 경험이었습니다. 그것은 아마도 책 속에 등장하는 이야기들이 먼 옛날, 먼 나라 남의 이야기가 아니라, 나 자신과 나를 둘러싸고 있는 바로 지금 우리의 이야기라는 생각이 들었기 때문입니다. 그래서 나는, 환멸과 절망 사이에 놓인 나를 흔들고 깊은 생각으로 이끌어준 장면들, 즉 감동일 수도 있고 부끄러움일 수도 있고 또한 다짐일 수도 있는 생각을 전하고 싶은 마음에 책을 쓰기 시작했습니다.

그리스 신화에 관해서는 많은 사람들이 신들의 계보를 꿸 정도로 알고 있을 뿐만 아니라, 다양한 형태로 재조명하고 경영의 도구로도 활용하고 있습니다. 그에 비해 《플루타르코스 영웅전》은 '전쟁터를 누빈 몇몇 영웅들의 옛 이야기' 정도로 여겨져서인지 그리스 신화만큼 열독률이 높지 않습니다. 어떤 목적이 있어서 전략서로 《플루타르코스 영웅전》을 읽는 독자도 있겠지만, 나는 우리가 살아가는 지금의 '방식'을 한 번쯤 멈추어 서서 돌아보는 '지혜서'로 읽었습니다. 이 책의 수많은 이야기는 단지 그들만의 과거사가 아니라 우리의 현재를 밝혀주는 지혜를 제공하고 있기 때문입니다.

에드워드 카Edward Hallett Carr는 말합니다.

현대인은 유례없을 정도로 자기를 의식하며 따라서 역사를 의식한다. 그는 자기가 지나온 희미한 어둠 속의 가냘픈 빛이 그가 앞으로 가려고 하는 어두컴컴한 곳까지 밝혀줄 것이라는 희망을 가지고서 열심히 그 희미한 어둠 속을 뒤돌아본다. 그리고 이와는 반대로 앞에 놓인 길에 대한 그의 갈망 또는 불안은 뒤에 놓인 것에 대한 그의 성찰을 재촉한다. 과거와 현재와 미래는 끝없는 역사의 사슬 속에 서로 연결되어 있다.

개인의 성찰이나 갈망과 불안은 각각 다를 수밖에 없습니다. 그렇다고 해서 공동체를 감싸고 있는 민주주의를 망각해서도 안 될 일입니다. 불통과 고집을 이어가던 대통령을 탄핵하고 새로운 대통령을 선출하기까지 매일 어수선한 소식을 들을 때마다 이미 우리 공동체는 금이 갔다고도 생각했습니다.

그래서 민주주의가 생겨난 고대 그리스의 시민의식과 민주주의의 정점에 살고 있다고 주장하는 오늘날 우리의 시대정신을 비교해보고 싶었습니다. 왕 앞에서 당당하게 소리치던 그 옛날 할머니의 기개와 청년의 패기를 오늘날 우리 사회에서는 왜 찾아보기 어려운지, 입만 열면 서민의 행복과 민주주의를 외쳐대는 대한민국의 정치인들은 고대 그리스인들과 로마인들의 리더십과 얼마나 거리가 있는지 생각해보았습니다. 결국 훌륭한 지도자를 선택할 줄 아는 시민정신이 중요하다는 결론을 내렸습니다.

고대 그리스인에 견주어볼 때 우리의 주권적 삶의 자세는 그동안 어쩌면 앞으로 나아가기는 커녕 뒤로 가고 있었는지도 모를 일입니다. 괴테Johann Wolfgang von Goethe의 말을 떠올려보면 우리의 참모습이 각자의 마음에 그려질 것입니다.

11
작가의 글

시대가 쇠퇴하고 있을 때 모든 경향은 주관적이다. 그러나 반대로 여러 가지 일들이 새로운 시대를 위해서 무르익어가고 있을 때 모든 경향은 객관적이다.

《플루타르코스 영웅전》을 어떻게 읽어야 할까요? 이 책은 단순히 영웅들의 흥망성쇠를 기록한 사료를 넘어 그리스와 로마의 비슷한 유형의 두 인물을 짝지어 비교하는 형태를 취하고 있습니다. 바로 여기에 플루타르코스의 의도가 들어 있습니다. 그는 단지 그들이 누구인지를 알려주고자 하는 데서 그치지 않고 그들에게서 배울 것이 무엇인지를 남기고자 했습니다. 나 역시 인물의 생애가 아니라 인상적인 사건이나 평가가 따르는 장면에 초점을 맞추고 그 오래된 거울로 오늘의 우리를 비춰보았습니다.

"아테네 시민들이여, 내가 모진 말을 하는지 보지 말고, 내가 모진 말을 하는 대가로 보수를 받는지를 보라." 이 연설은 누구를 떠올리게 합니까. 경제단체로부터 뒷돈을 받고 보수정부를 옹호하는 사람들입니까? 접견을 거부하는 왕에게 "그러면 왕을 하지 말든가!"라고 버럭 소리 지르는 할머니의 외침에 뜨끔한 사람은 누구일까요. '마리 앙투아네트'입니까?

"친구여, 내가 가진 것 중에 자네와 나눌 수 있는 것이 뭐가 있겠는가?" "왕이시여, 다 좋으나 나라의 비밀만은 저와 나누지 말아주십시오." 왕과 친구 사이에 있었던 이 대화는 또 어떻습니까. '국정농단'의 스캔들에 휩싸인 전직 대통령과 그 여인이 읽어보고 마음에 밑줄 긋

기라도 했더라면 정작 헌정 파괴 운운하는 국민의 울분도 생겨나지
않았을 것입니다.

이제는 홍건히 붉게 잠긴 민주주의를 양지 바른 곳에 올려놓고 우
리의 삶에도 볕이 들도록 헌신하는 마음을 가진 지도자를 가져야 하
지 않을까요?《플루타르코스 영웅전》은 적어도 이 질문에 대한 답을
제공해주었습니다. 지도자에게는 헌신을 요구하고, 시민에게는 고
결한 태도를 갖출 것을 요구하고 있기 때문입니다. 영웅들의 뒷모습
을 보는 우리에게 어떻게 살아갈 것인지를 끊임없이 묻고 있기 때문
입니다.

나는 영웅으로 불린 사람들과 품위를 드러낸 시민들이 보여준 지
혜를 함께 나누고 싶은 마음에 이 책을 썼습니다. 나는 우리 사회에
의미가 있는 장면을 주권자적 시민의 위치에서 기록으로 남기고 싶
었습니다. 헌신은커녕 국정을 농단한 지도자의 하야와 탄핵을 외치
며 광장을 불 밝힌 시민들의 고결한 용기를 담아내고자 했습니다. 거
리에서 촛불을 들지는 못했지만 저마다 미안한 마음으로 마음속에
촛불을 켜고 살아가는 시민들의 고결한 태도를 기록했습니다. 민주
주의와 정의, 건강한 시민정신이 어깨동무하고 걸어가는 소망을 담
아냈습니다.

대학을 졸업한 큰딸이 내게 물었습니다.
"아빠는 다시 20대로 돌아간다면 무엇을 하고 싶으세요?"
"세상을 두루 돌아다니며 구경하고, 천 권의 고전을 읽을 거야."

《플루타르코스 영웅전》을 읽고 난 후여서 그렇게 답했는지도 모르겠습니다.

분노와 **증오**의 고개를 넘고, **환멸**과 **절망**의 강을 건너

"우울증에 화병까지 앓고 있네요."

어깨 통증을 치료하러 간 한의원에서 진맥하던 의사가 말했다.

"……."

"누구로부터 쫓기고 있나요?"

"……. 시간에 쫓기고 있습니다."

나는 절반의 진실을 얹은 말로 대답했다. 난생처음 받아본 병명이었지만 당혹스럽지는 않았다. 이미 내가 느끼고 있었던 것을 그가 확인해주었을 뿐이다. 그동안 내 육체는 무게를 줄여가며 저울을 여러 번 놀라게 했으며, 내 정신은 버려지기 위해 압축되는 깡통처럼 얇아졌음을 알고 있었다. 그 찌그러진 깡통의 쓰임은 어디일까. 어디로 보내진 걸까. 버려져 드디어 끝을 만난 것일까. 그의 입에서 나오는 병명을 듣는 순간 문장 하나가 곧바로 내 입술에서 떨리고 있었다.

"분노와 깊은 증오가 그를 흔들고 있었다."

분노하고 증오할 수 '없는' 대상에 대하여 증오와 분노를 느끼고 있다는 것이 마음의 병으로 이어졌을 것이다. 하지만 그 어느 누구에게도 털어놓을 수는 없었다. 아니 털어놓고 싶지가 않았다. 오로지 나의 문제이고 해결할 수 있는 것도 나뿐이라고 믿었기 때문이다. 관계의 모든 아픔에는 빈 집이 존재한다. 아직도 내가 '하지 못한' 말이 있고, 내가 '하지 않은' 말이 차지한 공간이 있다. 그건 상대방도 마찬가지일 것이다. 그러기에 금이 간 관계에서는 아픔이 배어난다. 모든 관계는 인성의 문제이고 예의의 문제이기 때문이다.

마음이 아프면서 제일 먼저 나를 찾아온 것은 분노와 증오였다. 이들은 '나'를 등지고 서서 '상대'를 바라보며 공격할 빈틈을 찾는 전사와도 같다. '나'는 사라지고 '상대'만 살아가는 세상에 대한 분노와 증오가 나를 흔들고 있었다. 그로부터 얼마의 시간이 지나지 않아 환멸과 절망이 오직 '나'만을 향해 거대한 해일처럼 몰려왔다. 뭍은 닿을 수 없을 만큼 멀어 보였고, 깊이는 무시할 수 없을 만큼 깊었다.

나는 점차 모임을 줄이고, 만남을 피하고 있었다. 폴 틸리히Paul Tillich, 1886~1965는 "외로움은 혼자 있음의 고통이고, 고독은 혼자 있음의 영광이다"라고 말한다. 그의 분류에 따르면 '고독'은 나에게 사치였고, 나는 '외로움'에 말라가고 있었다. 나는 자살하는 사람들을 이해할 수 있었다. 나 또한 중간에 마주치는 바위라도 잡지 않는다면 어디에 있을지 모르는 벼랑 끝으로 휩쓸려 갔을 것이다.

"우울은 어떻게 해도 원하는 바를 얻을 수 없다는 무기력감이 반복을 통해 학습될 때 찾아오는 감정이다."

나는 우울을 정의한 이 문장에서 한 줄기 빛을 보았다. '어떻게 해도 원하는 바를 얻을 수 없다'는 말은 지혜가 들어갈 여지가 있거나, 지혜를 사용할 수 있어야 한다는 의미와 같기 때문이다. 판단을 도와주는 것이 지혜다. 그동안 내가 수집했던 무기들을 하나하나 꺼내 상태를 점검해보았다. 니코스 카잔차키스Nikos Kazantzakis, 1883~1957의 《그리스인 조르바》가 가장 쓸 만했다.

나는 새벽에 일어나 빠른 걸음으로 해변을 따라 마을로 향했다. 내 심장은 가슴속에서 뛰고 있었다. 내 생애 그 같은 기쁨은 누려 본 적이 없었다. 예사 기쁨이 아닌, 숭고하면서도 이상야릇한, 설명할 수 없는 즐거움 같은 것이었다. 설명할 수 없는 정도가 아니라 설명할 수 있는 모든 것과 극을 이루는 그런 것이었다. 나는 모든 것을 잃었다. 돈, 사람, 고가선, 수레를 모두 잃었다. 우리는 조그만 항구를 만들었지만 수출할 물건이 없었다. 깡그리 날아가 버린 것이었다.

그렇다. 내가 뜻밖의 해방감을 맛본 것은 정확하게 모든 것이 끝난 순간이었다. 엄청나게 복잡한 필연의 미궁에 들어 있다가 자유가 구석에서 놀고 있는 걸 발견한 것이었다. 나는 자유의 여신과 함께 놀았다.

모든 것이 어긋났을 때, 자신의 영혼을 시험대 위에 올려놓고 그 인내와 용기를 시험해 보는 것은 얼마나 즐거운 일인가! 보이지 않는 강력한 적(혹자는 하느님이라고 부르고 혹자는 악마라고 부르는)이 우리를 쳐부수려고 달려오는 것 같았다. 그러나 우리는 부서지지 않았다. 외부적으로는 참패했으면서도 속으로는 정복자가 되었다고 생각하는 순간 우리 인간은 더할 나위 없는 긍지와 환희를 느끼는 법이다. 외부적인 파멸은 지고(至高)의 행복으로 바뀌는 것이었다.

나는 언젠가 조르바가 했던 말을 떠올렸다.

"어느 날 밤, 눈으로 덮인 마케도니아 산에는 굉장한 강풍이 일었지요. 내가 자고 있는 오두막을 뒤흔들며 뒤집어엎으려고 합니다. 그러나 나는 진작 이걸 비끄러매고 필요한 곳은 보강해 두었지요. 나는 불 가에 홀로 앉아 웃으면서 바람에 악을 올렸어요. 〈이것 보게, 아무리 그래 봐야 우리 오두막에는 들어올 수 없어. 내가 문을 열어 주지 않을 거니까. 내 불을 끌 수도 없어. 내 오두막을 엎어? 그렇게는 안 되네.〉"

조르바의 이 몇 마디 안 되는 말에서 나는 인간이 취해야 할 도리와 강력하면서도 맹목적인 필연에 부딪혔을 때 우리가 맞서 대적할 어조를 감득했다.

나는 해변을 따라 잰걸음으로 걸으며 내 적과 이야기를 나누었다. 나는 호령했다. 「내 영혼에는 들어오지 못해. 문을 열어 주지 않을 거니까. 내 불을 끌 수도 없어. 나를 뒤엎다니. 어림없는 수작!」

환멸과 절망이 나를 흔들 때, 나는 조르바에게 춤을 가르쳐달라고 부탁했다. 그는 니코스 카잔차키스의 묘비명을 훔쳐 와서 내게 외치며 춤을 추라고 가르쳐주었다. "나는 아무것도 바라지 않는다. 나는 아무것도 두려워하지 않는다. 나는 자유다." 그래, 아직까지는 내 삶이 좀 더 흔들려도 괜찮아. 나는 이렇게 분노와 증오의 고개를 넘고,

환멸과 절망의 강을 조심조심 건너갔다. 알베르 카뮈Albert Camus도 나를 도왔다. "사실, 우리 세대가 요청받은 것은 오직 하나, 절망을 감당할 능력을 갖추라는 것이었다"라고.

　개인적 우울을 이기고 나면 집단적 우울과 싸워야 하는 게 우리 사회이다. 김홍중 교수가 말하는 '마음의 부서짐-세월호 참사와 주권적 우울'이 이 경우에 해당한다.

> 　애도는 상실된 애정의 대상에 투자되었던 심적 에너지가 포기되고, 새로운 대상에 재투입되는 노동과정이다. 그리하여 아무리 고통스럽다 할지라도, 애도를 통해 마음이 부서졌던 자는 삶으로 회귀한다. 그러나 아직 그 명확한 의미가 공개되지 않은 죽음, 그리하여 천도되지 못하고, 상징화되지 못하는 죽음은 애도될 수 없다.

　304명의 희생자가 발생한 세월호 침몰사고에 따른 재판에서 관련자들이 줄줄이 무죄 판결을 받았다. 검찰이 승객 구조와 직접적인 관련이 없는 사람들에게 책임을 물어 잘못 기소했기 때문이다. 검찰은 법원이 핵심 책임자로 지목한 해경 지휘부에 대해서는 수사를 하지도, 재판에 넘기지도 않았다. 국정농단 사태가 터지고 세월호 관련 뉴스가 하나둘씩 흘러나올 때마다 유가족들이 분노와 증오의 강을 지나 환멸과 절망의 바다로 빨려 들어갔음은 우리가 보아온 바 그대로이다.

분노와 깊은 증오가 그를 흔들고 있었다. 분노가 사실은 고통에서 비롯되었다는 것을 아는 사람은 많지 않다. 고통은 자체의 불꽃에 의해 소진되고, 분노로 변형되어가는 과정을 통해서 깊은 곳에 숨겨져 있는 본성이 드러나게 된다.

— 코리올라누스 2막 2절

분노와 증오가 그를 흔들 때, 그의 고통은 분노로 타오르며 소진되지만 그 과정에서 깊이 숨겨져 있는 본성은 불꽃 옆에서 춤을 춘다. 분노와 싸우는 것은 힘겹다. 분노는 목숨을 지불하면서까지 원하는 모든 것을 얻어내는 힘을 가지고 있기 때문이다.

통계에 따르면 우리나라 성인 일곱 명 중 한 명이 우울증을 겪는다고 한다. '도로 위의 분노Road Rage'에서부터 '묻지마 살인'에 이르기까지 우울증은 위험을 내포한다. 우울증 환자 중 65% 정도가 자살을 생각하고, 그중 10~15%는 행동으로 옮긴다. 자살자는 꾸준히 늘어나 지금은 하루 평균 40명에 이른다. 우리나라는 2003년 이래 경제협력개발기구OECD 국가 중 자살률이 가장 높은 나라다. 청소년이 사망하는 가장 큰 이유가 자살이며, 65세 이상 노인 자살률 또한 1위다. 모두가 사회적 약자들이다. 만성화된 청년실업, 비정규직의 양산, 경제적 불평등으로 인한 계층의 양극화 등이 주요 원인이다. 자살을 단지 개인의 문제로 치부했으나 더는 방치할 수 없는 사회적 문제가 된 지 오래라는 의미이기도 하다. 우울증과 자살로 인한 사회·경제적 부담은 한 해에 10조 원을 넘는다.

낮은 삶의 질과 느슨한 공동체 의식은 자살과 밀접하게 연관되어 있다. 성장 중심의 양적 패러다임에서 벗어나 포용하고, 삶의 질을 중심에 두어야 하지만 지금도 여전히 대한민국은 오로지 경쟁이다. 학생은 성적 우선주의, 직장인은 성과 지상주의에 휘둘리고 있다. 대한민국이 온통 경쟁 때문에 눈물 흘리고 남이 경쟁하는 것을 보면서 위로받는다는 사실을 생각해보라. 학교와 직장에서 지겨울 만큼 경쟁을 끝내고 집에 돌아와 쉬면서 보는 TV 프로그램이 온통 경쟁이다. 프로와 일반인 할 것 없이 노래 실력을 겨루고, 자동차 경주, 패션 디자인, 요리 실력을 놓고 경쟁한다. 왜곡된 형태 혹은 왜곡한 형태이긴 하지만 니체가 《우상의 황혼》에서 한 말은 우리 시대의 거울임에 틀림없다. "삶의 사관학교로부터. – 나를 죽게 하지 않는 것은 나를 더욱 강하게 만든다."

사람들은 역경을 이겨내는 낙관주의나 결연한 의지를 드러내기 위한 긍정적인 표현으로 이 말을 쓴다. 하지만 히틀러의 나치 청년 캠프도 이 경구를 사용했다. 사람들은 '자기혁명'의 관점에서 바라보지만 나치는 국민을 조종 가능한 존재로 만드는 데 사용했다. 마치 칼의 쓰임과 같다. 요리사를 도와 맛을 내든지, 살인자를 도와 피를 흘리든지.

시장과 교육이 손을 잡고 '살아남는 게 중요하다'고 외치고 다니고 있다. 위험하다. 살아남은 후 어디로 갈 것인지에 대한 분별력과 통찰력이 없는 사회는 더욱 그렇다. 나는 눈을 감은 채 한강의 시 '회복기의 노래'를 듣는다.

이제
살아가는 일은 무엇일까

물으며 누워 있을 때
얼굴에
햇빛이 내렸다

빛이 지나갈 때까지
눈을 감고 있었다
가만히

1부
리더답게

'**비행착각**'이 국가를 추락시킨다

필립피데스는 왕(리시마코스)의 친구였다. 왕이 아테네 사람들에게 선정을 베푼 것도

바로 필립피데스 때문이었다. 왕은 친구의 얼굴만 보아도 기분이 좋을 정도였다. 한번

은 왕이 호의를 베풀고 싶은 마음에 친구에게 물었다.

"친구여, 내가 가진 것 중에 무엇을 자네와 나누면 좋겠는가?"

"왕이시여, 다 좋으나 나라의 비밀만은 저와 나누지 말아주십시오."

무대에 서는 필립피데스는 연단에 서는 스트라토클레스와 이처럼 비교가 된다.

– 데메트리오스 12절

　　기원전 323년, 알렉산드로스 왕은 서른셋의 나이에 죽음을 맞았
고 체제가 정비되지 않은 광대한 제국만 남겨놓았다. 당연히 실권을
쥐고 있었던 마케도니아의 장군들 Diadocho, 후계왕 사이에서는 후계자
의 자리를 놓고 경쟁이 벌어졌다. 이 일화의 주인공인 리시마코스도

다른 경쟁자들과 싸우고 있었다. 연단에 서는 정치가인 스트라토클레스는 정교한 아첨 방법을 생각해낸 '창조경제인'이었다. 그는 자신이 모시는 주군을 신들의 모습에 견주며 아첨하고, 전쟁에서 패배한 소식이 알려지기 전에 아테네 시민들에게 승리했다는 거짓 뉴스를 뿌리기도 했다. 며칠 후 아테네의 패배를 알게 된 시민들이 분노하며 달려들어도 그는 천연덕스럽게 말했다. "제가 무슨 잘못을 했습니까? 지난 이틀간 여러분은 즐겁지 않았습니까?" 그는 그렇게 뻔뻔스러웠다.

반면 희극작가이자 시인인 필립피데스의 절제와 현명함은 동시대의 스트라토클레스를 무색하게 만들었으며, 2,300년의 시간이 흐른 지금 대한민국에서 찬란하게 빛난다. 왕의 우문에 대한 필립피데스의 현답賢答은 얼마나 통렬한가! 왕으로부터 부당한 특권을 얻을 수 있었지만 그의 시민정신은 이를 반칙으로 판단하고 스스로 용납하지 않았다. 그는 개인의 부귀영화에 대한 유혹 앞에서 선량한 시민의 역할을 방관하지 않았고, 정의에 대한 존경심을 끝까지 잃지 않았다.

국가를 장난감 다루듯 했던 자들이 여태껏 보여준 인격으로 판단하건대 그들의 회한과 반성을 기대하는 것은 무리일 테지만 이런 '가상嘉賞한' 관계가 있다는 것쯤은 알려주고 싶다. 이웃 나라에서 전해지는 '요堯와 허유許由'의 이야기는 필립피데스의 인성을 훨씬 뛰어넘기 때문이다.

요 임금이 천하를 맡길 생각으로 스승인 허유에게 말했다.

"해와 달이 떴는데도 관솔로 만든 횃불을 계속 밝힌다면 그 빛을 내기가 어렵고, 때 맞춰 비가 흠뻑 왔는데도 냇물을 퍼 올려 논밭에 물을 대는 것은 공연한 헛수고일 뿐입니다. 스승이 왕이 된다면 천하가 다스려질 것인데 제가 아직도 왕의 자리에 있으니 부끄럽습니다. 스승께서 천하를 맡아주시길 바랍니다."

허유가 대답했다.

"그대가 임금이 된 후 이미 천하는 잘 다스려지고 있네. 천하가 태평하면 다스림이 없어야 하네. 그냥 가만히 두면 되네. 그럼에도 나보고 왕을 하라는 말은 나에게 쓸데없는 명예를 구하라는 것이네. 명예는 일시적인 손님이고 헛된 것이네. 나보고 어찌 일시적 손님과 같은 것을 구하라는 것인가?"

허유는 요 임금과 대화를 나눈 후 집을 떠나 은둔했다.

신하의 자질도 중요하지만 나라를 다스리는 권력자의 자질은 더욱 중요하다. 맹자는 말한다. "아무리 임금이라도 인仁을 거스르면 도적이 되고, 의義를 거스르면 악당으로 임금의 신분에서 일개 사내나 아녀자가 된다." 이러한 기준에서 보면 리시마코스는 군주의 자질이 거의 없다고 할 수 있다. 큰일을 할수록 덕과 세계에 대한 인식이 요구된다. 인은 미덕으로 사람을 감동하게 하고, 의는 깊은 생각으로 사람들의 존경을 받는 자질이기에 시간과 공간이 벌어지면 그리움의 대상이 된다. 리시마코스는 인의仁義를 결여한 지도자에 해당한다. 그의 질문이 깊은 생각에서 나온 것도 아니고 미덕도 아니기 때문이다.

지금은 군주민수君舟民水의 시대다. 백성은 물, 임금은 배다. 강물은 배를 뜨게 하지만 화가 나면 배를 뒤집을 수도 있다. 민주주의 국가에서는 '성골'이라는 이유로 무조건 보호받아야 할 권력도 없어야 하고, '그 자리에 그냥 가만히 있는' 국민도 자격이 없다. 대통령도, 시민도 혼용무도昏庸無道, 세상이 어지럽고 도리가 제대로 행해지지 않음에 대한 책임을 질 수밖에 없는 시대에 우리는 살고 있다.

나는 권력자와 실세들이 벌인 국정농단 사태를 보면서 전투기 조종사 사이에서 자주 나타난다는 '비행착각vertigo' 현상을 떠올렸다. 그들은 지평선과 수평선 사이를 오가며 세상이 빙빙 돌 정도로 즐기다 공간지각 능력을 상실하고 어지러움을 느끼며 추락한다. 비행기가 뒤집어진 상태에서 거꾸로 비행을 하다 보면 자신이 뒤집힌 상태라는 사실을 바깥 풍경으로만 판단할 수 있다. 또한 밤 시간에 비행하거나 구름 속을 비행할 때 조종사는 전정기관이 보내오는 정보만으만 상황을 인식하게 된다. 비행착각이다. 고도계가 있는데도 소용이 없는 이유는, 사람은 눈에 들어오는 것에 가장 빨리 반응하기 때문이다. 눈 깜짝할 사이에 일어나는 비행착각을 알아채지 못하는 순간 대형 참사는 필연적이다.

박근혜 정부는 2년 전 언론과 야당의 경고라는 고도계가 있었지만, 자신의 시야에 들어오는 것만 보고 자신들의 안위를 판단했고 언론 탄압으로 대응했다. 그들이 탄 비행기는 하강하고 있었지만 그들은 거꾸로 비행하는 상태인지도 모른 채 기수를 들어 올리려다 추락했다. 그들의 추락은 실로 순식간에 끝났고, 지상에는 잔해만 남았다. 그 비행기는 거꾸로 비행할 일도 없는 여객기였지만 그들은 전투기로 생각하고 조종석에 올랐다. 이륙 후 비행기는 날고 있었지만 최악이라 할 수 있을 정도의 비합리적인 공기가 기내로 반입되고 있다는 것을 몰랐을 뿐이다.

대한민국을 추락시킨 조종사들은 "국가의 목적은 오직 하나, 사회 내부의 무질서와 범죄, 외부 침략의 위협에서 국민의 생명과 안전을 지키는 것이다"라는 홉스의 국가론을 추종하며 국가의 합법적 폭력을 믿는 자들이었다. 그러나 그들은 국가의 힘을 지배계급의 도구로 삼아 거꾸로 비행하다가 그것도 도심의 대규모 주거지역에 추락시켰다. 9월 11일 미국의 쌍둥이 빌딩을 무너뜨린 것은 외부의 침략이었다. 하지만 우리가 모여 살던 도시를 초토화한 것은 '대한민국 권력 내부의 무질서와 범죄'였다는 점에서 우리는 위로받을 곳조차 없다. 유시민의 《국가란 무엇인가》가 이 시대의 반성문으로 읽히는 이유다.

훌륭한 국가를 생각한다. 훌륭한 국가를 만드는 것은 시민들이다. 공화국 주권자라는 사실에 대해서 대통령이 된 것과 똑같은 무게의 자부심을 느끼는 시민, 존엄한 존재로서 자기에게 주어진 권리와 의무가 무엇인지 잘 아는 시민, 자신의 삶을 스스로 설계하고 책임지면서 공동체의 선을 이루기 위해 타인과 연대하고 행동할 줄 아는 시민, 깨어 있는 현재 우리 사회는 모든 구조가 패놉티콘panopticon의 연장선상에 있다고 해도 과언이 아니다. 권력이 원하는 방향으로 개인을 사회화하기 위해 만들어놓은 시스템이라는 점에서 더욱 그러하다. 권력은 학교, 군대, 병원, 감옥에서 그 효과를 입증했던 규율로 일반 시민들까지 감시 범위에 넣었다. 권력이 만든 규율은 반성할 일도 없는 시민들에게 반성할 것을 강요했으며, 급기야 우리의 신체뿐 아니라 정신마저 공격하고 있다. 패놉티콘이란 '모두'라는 의미의 pan과 '보다'라는 opticon이 합쳐져 생겨난 말로 '모든 것을 본다'는 뜻이다. 죄수의 방은 권력자들이 감시할 수 있게 밝게 유지된다. 반면 감시탑은 권력자들이 원형으로 만들어진 죄수들의 방을 지켜볼 수 있게 가운데에 자리 잡은 채 어둡게 유지된다. 이러한 구조로 인해 죄수들은 늘 감시를 받는다는 느낌을 갖게 되고, 결국 규율과 감시를 내면화해서 스스로를 감시하게 된다.

이성사회가 독단으로 흐르고, 권력을 쥔 집단이 교묘한 방법으로 다른 집단을 배제하면서 벌어진 일이다. 지금 우리는 지배세력이 만든 질서에 순응해 감시받는 죄수로 남을 것인지, 아니면 '잠재적 범죄자'인 권력을 감시할 것인지를 선택해야 한다. 권력을 쥔 자가 덕이 없고 세계에 대한 인식이 없다면 그는 국가와 국민의 숨결마저 조여들어오는 악마나 다름없다. 권력을 쥔 자는 다음에 나오는 물리학자 닐스 보어Niels Bohr의 말을 새겨들어야 한다. "진실된 진술의 반대는 거짓된 진술이다. 그러나 심오한 진리의 반대는 또 다른 심오한 진리가 될 수 있다." 권력은 항상 자신을 중심으로 일치하기를 원하고 갈등과 대립을 적대적으로 보는 경향이 있다. 하지만 사회 구성원은 선의로 경쟁을 하기도 하고, 그 안에는 생산적 갈등도 존재한다. 세계에 대한 인식, 철학이 없는 지도자의 권력은 그래서 허망하다. 틀린 것이 아니라, 다양한 것인 줄 모르고, '이의 있음'이 반대가 아니라, 토대를 강화하는 것인 줄 모르기 때문이다.

백련사 동백숲은 대낮에도 어둡다. 이파리들은 햇빛을 받으러 위로만 위로만 올라가고, 나무 몸뚱이며 가지들은 헐벗어 적나라하다. 거기 서늘한 고요가 그늘을 친다. 상처를 스스로 치유할 줄 아는 동백들. 가지가 부러지고 잘릴 때마다 수액으로 둥그렇게 감싸고선 다시 길을 간다. 상처는 옹이가 저서 공처럼 둥글고 단단하다. 지 암처럼 깊은 상처 속 모진 세월의 무늬와 사랑이 있다. 옹이가 진 길은 삐뚤삐뚤하거나 울퉁불퉁하다. 가지들이 허공을 향해 수많은 길을 내고 길을 버린다. 무수한 길들이 서로 촘촘하게 만나고 헤어지는 가지의 끝. 그 길의 정점에서 비로소 피는 동백꽃을 보라. 그 수만 송이의 꽃불들로, 생살을 찢고 나오는 열혈로, 추위 쟁쟁한 강진의 하늘 한쪽이 이언 뜨겁다.

김선태 시인의 '백련사 동백숲-3'의 한 구절처럼 이파리 같은 권력은 대낮에도 어두운 숲에서 은총을 받으러 '위로만 위로만' 올라가느라 국민의 삶이 앙상하게 드러나는 줄도 몰랐을 것이다. 권력의 몸부림으로 가지가 부러지고 잘리는 줄도 몰랐을 것이다. 그 자리마다 수액을 바르며 옹이 지게 하는 동백 같은 국민들이 길을 만든다. 가지들은 허공을 향해 수많은 길을 내고 길을 버린다. 만나고 헤어지는 곳에서의 꽃불이 하늘을 뜨겁게 태운다.

2

사라져가는 **빛**에 대해 **분노**하자

데메트리오스의 호화로운 삶의 방식은 백성의 심기를 건드렸다. 무엇보다도 그를 만나거나 접견하기 힘들다는 게 가장 큰 문제였다. 그는 접견을 전혀 받지 않거나, 받더라도 불친절하고 거칠게 굴었다. 한 노파가 지나가는 왕에게 여러 차례 면담을 요청했으나 왕은 시간이 없다고 말했다. 그러자 노파가 고함을 질렀다. "그러면 왕을 하지 말든가!" 왕은 이 말에 뜨끔했다. 궁으로 돌아간 왕은 며칠 동안 모든 일을 미룬 채 접견을 원하는 (마케도니아의) 백성을 만나는 데 몰두했다. 첫 면담자는 당연히 그를 꾸짖었던 노파였다.

– 데메트리오스 42절

어느 날 교활한 성격의 데메트리오스가 유난히 기분 좋게 거리를 지나고 있었다. 그는 백성을 만나도 불쾌해하지 않았기에 많은 사람들이 그에게 탄원서를 내밀었다. 그러자 그는 백성들을 일일이 상대하며 그들이 건네주는 탄원서를 외투 안에 넣었고 백성들은 기뻐했다. 그러나 강물을 가로지르는 다리 위에 다다르자 그는 외투를 흔들어 백성들한테 받은 탄원서를 강물에 던져버렸다. 그러자 백성들은 자신들이 지배를 당하고 있는 것이 아니라 모욕을 당하고 있다고 생각했다. 그들은 이전의 필립포스 왕이 똑같은 상황에서 얼마나 합리적이었으며, 가까이 다가가기는 또 얼마나 쉬웠는지를 떠올렸다. 그 무렵 한 노인이 버럭 화를 내면서 왕에게 "소통 좀 하라!"며 고함을 지른 것이다. 노인이면 저 정도의 기개는 있어야 하지 않을까?

1935년생인 채현국 선생의 인터뷰 기사를 보다가 뜨거운 불에 덴 듯이 화들짝 놀란 적이 있었다. 대한민국의 노인들이 '노욕덩어리가 되었다'는 그의 진단부터 보자.

갈등을 먹고 사는 장의사적인 사람들이 이런 노인네들을 갈등 속에 불러들여서 이용하는 거다. 아무리 젊어서 날렸어도 늙고 정신력 약해지면 심심한 노인네에 지나지 않는다. 심심한 노인네들을 뭐 힘이라도 있는 것처럼 꾸며 가지고 이용하는 거다. 우리가 원래 좀 부실했는데다가… 부실한 수밖에 없지. 교육받거나 살아온 꼬라지가… 비겁해야만 목숨을 지킬 수 있었고 야비하게 남의 사정 안 돌봐야만 편하게 살았는데, 이 부실한 사람들, 늙어서 정신력도 시원찮은 이들을 갈등 속에 집어넣으니 저 꼴이 나는 거다.

죽비처럼 내리치는 그의 말들은 데메트리오스를 꾸짖던 노파의 기개와 닮았다.

"봐주지 마라. 노인들이 저 모양이라는 걸 잘 봐두어라. 니희들이 저
렇게 되지 않기 위해서. 까딱하면 모두 저 꼴 되니 봐주면 안 된다."

"사람들은 '잘못 알고 있는 것'만 고정관념이라고 생각하는데 '확실
하게 아는 것'도 고정관념이다. 세상에 '정답'이란 건 없다. 한 가지 문
제에는 무수한 '해답'이 있을 뿐. 평생 그 해답을 찾기도 힘든데, 나만
옳고 나머지는 다 틀린 '정답'이라니…."

"사람의 진정한 생각은 질문에 있지 답에 있는 게 아니오. 물을 줄
모르는 의식에서는 답하고 상관없는 낯조의 답밖에 안 나와. 모든 답은
낯조야. 왜? 지배·통치 목적을 떠난 답은 있질 않으니까. 모든 답에는
반드시 독약이 묻어 있어요. 반란을 일으키는 걸 누가 답이라고 하겠
소? (…) 우리가 아는 모든 앎, 지식들은 권력이나 돈이나 힘을 가진 인
간들이 바라는 조건이나 바람이 우리에게 전달된 것이지. 그들이 원치
않는 것, 부정하는 것은 절대 우리에게 전달되지 않아요."

인류학자 제임스 조지 프레이저James George Frazer는 《황금가지》
에서 아프리카 에이에오Eyeo 왕국의 오래된 관습 하나를 들려준다.
그 왕국에서는 국왕의 통치가 잘못되었다는 생각이 들면 신하들이
대표자를 왕에게 보내 앵무새 알을 선물했다. 그러면서 지금까지 통
치하는 부담을 지느라 수고했으니 이제는 걱정에서 물러나 잠시 잠
을 잘 때가 된 것 같다는 이야기를 전한다. 그러면 왕은 신하들이 자

신의 안녕을 배려해준 것에 감사해하며, 마치 잠을 자려는 듯이 거처로 물러나 그곳에서 부인들에게 자기를 목 졸라 죽여달라고 지시한다. 이 지시는 즉각 집행되며, 그의 아들이 조용히 왕위에 올라 백성이 지지를 보내는 동안에만 지속되는 통상적인 임기 동안 통치권을 보유하게 된다. 물론 가끔씩 앵무새 알을 거절함으로써 반란과 대학살이 일어나기도 했지만 이 관습은 19세기 말까지 존속되었다.

민주정치의 핵심이 이 오래된 관습에 다 들어 있다. 지도자와 국민이 주종의 관계가 아닌 상호 협력 내지 상호 보완의 관계를 이룰 때 왕국이든 국가든 존속이 가능하기 때문이다. 국민들이 언제라도 앵무새 알을 전달할 수 있다는 경계심이 왕으로 하여금 선정善政을 고민하게 만들고, 이러한 고민은 역설적으로 국민을 이끌어갈 수 있는 도덕적 힘이 되어준다. 이런 상호 보완의 관계를 주종의 관계로 돌려놓는 순간 지도자는 폭군이나 독재자가 되고 결국 국민들에게 탄핵의 대상이 된다.

천체물리학 개념 중에 암흑물질dark matter이라는 게 있다. 암흑물질은 우주 공간을 채우고 있다고 여겨지며, 질량이 있어 중력은 작용하지만 보이지 않는 물질이다. '암흑'은 알 수 없다는 미지의 의미를 지니고 있을 뿐 어떤 부정적인 의미는 아니다. 이 암흑물질은 우주를 묶어주는 역할을 하지만 우리가 그 암흑물질을 볼 수는 없다. 우리는 그 존재를 알고 있고, 중력을 가지고 있다는 것도 알지만, 정확하게 그게 무엇인지는 모른다. 문제는 우리 눈에 보이는 물질은 전체의 약 4%밖에 되지 않는다는 점이다. 나머지 23~24%는 암흑물질, 72~73%

는 암흑 에너지로 채워져 있다. 박근혜와 국민 사이가 그런 관계였다. 그녀의 궁극적 지지율 4%는 우리 눈에 보였던 그녀의 전부였는지 모른다. 그 나머지 96%의 물질과 에너지는 우리의 일상생활에 작용은 했지만 우리 눈에 보이지 않고, 우리가 더듬거리며 찾아낸 암흑이었다는 생각을 지울 수가 없다. '암흑'이라는 단어가 부정적인 의미 그대로 쓰였다는 점이 다를 뿐이다.

그녀는 끊임없이 측근의 악행을 묵인했고, 국민들의 지적에는 귀를 닫았다. 그 결과 그녀와 그녀의 일당들은 우리가 세운 민주주의를 땅바닥에 내동댕이쳐 산산조각 내버렸다. 지금 우리가 갖고 있는 정치체제의 실명은 다름 아닌 '깨진 민주주의'다. 민주주의는 우리가 '부르고자 애쓰는' 애칭일 뿐이다. 지도자뿐만 아니라 정치 자체에 대한 국민의 신뢰가 암흑 속으로 사라져버린 것이다.

독재자의 가장 큰 특징은 논란의 여지가 많은 정책을 쉽게 결정하고 국민의 비판을 방해물로 여긴다는 점이다. "내가 칼을 쥐고 있는 한 나는 그 누구도 상관으로 대우하지 않는다"라고 선언한 고대 마케도니아 왕국의 에우메네스가 그 전형이다. 무소불위의 독재자는 '국가 안의 국가'로서 불법 그 자체다. 독재자는 단합과 일치라는 표현을 즐겨 하면서도 분열과 갈등을 부추기는 재주가 있다. 독재자는 자신에 동조하는 국민을 이용하여 반대하는 국민을 공격한다. 여기서 '도시를 공격하는 자'가 애국자로, '도시를 보호하는 자'가 불순세력으로 몰리는 역설이 생겨난다.

후대의 플라톤은 나라를 다스리는 것에 관하여 다음과 같이 말했다.

"인간의 재앙을 그치게 하고 잘못된 것을 바로잡는 유일한 희망은 우연히 한 사람이 왕의 권세와 철학자의 지혜를 모두 갖추고 덕을 높이고 악을 누르는 데 있다."

현명한 사람은 신의 축복을 받은 자이며, 그의 입에서 흘러나오는 말을 듣고 받아들일 줄 아는 사람도 축복받은 자임에 분명하다.

실제로 왕은 그런 사람들에게 어떤 구속이나 벌을 줄 필요가 없다. 왕의 어진 태도와 밝은 생활을 지켜보면서 사람들은 스스로 어진 마음을 가지게 되고 정의와 겸손을 배운다. 사람을 다스리는 이러한 지혜를 가지고 있는 왕이 진정한 왕이며, 누마는 누구보다도 이런 왕에 가까운 사람이었다.

– 누마 20절

오늘도 누군가는 희망을 접고 암흑 속으로 사라지고 있는지 모른다. 내가 그를 끌어당길 중력은 되지 못하지만 딜런 토머스Dylan M. Thomas, 1914~1953의 '순순히 어두운 밤을 받아들이지 마오'에 기대어 함께 어두운 길을 더듬어보자고 그에게 내 손 하나를 건네본다.

순순히 어두운 밤을 받아들이지 마오
노인들이여, 저무는 하루에 소리치고 저항해요
분노하고 분노해요, 사라져가는 빛에 대해
현자는 임종시에 어둠을 당연한 길로 안다지만
그들의 언어는 이미 섬광을 잃었기에
순순히 어두운 밤을 받아들이지 마오

시민의 품격, 국가의 품격

선자는 마지막 파도 곁에 울지요

그들의 덧없는 행적이 푸른 강기슭에서 얼마나 밝게 물결칠까 하여

분노하고 분노해요, 사라져가는 빛에 대해

거센 사람은 나르는 태양 붙잡아 이를 노래하면서

때늦게, 태양은 간다는 슬픈 사실 알게 됩니다

순순히 어두운 밤을 받아들이지 마오

근엄한 사람, 죽음을 맞아, 눈먼 시선을 뜨고

눈먼 눈은 운석처럼 불타며 즐거울 수 있는 법이니

분노하고 분노해요, 사라져가는 빛에 대해

그리고 아버지이신 당신, 저 슬픈 고대에서

격한 당신의 눈물로 날 저주하고 축복해주세요

순순히 어두운 밤을 받아들이지 마오

분노하고 분노해요, 사라져가는 빛에 대해

3

'악마의 유혹'에 브레이크를!

그의 인생이 이 시점에서 끝났다면 그는 행복한 사람이었을 것이다. 그러나 이어진 세월 동안 폼페이우스가 이룩한 성공은 미움을 샀고 그가 범한 실패는 돌이킬 수 없었다. 폼페이우스는 자신이 합법적인 노력을 통해 얻은 정치권력을 남을 위해 불법적으로 사용했고, 남의 명성을 높여준 만큼 자신의 명성을 낮추었다. 그리하여 폼페이우스는 자신도 모르는 사이에 자신이 가진 권력의 규모와 힘으로 인해 몰락하고 말았다.

– 폼페이우스 46절

폼페이우스BC 106~48는 얼마나 고속으로 질주한 인생이었을까. 전쟁에 관한 한 천재였던 폼페이우스가 로마 안팎에서 일어난 내란을 모두 진압하고 '이탈리아의 주인'으로 나타났을 때 그의 나이는 불과 스물넷이었다. 로마인 모두 그를 '마그누스Magnus, 위대한 자'라고 불렀다. 스파르타쿠스Spartacus라는 노예 검투사가 일으킨 '노예들의 전쟁'에 종지부를 찍은 것도 그였다. 당시 지중해 전역에 해적들이 들끓어 로마로 물자를 보급하는 데 문제가 많이 생기자 원로원은 그에게 해적 소탕에 대한 전권을 위임했다. 그는 단 40일 만에 해적들을 소탕하고 로마에 질서를 가져와 자신의 평판을 높였다.

그는 로마 역사상 처음으로 세 개의 대륙 - 아프리카, 유럽, 아시아를 정벌하고 세 번의 개선 행진을 한 장군이었다. 그의 인생이 이 시점에서 끝났다면 그는 행복한 사람이었을 것이다. 그의 몰락은 카이사르와의 '잘못된 우정'에서 시작되었다. 카이사르가 자신의 제국을 설립하려는 꿈을 이루기 위해 그를 수단으로 삼았던 것이다. 카이사르와 폼페이우스는 함께 힘을 합쳐 귀족정치를 끌어내렸고, 그 후에는 황제의 자리를 차지하기 위해 서로 경쟁했다. 이 말은 곧 어리석은 폼페이우스가 자기 자신과 나라의 최고권력을 위협할 카이사르를 제 손으로 키웠다가 그에게 잡아먹혔다는 뜻이다. 그는 루비콘 강을 건너온 카이사르를 막지 못하게 되자 로마를 포기하고 이집트로 망명했고, 결국 거기서 옛 동료의 칼에 맞아 생을 마감하고 말았다.

박근혜의 운명은 폼페이우스의 운명과 흡사하다. 그녀는 '가족사'와 '국사'를 구분하지 못해 국가의 용골마저 뒤틀릴 정도의 파도를 일으켰다. 그녀의 어리석은 집착은 아버지의 유산까지 끌어안고 지하세계인 하데스로 내려갔다. 그녀는 권력이 부족해서 쫓겨난 게 아니라 오히려 넘쳐나서 몰락했다. 사람들의 시선을 '본질'에서 떼어놓는 전략과 전술에 능했던 그녀는 자신이 관여한 선거마다 승리를 거머쥔 '선거의 여왕'이었다. 대통령 후보 시절의 공약은 누구보다도 국민을 사랑하는 지도자의 모습이었지만, 막상 대통령에 오르자 180도 달라진 제왕의 모습만 보여주었다. 그런데 시선을 딴 곳으로 돌려놓는 이 재능이 자기 자신마저 속였는지 그녀 '자신도 미처 모르는 사이'에 자신이 가진 권력의 규모와 힘이 준 원심력으로 인해 저 멀리 날아가고 말았다. 온 사방에 심어놓은 권력이 자신을 구심점으로 삼아 큰 원을 잘 그리고 있다고 믿었지만, 실상은 그 원이 자신을 동여매는 거대한 오랏줄이 되고 말았다. 폼페이우스와 마찬가지로 그녀 역시 40년 지기와의 '잘못된 우정'으로 파란만장했던 '정치생명'을 마감했다. 형광등 100개의 아우라는 100만 개의 촛불 앞에 사라지고 말았는데 정작 본인 스스로는 그 과정을 미처 알지 못하는 사이에 스스로 암흑이 되고 말았다.

플루타르코스가 지적했듯이, 평범한 두뇌로는 넘치는 풍요 속에서 이성을 유지하기가 힘든 법이다. 악마의 지혜는 풍요로움의 저주를 바탕으로 삼는다. 인간의 욕망을 톡톡 건드려주기만 하면 승리로 이어진다. 마치 풍선껌 불 듯 자신의 욕망을 크게 만들어야 인정받는 세상이니 악마는 일하기가 매우 쉬웠을 것이다. 악마는 그저 기다렸다가 터지는 풍선을 보고 즐거워하면 되었다. 그의 욕망이 타인의 욕망을 유발하고 두 욕망은 상속재산을 다투는 형제처럼 피도 눈물도 없이 다투며 자라기 때문이다. 소포클레스는 말한다. "설득에서 악행까지는 순식간이다."

카뮈가 《이방인》에 집어넣은 다음의 이야기는 '황금만능주의'가 악행까지 순식간에 내달린 끔찍함을 보여준다.

한 사나이가 돈을 벌기 위해서 체코의 마을을 떠났다. 25년 후에 부자가 된 그는 부인과 아이를 데리고 돌아왔다. 그의 어머니는 그의 누이와 함께 고향에서 호텔을 경영하고 있었다. 그들을 놀라게 해주려고 그는 자기 아내와 아이를 다른 호텔에 남겨두고 어머니에게 갔으나 어머니는 그를 알아보지 못했다. 그는 단지 장난을 할 셈으로 방 하나를 예약한 뒤 어머니와 누이에게 자기의 돈가방을 보여주었다. 밤중에 그의 어머니와 누이는 그 돈을 훔치기 위해 곤봉으로 그를 때려죽이고 시체는 강물에 던져 버렸다. 그 다음 날 아침, 그런 사실을 모르는 그의 아내가 와서 여행자의 신분을 밝힌다. 그제야 사실을 알게 된 어머니는 목을 매어 자살하고 누이는 우물에 몸을 던진다.

체코에서뿐만 아니라 모든 나라에서 일어날 법한 사건인지도 모른다. 순식간에 생긴 유혹이 그 사회의 부패를 보면서 힘을 얻으면 가속도가 붙는다. 빈부격차가 커지면서 그 틈새로 유혹이 들어가 범죄를 낳는다. 자본주의의 첨병인 미국의 경우, 현재 상위 1%가 전체 소득의 약 20%를 차지한다. 이는 1920년대 말 '경제 대공황' 수준에 근접한 비율이다. 2013년 기준으로 OECD 평균 빈부격차가 9.6배인데 비해 미국은 18.8배나 된다. 스웨덴이 5.8배, 독일이 6.6배, 프랑스가 7.4배인 것에 비해 그 격차가 어마어마하다. 미국은 세계 최강국임에도 불구하고 후진국다운 양극화를 보이면서 아동빈곤율이 높다.

빈부격차의 원인은 무엇일까. 금융 산업의 발달로 부의 자본 이득이 엄청나게 늘어나고 기업의 생산성이 증가한 반면 가계소득은 늘지 않기 때문이다. 미국은 그런 점에서 빈익빈 부익부의 전형을 보여주는 나라다. 대통령으로 당선된 트럼프의 경제 분야 공약을 보면 그 기울기는 앞으로 더 급격해질 것이 틀림없다. 소득세율을 인하하고, 법인세율도 기존 35%에서 15%로 인하하고, 상속세는 아예 폐지하겠다는 공약으로 당선되었기 때문이다. 참고로 한국의 빈부격차는 10.1배인데, 이는 기득권 세력이 '앞서 가는' 스웨덴 쪽이 아니라 '후진하는' 미국 쪽으로 국정운영의 방향을 고정시킨 결과라고 할 수 있다.

빈부격차의 또 다른 문제는 부와 권력을 쥔 '엘리트'들에게 범죄의 온상을 제공한다는 것이다. 타락한 권력이 부의 범죄를 뿌리 뽑겠다는 것은 어불성설이다. 타락해야 승진할 수 있는 사회에서는 승진하고 나면 타락할 수밖에 없다. 한마디로 '설득과 악행'의 롤러코스터처럼 빠르게 반복해서 돌 뿐이다. 엘리트가 자신의 능력에 리더십을 갖추면 사회 전반에 그 영향력이 미쳐 사회는 한층 풍요로워진다. 하지만 항상 그렇듯이 그 방향이 문제다. 경쟁에서 낙오되는 것을 수지로 생각하면 분리의 정책이 나오고, 측은지심으로 바라보면 포용의 정책이 나올 수 있기 때문이다.

안타깝게도 우리의 교육 과정은 어느 한 곳에서도 측은지심을 장려하지 못하고 경쟁만을 주입하였기에 위험천만한 사회가 되어버렸다. 우리 사회는 엘리트의 지위를 보지 말고 인격을 보라고 가르치지도 않았다. 학연과 지연의 줄서기로 끼리끼리 묶어 공조직마저 관리하고 주고받기에 이르렀다. 선하게 쓰였어야 할 재능을 자신들의 쾌락을 위해 쓰기 시작하자마자 (러시아의 민담이 들려주듯) 그동안 묶여 있던 여우와, 늑대와, 돼지의 피가 다 뛰쳐나오고 말았다.

"신은 디테일에 있다. God is in the details." 독일의 건축가 루드비히 미스 반 데어 로에 Ludwig Mies van der Rohe, 1886~1969의 말이다. 아무리 크고 아름다운 건축물일지라도 사소한 부분에 이르기까지 최고의 품격을 지니지 못한다면 결코 명작이 될 수 없다는 그의 지론이다. 일반적 이론에서는 강하면서도 세부사항으로 들어가면 부실투성이인 상황이 많아서인지 우리 사회에서는 주로 "악마는 디테일에 있다"로 변용되어 사용된다. 악마의 요소는 워낙 작은 몸짓을 하고 숨어 있어서 때가 무르익기까지는 잘 드러나지도 않는다. 화려한 스펙 하나만으로도 무분별과 욕심이라는 악마적 요소를 쉽게 가릴 수 있는 그늘진 사회에서는 더욱 그렇다.

스탠포드 대학의 심리학자 필립 짐바르도 Philip Zimbardo 교수가 행한 실험에서 따온 '깨진 유리창 이론'이 있다. 치안이 비교적 허술한 골목에 보존 상태가 동일한 두 대의 자동차를 일주일간 방치해두는 실험을 했다. 한 대는 엔진 덮개 hood만 열어놓았고, 또 다른 한 대는 엔진 덮개를 열고 창문을 조금 깬 상태였다. 일주일 뒤, 엔진 덮개만 열어둔 자동차는 아무 일도 일어나지 않았지만, 유리창이 깨진 자동차는 겨우 10분 만에 배터리와 타이어가 없어졌고 일주일 후에는 완전히 파손되고 말았다. 단지 유리창을 조금 파손한 것이 약탈과 파괴로 이어진 것이다. '깨진 유리창'은 아주 사소해 보이지만 이를 방치하면 큰 문제로 이어질 가능성이 농후하다는 것을 상징한다.

풍요로움의 시대에 우리는 스스로 성찰하며 악행으로 내닫는 자신에게 브레이크를 걸 수 있어야 한다. 깨진 유리창 하나로 인해 차량 전체가 고물이 되듯이 나의 깨진 공동체 의식이 나라를 서서히 무너뜨린다. 내 안에서 '깨진 유리창' 역할을 하는 것은 없는지 때때로 살펴볼 필요가 있다. '금이 간 사소함'을 놓치지 않고 고치려고 노력할수록 사회는 나아질 것이다. 나의 깨진 유리창은 무엇일까.

자기 인생의 의미를 볼 수 없다면

지금 여기, 이 순간,

삶의 현재 위치로 오기까지

많은 빗나간 길들을 걸어 왔음을 알아야 한다.

그리고 오랜 세월 동안

자신의 영혼이 절벽을 올라왔음도 알아야 한다.

그 상처, 그 방황, 그 두려움을

그 삶의 몸모거를 잊지 말아야 한다.

그 지치고 피곤한 발길음들이 없었다면

오늘날 이처럼 성장하지도 못했고

자기 자신에 대한 믿음도

갖지 못했으리라.

그러므로 기억하라.

그 외의 다른 길은 있을 수 없었다는 것을.

자기가 지나온 그 길이

자신에게는 유일한 길이었음을.

우리들 여행자는

끝없는 삶의 길을 걸어간다.

인생의 진리를 깨달을 때까지

수많은 모퉁이를 돌아가야 한다.

들리지 않는가.

지금도 그 진리는 분명하게 말하고 있다.

삶은 끝이 없으며

우리는 영원 불멸한 존재들이라고.

'다른 길은 없다'는 마르타 스목 Martha Smock 처럼 나에게도 다른 길
은 없었다. 상처, 방황, 두려움의 절벽을 기어올라 여기까지 왔지만
내 삶은 아직도 수많은 모퉁이를 더 돌아가야 한다.

4

사랑은 **젊은이**들을 위한 **신**들의 **봉사**

김희정: "오히려 장려해야 될 선수를 이 정치권에서 소위 불공정한 세력과 결탁해서 괜찮은 유망주를 죽이는 일을 하고 있지 않은가요. 저는 그런 걱정마저 듭니다. 어린 선수이지 않나요? 아주 오랫동안 훌륭하게 키웠어요. 보호해야 됩니다. 단순하게 이 선수의 부모님이 누구이고 윗대 어른이 누구라는 이유로 이렇게 훌륭한 선수에 대해서 음해를 하는 것은 문체부가 두고 보고 있으면 안 될 일입니다."

이에리사: "이 선수의 경기 실적을 들여다봤더니 유망하고 전적이 뛰어납니다. 이 선수의 장래를 우리가 어떻게 책임질 건가요. 그 점에서 너무 애석하고, 그 선수의 명예나 그 선수의 장래를 누가 책임질 겁니까?"

박인숙: "이렇게 촉망되는 국가의 1등급 승마선수가, 어린 선수가, 이런 악성루머 때문에 기가 꺾이고 인격이 모독되는 이런 일이 지금 벌

어지고 있는 것 같습니다. 주무 장관이 철저히 조사를 하고 제보가 정말 잘못된 것이라면 사과를 꼭 받아내고 거기에 따른 조처가 필요합니다."

강은희: "지금까지 질의들을 살펴보면 이 선수에 관련된 사실들은 허위 사실이라는 게 어느 정도 밝혀졌다고 보는데 장관은 어떻게 생각하십니까?"

유진룡 문화체육관광부 장관은 "지나치게 과장되고 허위가 많이 있습니다"라고 답했다.

김장실: "지금 이 선수의 선발 과정에 문제가 있는 겁니까? (이 선수가 마사회 마장에서 훈련할 수 있도록 정부가) 마사회와 승마협회에 공문을 보내는 일은 보통 자주 있는 통상적인 일입니다. 장관이 국가대표 운영이 제대로 되고 있다는 것을 알려줄 필요가 있습니다. 국민들은 행정이 엉망인 것으로 들을 수 있습니다."

박윤옥: "훌륭한 선수는 보호하고 육성하고 우리가 잘 지도해줘야 됩니다. 우수한 선수는 우리가 지원하고 격려해야 합니다. 더구나 고등학교에 재학하고 있는 선수인데. 선수가 이런 일로 인해서 상처를 받지 않도록 우리가 적극 지원할 수 있도록 해야 합니다. 이런 일에 대해서는 적극적으로 해명을 해서 오해가 없도록 그렇게 해주길 바랍니다."

염동열: "(장관은) 명심해서 분명히 이 어린 선수가 상처받은 것에 대해서는 (문제 제기한) 의원이 꼭 사과하게 해야 합니다. 당사자로부터 사과를 받아야 되고 또 대통령 측근이라는 이 부분도 사과를 받아야 됩니다."

2014년 4월 야당의 국회의원이 어느 열아홉 살 청소년에 대한 특혜 의혹을 제기하자 새누리당 국회의원 일곱 명이 동시다발적으로 그녀를 감싸고 옹호했다. 일반 국민들에게는 생면부지나 다름없는 한 젊은이를 놓고 이들이 얼마나 헌신적이고 조직적이었는지 고대 철학자들의 신념을 떠올리게 할 정도였다.

플루타르코스는 테세우스와 로물루스를 비교하는 글에서 고대 그리스 철학자들의 생각을 언급하면서 다음과 같이 말했다. "사랑은 젊은이들을 보살피고 보호하기 위한 신들의 봉사다." 물론 그가 이 말을 한 다음에 이어가는 내용이 아리아드네의 사랑 이야기인 것으로 보아 플루타르코스는 남녀 간의 사랑에 초점을 맞추고 인용한 것으로 보인다. 하지만 나는 이 표현을 듣는 순간 젊은이 일반에 대한 사회의, 더 나아가 국가의 존재 목적으로 해석했다. 우리 사회가, 우리의 정치가 젊은이들을 보살피지 않거나 보호하지 못하고 있다는 판단에서였다.

불행히도 그로부터 2년 후 그들이 보살피고 보호했던 젊은이의 어머니는 전대미문의 국정농단 사태의 주인공으로 등장했다. 국민이 분노한 것은 이들 일곱 명의 국회의원들이 보살피고 보호하고자 했던 이는 '일반 청년'이 아니었다는 점이다. 권력의 실세를 위한 그들의 이런 헌신적인 보호와 보살핌에 대한 대가로 어떤 이는 장관에 임명되고, 어떤 이는 국회의원 공천을 받는 것을 보면서 국민들은 추악한 거래로 받아들였을 뿐이다.

그렇다면 '신들의 봉사'로 인정받는 사람은 어떤 모습일까. 그 출발선은 어디에 그어져 있을까. 지금 대한민국의 젊은이들을 단 하나의 부류로 묶는다면 아마 '타율적 삶을 사는 사람들'이라고 정의할 수 있을 듯하다. 여기에는 주입식 교육의 시스템 속에서 친구와 경쟁하는 학생들과, 사회의 획일적 시선을 받으며 직장에 들어가 자아성취보다는 성과를 높이기 위해 동료와 경쟁하는 직장인까지 포함시켜야 할 것 같다. 그들의 불행은 그들이 원하는 '자율적 삶'과 점점 더 멀어지고 있는 사회 전반의 환경과 연결되어 있다.

우리의 실상을 보여주는 통계가 있다. 2016년 글로벌 리서치 기업인 유니버섬 Universum이 전 세계 57개국의 젊은 직장인 20만 명을 대상으로 직장인 행복지수를 조사한 결과, 한국은 최하위권인 49위에 머물렀다. 직장인들이 행복한 나라의 가장 중요한 기준은 일과 생활의 균형인데, 우리의 경우 학교와 일터가 생활과 엇박자를 내고 있다는 증거다. 물질적 풍요를 구가하는 나라의 국민이 행복할 거라는 예상은 유독 우리나라에서만 빗나간다. 각종 경제지표 기준으로 세계 10위권인 나라인데도 막상 여러 행복지수에서는 하위권을 면치 못한다. 어느 조사에서는 118위를 기록한 적도 있다. 대한민국은 풍요로운 사회가 지옥이 될 수 있음을 보여주는 전형적인 예다.

언제부터인가 우리 사회에서 사람들은 자신이 '무엇을' 얼마나 가졌는지에 관심을 두지 않는다. 오로지 '남들보다' 무엇을 일나나 '더 가졌는지'가 중요할 뿐이다. 친구나 동료와의 경쟁에서 지지 않고 더 높이 오르고, 더 많이 가져야만 더 행복할 수 있다는 믿음은 이제 모든 세대에 걸쳐 뽑아낼 수 없을 만큼 깊이 뿌리를 내렸다. 절대적 기준의 자아실현을 통한 행복감은 무지개 저편의 우화일 뿐이다.

2016년 말, 지지율이 4%까지 떨어진 프랑수아 올랑드Francois Hollande 프랑스 대통령은 2017년 4월에 치러지는 대선에 출마하지 않겠다고 미리 선언했다. 현직 대통령이 재선을 포기한 것은 현대 프랑스 정치사에서 처음 있는 일이라고 한다. 경제를 살리지 못한 것이 주요 원인이었지만 그중에서도 특히 청년 실업난을 해소하지 못한 데 대한 책임을 진 것이다. 올랑드 대통령은 정직해서 약속을 지켰을까? 그가 스스로 포기할 수밖에 없었던 것은 필경 '국민의 힘'이 두려웠기 때문일 것이다.

결국 좌우로 나뉘어 싸우는 구세대 정치인들에게 환멸을 느낀 프랑스 국민은 2017년 5월에 치러진 대선에서 노동시장의 전면 개편을 약속한 서른아홉 살의 엠마누엘 마크롱Emmanuel Macron을 새로운 지도자로 선택했다. 무소속인 마크롱이 20만 명의 자원봉사자 그룹인 앙마르슈En Marche!, 전진!와 함께 이루어낸 선거 혁명이었다. 나는 개인의 가난이 국가의 책임은 아니라고 생각한다. 그러나 가난에 주저앉은 국민에게 다시 일어설 힘을 주지 못하는 정치는 무익하며, 그런 지도자는 자격이 없다고 생각한다. 우리나라 청년들의 취업전선은 굳이 수치를 비교하지 않더라도 프랑스보다 더 열악할 것이 분명하다.

한국노동연구원의 통계에 따르면 2016년 비정규직의 월평균 임금이 정규직의 53%까지 하락했다. 청년체감실업률은 21%로 증가했다. 가정에서부터 사회생활에 이르는 보살핌과 보호마저 계층에 따라 다르게, 위화감을 느낄 만큼 큰 차이가 나타나고 있다. 경제성장과 함께 그 격차는 더 벌어져 이제는 세대 간 갈등뿐만 아니라 같은 세대 내에서조차 계층 간 갈등의 문제와 싸워야 하는 이중고를 겪고 있다. 통합 의지는 고갈되고 상호 불신은 커지면서 교육무용론이 나올 정도다.

그런 상황에서 만난 플라톤의 《소크라테스의 변론》은 감동을 넘어 충격에 가까운 것이었다. 얼마나 감명 깊게 읽었는지 중·고등학교에서 윤리 과목으로 사용해도 좋겠다고 생각했을 정도다. 분량이 60여 쪽밖에 되지 않으면서도 중학생이 읽기에도 쉽고 명료한 진술로 이루어져 있기 때문이다. 특히 변론을 마무리하던 소크라테스의 태도는, '사랑은 젊은이들을 보살피고 보호하기 위한 신들의 봉사라고 했던 고대 그리스 철학자들의 마음을 보여주기에 충분했다.

하지만 나는 (나를 고소한) 그들에게 한 가지 부탁이 있습니다. 여러분, 내 아들들이 장성했을 때 미덕보다 돈이나 그 밖의 다른 것에 관심이 더 많다 싶으면, 내가 여러분에게 안겨준 것과 똑같은 고통을 그 아이들에게 안겨줌으로써 복수하여 주십시오. 그리고 그 아이들이 아무것도 아니면서 젠체하면, 내가 여러분을 나무랐듯이, 그 아이들이 해야 할 일은 소홀히 하며 아무짝에도 쓸모없으면서 자신들이 쓸모 있다고 생각한다고 나무라주십시오. 여러분이 그렇게 해주신다면, 나도 내 아들들도 여러분에게 정당한 대접을 받는 셈이 될 것입니다. 하지만 이제는 헤어질 시간이 되었습니다. 나는 죽으러 가고, 여러분은 살러 갈 것입니다. 그러나 우리 중에 어느 쪽이 더 나은 운명을 향해 가는지는, 신 말고는 아무도 모릅니다.

소크라테스가 진술을 마무리하고 독배를 받으러 시민법정을 나설 때 나는 책을 덮었다. 여태껏 흐릿하던 나의 종교관이 또렷한 모습으로 내 앞에 나타났다. "신성神性을 도려낸 신神을 믿느니 나는 신이 없는 신성을 믿겠다." 나는 소크라테스가 칠석같이 믿었던 것은 구체적 형상을 띤 '신'이라기보다는 신이라면 의당 갖고 있어야 할 보편적 '신성'이었다고 생각한다. 기득권의 껍데기만 하늘로 오르고 신성은 버려지는 세상, 높아진 바벨탑이 젊은이들에게 장벽이 되는 세상, 그게 신의 뜻이라면 얼마나 편협한 신일지를 생각한다. 적어도 먼저 사회에 나와 그 사회를 형성한 기성세대의 노력이, 갓 사회로 나온 젊은이들에게 정의를 보여주지 못한다면 희망이 없다.

"위기는, 낡은것은 죽어가는데 새것은 태어날 수 없다는 사실에 있다." 안토니오 그람시 Antonio Gramsci, 1891~1937 의 말이다. 이 한 문장은 지금 한 치의 모자람도 없이 적확한 대한민국의 자화상이다.

처마끝에 명태를 말린다
명태는 꽁꽁 얼었다
명태는 길다랗고 파리한 물고긴데
꼬리에 길다란 고드름이 달렸다
해는 저물고 날은 다 가고 별은 서러웁게 차갑다

나도 길다랗고 파리한 명태다
문턱에 꽁꽁 얼어서
가슴에 길다란 고드름이 달렸다

'멧새 소리' 가득하던 고향을 떠나온 시인 백석처럼 이 땅의 젊은 이는 푸른 바다를 빼앗기고, 꽁꽁 언 상태로 처마에 매달린 명태처럼 겨울바람을 맞으며 가슴에 긴 고드름을 달고 있다.

길다랗고 파리한 삶이다. 수평선 너머로 저무는 해를 홀로 지켜볼 때, 덧없게 보내는 날수가 하루하루 빚처럼 쌓여갈 때, 볕마저도 차갑게 느껴질 때, 그의 귀에 들린 문재인 정부의 약속은 분명 고향의 익숙하던 멧새 소리처럼 들렸을 것이다.

"기회는 평등할 것입니다. 과정은 공정할 것입니다. 결과는 정의로울 것입니다."

5

공직의 무게, **영혼**은 없는가

2001년 9·11 테러 당시 부시 대통령은 방문 중이던 어린이집에서
'7분'을 지체했다는 이유만으로 엄청난 비난을 받았고, 여야 추천 열
명으로 구성된 9·11테러조사위원회의 조사를 받았다. 조사위원회가
작성한 보고서에는 대통령의 당시 행적과 대처 과정이 적절했는지
가 분, 초 단위로 공개되었다. 그 후 부시 대통령의 행적에 관한 논쟁
은 더 이상 없었다. 이와 비교해볼 때 박근혜 대통령은 세월호 참사
와 관련하여 조사를 받지도 않았고, 조사가 철저히 이루어지도록 조
치를 취하지도 않았으며, 오히려 훼방을 놓다가 위원회를 강제 종료
시켰다.

사고 이후 대통령의 '일곱 시간'은 의문부호만 남겼고, 그 대응 또
한 안쓰러울 뿐이다. 방어를 위한 합리적 설명도, 최소한의 논리도
없었다. 탄핵심판 과정에 제출된 그날의 행적을 담은 기록에 대해 헌

법재판소에서는 '박 대통령이 세월호 침몰을 언제 처음 알았는지조차 담지 않았다'는 평가를 내렸을 정도다. 대통령의 최측근들은 대통령이 일곱 시간 동안 어디에서 무얼 하고 있었는지 정확하게 알지 못한다고 했다. 청와대의 공직자들은 대통령이 머물던 관저에 누가 있었느냐는 질문에 코너에 몰리자 '대통령의 사생활'이라 말할 수 없다는 궤변을 이어갔다. 그런 과정을 거치며 그들은 괴물로 변했고, 대한민국은 그 후 국정농단이라는 원자폭탄을 맞았다.

"방향이 잘못되면 속도는 의미가 없다." 간디의 말이다. 이들이 초고속으로 올라간 방향은 그들이 있어야 할 자리도 아니었고, 그들에게 허락되어서도 안 되는 자리였다. 그들은 책임과 의무를 보여주어야 할 그 자리에서 일신의 영달을 꿈꾸었고, 그 여파로 대한민국이라는 목초지는 황폐화되었다. 그들은 공직의 정점에 있었지만 그들이 보여준 것은 가치가 없었을 뿐만 아니라 의미도 없었다.

> 스파르타가 페르시아에 보낸 사절단의 일원이었던 폴뤼크라티다스는, 사절단이 공적인 임무를 띠고 왔는지 사적으로 왔는지 묻는 장군들에게 이렇게 대답했다.
> "임무를 완수한다면 공적으로 온 것이며 실패한다면 사적으로 온 것입니다."
>
> — 리쿠르고스 25절

폴뤼크라티다스에 대해 내가 더 이상 알 수 있는 것은 아무것도 없었다. 이 대목을 읽었을 때 나는 하위 공직자였던 그의 재치에 감탄하면서 스파르타라는 도시국가가 보여준 공직자의 위엄이 부러웠다. 하지만 그로부터 2,800년이 지난 지금 우리나라의 현실에 적용하면 그저 쓴웃음만 나온다. 대한민국에서 '공적 성공과 사적 실패'는 하위 공무원의 자세가 아니라 고위 공무원이 하위 공무원을 지배하는 '공식'으로 작동하고 있기 때문이다. 그들의 불법은 추한 진실이 세상에 드러나기 전까지 성공한 행위로 둔갑하고 그들은 승진과 포상으로 그 공로를 인정받는다. 문제는 이 더러운 공식이 공무원 조직에 하나의 원칙으로 자리를 잡았고 사회 전반으로 확산되어 있다는 것이다. '영혼이 없는 공무원'이라는 하위직 공무원들의 자조적 심정은 그 공식을 적용해서 얻은 해답이었을 것이다.

우리의 공직윤리는 바로 '내부자 고발'과 연결될 때 문제를 일으킨다. 내부자의 고발은 조직에 대한 애정에서 나온 것이지만 나머지 구성원, 특히 관리자는 그의 고발을 배신행위로 간주해버린다. 국가에 고용된 공무원은 도덕성이나 적법성과 관련하여 충돌할 이유가 없다. 그러나 권력이 중간에 사적 이익을 끼워놓으면서 문제가 생긴다. '위임받은' 권력이 자기 자신과 그 조직을 파멸로 이끄는 것은 마치 '악화가 양화를 몰아내는' 효과를 닮았다.

박근혜 정부 시절, 대통령이 고위 공직자로서의 원칙과 소신을 지키던 문화체육관광부 장관을 쫓아낸 결과, 문체부는 부정부패와 도덕적 타락의 온상이 되고 말았다. 그 뒤로 문화체육관광부는 어떻게 되었는가. 두 명의 장관과 차관이 구속되는 등 그야말로 악취가 진동하는 쓰레기장으로 변하고 말았다. 정작 있어야 할 사람은 쫓겨나고 탐욕을 채울 사람들만 남아서 먹고 노는 잔칫집이었다. 그들은 오디세우스가 집을 비운 사이 페넬로페에게 몰려든 예의 없는 구혼자들과 다름없었다. 나는 그 과정을 하딘Garrett Hardin, 1915~2003의 '공유지의 비극'으로 이해한다. 내 방식으로 살짝 비틀어보면 이렇다.

한 마을에 좋은 목초지가 있었다. 그 마을에는 열 가구가 있었고 목초지에서 양을 키우며 생계를 유지했다. 각 집에서는 열 마리의 양을 키웠으며 그 목초지는 양 100마리를 키우기에 적당한 크기였다. 마을에서는 목동 한 명을 고용하여 목초지의 관리를 맡겼다. 그러던 어느 날 마을 사람들은 깜짝 놀랐다. 그 좋은 목초지가 완전히 황폐화되어 삶의 터전이 사라진 것이다. 마을 사람들이 목초지가 황폐화된 이유를 조사한 결과, 목동을 매수한 몇몇 집에서 남들 모르게 양을 한두 마리 더 키우고 있었고 심지어 이웃 마을의 양들도 그 목초지 안에 들여놓았다는 사실을 알게 되었다. 갑자기 불어난 양들이 풀뿌리까지 먹어치우면서 목초지가 황폐화되고 만 것이다.

집집마다 생계를 이어주던 열 마리의 양은 '약속'이었지만, 남들 모르게 한두 마리씩 더 키우고 있었던 것은 '탐욕'이었다. 그들이 처음에 고용한 목동에게 기대했던 것은 '공정한 파수꾼'이었다. 하지만 그 목동은 어느 순간 목초지가 자신이 관리해야 할 의무의 공간이 아니라 자신의 이익을 채울 수 있는 둘도 없는 기회임을 알아채고 자기의 배를 채우기 시작했다.

국정농단 사태의 본질은 대통령이 국민으로부터 위임받은 권력을 사적 탐욕을 위해 소모했다는 점에서 공유지의 비극과 같다. 국가라는 목초지에 개인의 탐욕이라는 소를 풀어 국민의 세금과 공정관리의 약속을 황폐화시켜버린 것이다. 지속 가능한 목초지의 관리는 염두에 두지도 않은 채 오로지 자신의 욕심을 풀어 미래를 삼켜버렸다. 고위 공직자들이 갖는 욕심은 도덕 개념 자체가 없는 '무도덕성amoral'에 기인한다. 권력의 정점에서 내려오는 무도덕성은 그 밑에 있는 공직자들마저 연쇄적으로 오염시켜 공무원 사회뿐만 아니라 국가라는 공유지 전체를 황무지로 만들어버린다.

내가 '공직'을 주제로 글을 쓰면서 떠올린 모범은 로마의 콘술consul, 집정관인 마르쿠스 아틸리우스 레굴루스Marcus Atilius Regulus, BC 307~250다. 당시 로마와 카르타고는 지중해에 대한 지배권을 놓고 전쟁제1차 포에니전쟁, BC 264~241을 치르고 있었다. 카르타고의 전력이 약세라는 판단을 내린 로마군은 시칠리아 남쪽 해안에서 카르타고 해군을 격파한 뒤 아프리카 본토로 진격해 수도 카르타고 동쪽에 진을 치며 압박했다. 그러나 이듬해 봄 카르타고는 코끼리 떼를 앞세워 로마군에 심각한 타격을 입혔고, 최고사령관인 레굴루스도 포로 신세가 되었다.

이참에 전쟁을 끝내고 싶었던 카르타고는 포로인 레굴루스를 평화협상을 위한 사절로 삼았다. 포로 교환과 평화협정을 성사하도록 원로원을 설득하는 것이 레굴루스에게 주어진 임무였다. 레굴루스는 로마로 향하기 전, 임무를 수행하고 카르타고로 다시 돌아오겠다는 약속을 했다. 그런데 로마에 온 레굴루스는 카르타고의 의향을 전하는 대신 원로원 의원들 앞에서 정반대의 연설을 한다. 카르타고가 평화협정을 원하는 것은 약점이 있기 때문이니 로마가 이를 거부하고 끝까지 싸울 것을 간청한 것이다.

로마는 레굴루스의 조언대로 카르타고와의 평화협정을 거부했고, 레굴루스는 자신의 약속을 지키기 위하여 카르타고로 돌아갔다. 그는 결국 잔인한 고문을 받고 비참한 최후를 맞았다. 자신이 죽을 것을 알면서도 적과의 약속을 지키기 위해 카르타고로 돌아간 레굴루스는 로마에서 명예를 상징하는 이름이 되었다. 권모술수나 책략이 정당한 법칙처럼 여겨지는 전쟁 중에, 적진으로 돌아가지 않는다 해도 누구 하나 문제 삼을 일도 없는 전쟁 중에, 그것도 전쟁 상대국과 한 약속으로 자신의 죽음을 받아들였다는 것은 그가 믿었던 '정의로운 국가'와 '그에 합당한 개인의 헌신' 말고는 설명할 길이 없다.

윗물이 맑으면 아랫물도 맑은 법이다. 작은 도시국가 에페이로스의 군주였던 퓌르로스BC 319~272가 로마와의 전쟁 중에 휴전협상을 할 무렵이었다. 그는 로마의 협상 대표로 나왔던 파브리키우스가 마음에 들었는지 아니면 이간책이었는지 돈으로 회유도 해보고, 협박도 해보고, 철학적 논쟁을 벌이며 그의 마음을 움직여보려 했지만 실패했다.

자기 나라로 오면 고위직을 주겠다는 제안에도 담담하게 거절하는 파브리키우스에 감동한 퓌르로스는 통 큰 시혜를 베풀었다. 포로로 사로잡고 있던 로마군 병사들이 고향에 가서 고유 명절인 농경신 사투른Saturn을 기념하는 사투르날리아 축제를 지내고 올 수 있게 허락한 것이다. 모국에서 명절을 쉰 로마군 포로들은 모두 에페이로스의 포로수용소로 되돌아왔다. 그들은 적군의 삼엄한 감시보다도 고국의 명예를 더럽히지 말라는 로마의 명령을 더욱 무섭게, 엄중하게 받아들였다. 청년기 로마는 이렇게 위아래 할 것 없이 당당했다.

자녀에게 열심히 공부해서 '공무원이나' 되라고 권하는 부모들이 생각하는 공직의 무게는 얼마쯤일까. 부모의 주입에 아무런 반발도 없이, 공부만 하는 학생들이 생각하는 공식의 무게는 또 얼마쯤일까. 하긴 한 점 한 점 제 살을 파먹고 사는 사람들도, 서투른 첼로를 켜고 있는 누군가도, 날마다 하루만을 도둑질하는 사내의 웃음소리도, 달빛이 쌓여 썩어가는 것도 모두 '가을의 一部'(홍영철)다.

그곳에는
한점 한점 저의 살을 파먹고 사는
사람들이 살고 있었지
내가 들어섰을 때
변신한 빛들이
초가지붕과 고추밭을 덮고 있었지
공지에는 달빛이 쌓여 썩어가고
새들은 그해 마지막 노래를 불렀어
어디선가 가슴을 겨냥한 웃음소리가
화살이 되어 날아오르고 있었지
날마다 하루만을 도둑질하는 사내의 짓이었어

튼튼한 개가 하늘을 보며 짖어대고

나무들은 같았은 구름을 받혀들고 있었댔어

사루비아 씨들이 흙담 밑에 늘려 있었고

누군가가 서투른 첼로를 커고 있었어

6

성숙한 리더에게는 철학이 있다

월러 R. 뉴웰Waller R. Newell 은《대통령의 조건》에서 역사적 경험의 토대 위에서 발견한 성숙한 리더의 열 가지 조건을 제시하고 있다.

1. 성격이 두뇌보다 낫다. 위대한 지도자에게 최고 학력이나 천재적인 두뇌가 요구되는 것은 아니지만, 훌륭한 인격과 성품은 반드시 갖추어야 한다.

2. 감동적인 수사법이 필요하다. 화려한 언변이 아니라 과장이 섞이지 않은 진솔하고 감동적인 표현력이 있어야 한다.

3. 도덕적 확신이 필요하다. 위대한 지도자는 도덕적 신념을 추구해야 한다. 그는 원칙을 고수한다. 그러나 자기 신념의 잣대에 따라서만 결정하지 않는다. 예외는 있다. 그는 상황에 따라 '차악'도 선택한다.

4. 리더는 시대의 구체적인 표현이다. 그는 시대적 상황과 정서를 대

변한다. 위대한 리더의 인간적 자질은 그 시대가 갈구하는 인물상과 어울린다.

5. 두세 개의 주요 목표가 있어야 한다. 위대한 리더는 재임 기간 동안 많은 것을 이루기 위해 복잡하게 일을 벌이지 않는다. 그 대신 꼭 달성해야 할 핵심 목표를 세워 여기에 집중하고 헌신한다.

6. 시간은 기다려주지 않는다. 위대한 지도자는 건강한 신체와 정신의 소유자이다. 그는 자신의 정치적 이상을 실현하기에 충분한 시간과 건강을 확보한다.

7. 역사가 지도자를 선택한다. 위대한 리더는 역사의 선택을 신뢰한다. 그는 지도자의 탄생이 도도한 역사의 흐름 중 일부임을 잊지 않는다.

8. 위대한 지도자는 권력욕이 강하다. 정치 지도자는 본질적으로 권력을 지향한다. 그러나 중심을 잃지 않는다. 권좌를 차지하기 위해 노력하지만 여기에 집착하지는 않는다.

9. 위대함은 사악함의 이면일지 모른다. 위대한 지도자는 위대한 속성 뒤에 감추어져 있는 사악함의 실체와 위험성을 알고 있다. 그리고 끊임없이 이것을 경계한다.

10. 위대한 지도자는 앞의 아홉 가지 교훈 모두를 무시할 준비가 되어 있어야 한다.

2017년 우리는 한 명의 대통령을 쫓아내고 또 한 명의 대통령을 맞이했다. 이제 막 발을 내딛은 문재인 대통령에 대해 객관적으로 평가하기에는 이른 시간이지만 우리의 헌법이 파면한 직전 대통령에 대해서는 어느 정도 평가를 내릴 수 있을 것 같다. 그러나 불행히도, 내가 고를 수 있었던 조건은 4번 하나뿐이었다. 리더는 시대적 상황과 정서를 대변한다. 하지만 공허했다. 시험을 치를 때 검토하듯 지문을 다시 읽었다. 망설임 끝에 10번을 추가했다. 그것은 사실 박근혜 대통령에 해당하는 것이 아무것도 없었다는 뜻일 수도 있고, 그녀가 앞에 열거된 모든 조건들을 모두 무시하면서 헌정질서를 파괴했다는 판단 때문이기도 하다. 나의 답안지를 한 문장으로 풀어 쓰면 다음과 같다. "우리는 철학이라곤 티끌만큼도 없는 독재자를 선택했다."

내가 아는 한, 그녀는 '키위새'였다. 그녀의 생태계에는 천적이 없어서 날 필요가 없었다. 그래서 그녀는 날 수 있는 능력을 잃어버렸다. 키위새는 동물 중에 유일하게 수컷이 알을 품는다. 암컷이 자신의 몸만큼 커다란 알을 낳고 죽기 때문이다. 수컷은 이 알을 75일간 품어 부화시킨다. 지금 대한민국 국민들은 그 알을 품고 있는 수컷 키위새의 운명과 다름없다. 그녀에게는 국민을 품어 생명을 내릴 통찰력이 전무했다.

대선 후보자 토론에서 경쟁 후보가 집권 여당의 후보로서 행정부의 무능에 책임이 있지 않느냐고 따졌을 때 그녀가 했던 대답은 어떤 철학도, 선견지명의 예후도 없었다. "그래서 제가 대통령이 되려고 하는 거 아닙니까!" 대통령으로서 그녀가 국무회의 석상에서 했다는 '유체이탈화법'은 그런 오만과 무지의 결과였을 것이다. 또한 그녀는 이렇게 말했다. "우리의 핵심 목표는, 올해 달성해야 될 것은 이것이다, 하고 정신을 차리고 나아가면 우리의 에너지를 분산시키는 걸 해 낼 수 있다는 그런 마음을 가지셔야 합니다." 그 자리에 있었던 그 누 구도 이 말을 이해하지 못했고, 이해하려고 노력한 자도 없었다.

두려움에 기초한 권력은 면종복배面從腹背를 낳았고 바로 그런 이 유 때문에 그들은 사상누각沙上樓閣처럼 무너지고 말았다. 자신이 가 지고 있는 빛이 아무리 밝고 화려해도 상대방을 배려하는 마음으로 다가가지 않으면 그 빛은 오히려 없는 것보다 못하다. '형광등 100개 를 켜놓은 듯한 아우라'로 빛나던 아이콘이 보수진영 자체를 깜깜한 동굴로 만들어버린 사태의 원인도 여기에 있다.

노자는《도덕경》에서 화광동진和光同塵을 말하고 있다. "자신의 날카로운 빛을 감추고 온화한 분위기로 상대방의 눈높이에 맞춰 자 세를 낮추라." 다음은 화광동진에 대한 그의 부연설명이다.

진정 아는 사람은 말이 없다. 말이 많은 자는 정말 아는 자가 아니 다. 당신의 입을 닫아라. 당신의 그 머릿속 의도를 닫아라. 당신의 그 날 카로움을 버려야 한다. 당신의 그 현란한 말을 쉽게 풀어야 한다. 당신 의 그 빛나는 광채를 줄여라. 그리고 당신 앞에 있는 상대방의 눈높이 에 맞춰라. 이런 사람이 진정 자신의 주장과 광채를 줄여 상대방 스스 로 동화되게 만드는 '현동(玄同)'의 철학을 가진 사람이다.

철학 있는 리더 혹은 리더의 철학은 국정의 연속성을 담보하기 위 해서도 필수적인 요소다. 새로 들어서는 정부마다 전임 정부의 공적이나 흔적을 지우고 자신의 정책으로 채워야만 위상이 선다고 인식하는 듯하다. 진보에서 보수로 정부의 색채가 바뀐 후 벌어진 일을 돌이켜보면 그림이 훨씬 선명하게 보인다.

이명박 대통령의 "통일 대비 통일세 준비할 때 됐다"는 주장만 해도 그렇다. 천안함 문제를 비롯하여 대북 강경발언을 늘어놓는 등 통일비용을 극대화해놓고 통일세를 언급하는 것이 과연 상식적인가. 전임 정부에서 통일비용을 줄이기 위한 노력의 일환으로 북한에 쌀을 지원하면서 국내의 쌀값 안정에도 기여하던 정책을 이명박 정부는 북한을 압박하는 차원에서 중단해버렸다. 그로 인해 쌀값이 20% 가까이 폭락했다. 그럼에도 정부는 북한에 제공하느니 '사료로 쓰겠다'고 했다. 설상가상으로 박근혜 정부는 개성공단 폐쇄로 진보 정부의 모든 평화적 노력을 물거품으로 만들어버렸고, 통일비용만 높여놓고는 '통일대박'을 외쳤다.

나는 두 가지를 소망한다. 하나는 파괴력이 큰 굵직한 정책에 대해서는 국민의 동의를 받는 것을 의무화했으면 좋겠다. 대통령의 독단적 결정은 민주주의의 근간을 흔들기 때문이다. 대통령 중심제에서는 대통령이 결정하면 어떤 정책이라도 다 할 수 있는 권한을 부여받은 것처럼 생각하는 경향이 있다. 대통령이 필요하다고 판단한 것에 대해서는 국민이 당연히 동의하고 따라야 한다는 사고방식이다. 그러나 그런 독단적 결정으로 그동안 얼마나 많은 비용을 치렀는지 우리는 잘 알고 있다. 강정 해군기지가 그랬고, 미국산 쇠고기 수입이 그랬고, 사드 배치로 인한 중국과의 문제가 그랬고, 역사 교과서

시민의 품격, 국가의 품격

국정화 정책이 그랬다. 그런 정책들이 모두 필요할 수도 있다. 그렇다면 국민들에게 의도를 소상히 밝히면서 설득하고 동의를 구하는 최소한의 성의를 보여야 한다. 아무런 정보도 제공하지 않은 채 많은 세금을 들여서 밀실에서 집필한 역사 교과서가 무용지물이 되는 것을 보고 과연 누가 이를 상식적인 국가의 정책으로 생각하겠는가. 다른 하나는 후임 정부가 전임 정부의 정책을 이어나가는 것을 명예롭게 여기는 전통을 만들었으면 한다. 정부는 국민의 명령을 연속적으로 완수한다는 개념으로 받아들이고, 새로 시작하는 일에 대해서는 국민의 동의를 얻고 시작하면 될 일이다. 그런 체제가 정비되어 있을 때 시간과 재정의 낭비라는 악습을 막을 수 있고 국정의 연속성이 생겨난다.

> 결국 다음 날 (옥타비우스, 안토니우스와의) 전투를 벌이기로 결정이 났다. 저녁 식사 때 브루투스는 희망에 부풀어 있었다. 저녁 식사 후 철학에 관한 대화를 나누고는 휴식을 취하러 갔다.
>
> – 브루투스 40절

기원전 44년 카이사르가 브루투스 일행에게 암살당해 로마는 사분오열, 혼란스러운 상황이었다. 그 후 카이사르의 오른팔이었던 백전노장 안토니우스와 카이사르가 후계자로 지목한 열여덟 살 애송이 옥타비아누스는 서로 손을 잡고 로마를 차지하기 위한 마지막 전투를 준비하고 있었다. 카이사르를 암살했던 카시우스, 브루투스 연합군과의 결전이었다. 운명이 걸린 전쟁을 코앞에 둔 전날 밤, 브루투스는 카시우스와 철학을 나누고 마음의 평화를 취하고 있었다. 철학을 논하고 맞이한 아침, 그들은 더 이상 행운의 승리를 확신하는 맹목적 열기에 휩싸이지 않았다. 대신 지금까지 자유와 영광의 인생을 산 것이 행운이라고 말하며, 승리하지 못한다 해도 두려워하지는 말자며 담담하게 서로를 격려했다.

그들의 후예인 로마황제 마르쿠스 아우렐리우스Marcus Aurelius, 121~180의 명상록은 또 어떤가?

* 시간은 생성되는 만물로 이루어진 강, 아니 급류이다. 무엇이든 눈에 띄자마자 휩쓸려 가고, 다른 것이 또 내려오면 그것도 곧 휩쓸려 갈 것이기 때문이다.
* 최선의 복수 방법은 너의 적처럼 되지 않는 것이다.
* 남이 하는 말을 귀담아 듣고, 되도록이면 말하는 사람의 영혼 속으로 들어가는 습관을 들여라.
* 미래의 일로 불안해하지 마라. 그리로 가야 한다면, 네가 현재의 일에 애쓰고 있는 바로 그 이성으로 무장하고 그리로 가게 될 것이기 때문이다.
* 똑바로 서라. 아니면 똑바로 세워질 것이다.
* 네 안을 들여다보아라. 네 안에는 선의 샘이 있고, 그 샘은 네가 늘 파내이야만 솟아오를 수 있다.
* 주제와 활동과 원칙과 말뜻에 주목하라.

시민의 품격, 국가의 품격

* 이웃한 나무가 베이면 너도 베어진다.

지금은 권경인 시인의 '목어자木魚子'를 기대하는 게 사치인 시대인지도 모른다. 나는 오랫동안 굶주린 우리에게 잠시라도 그런 사치가 허용되었으면 한다.

열려 있으나 기웃거리지 않고
밖으로 적막하나 안으로 고요한 사람
남에게 관대하고 자신에겐 엄격한 사람
가난하지만 늘 깨어 있는 사람
아무 한 일이 없으나 그는 그곳에 살았다
그가 살았음으로 그 땅은 아름다웠다.

7

막말의 정치와 감각적 침묵의 지혜

"카토, 자네가 입을 열지 않는다고 흉을 보는 사람들이 있어."

그러자 카토가 대답했다.

"내 사는 모습을 흉보는 게 아니라면 내버려두게. 할 말이 무엇이고 안 할 말이 무엇인

지 알게 되면 입을 열 테니."

— 카토(Marcus Porcius Cato) 4절

마르쿠스 포르키우스 카토BC 95~46는 로마공화정 말기의 정치인
으로 율리우스 카이사르BC 100~44와 대적해 로마 공화정을 수호한
것으로 유명하다. 그는 당시 부패가 만연한 로마의 정치 상황에서 완
고하고 올곧은, 청렴결백의 상징이었다. 플루타르코스는 카토를 이
렇게 묘사했다.

모든 미덕 중에서도 가장 으뜸이 되는 것은 정의로움이기 때문이다. 세상 사람들은 흔히 용감한 사람들을 존경하며 지혜로운 사람들에게 감탄하지만, 정의로운 사람에게는 그것 외에도 사랑과 믿음이 더해진다. 결국 사람들은 용감한 자를 두려워하고, 지혜로운 사람을 잘 믿지 않는다. 용기와 지혜는 사람이 타고나는 성품에 속하지만, 정의는 그 사람의 의지로 만들어진다. 그리고 용기는 정신의 강한 힘을 말하는 것이고, 지혜는 성격상의 예민함을 뜻하는 것이지만, 정의는 굳건한 지조에서 나오는 것이다. 그러므로 자기의 의지로 정의를 선택한 사람은 정의가 아닌 것은 결코 용서할 수 없는 죄악이라고 생각하며 혐오한다.

– 카토 44절

이러한 카토의 성격은 스토아 철학을 연구하며 늘 사색하는 삶이 그의 일상에 그대로 녹아든 데서 왔다. 어디를 가더라도 최상의 신분인 자신을 노출하지 않고 조용한 결단과 행동을 우선시했다. 공화정 막바지의 권력자였던 카이사르를 일생 내내 견제하며 외롭게 조국 로마를 지키기 위해 외로운 투쟁을 계속했던 그의 짧은 생애가 빛나는 이유다.

지금은 말과 글의 전성시대로, 글로 일어서고 말로 무너지는 세상이다. 막말은 어떻게 탄생하고 성장할까. 막말이야말로 공감과 소통 능력이 부족함을 보여주는 전형인데도 정치인들이 막말을 하는 이유는 무엇일까. 막말은 자기가 속한 수장에 대한 충성의 표현이고, 유권자의 말초신경을 자극하는 '표'가 되고, 자신이 처한 위험을 덮어주는 효과적인 전술임을 확인했기 때문이다. 트럼프는 막말을 하면

할수록 지지율이 상승해 공화당 대선 후보가 되었고 대통령으로 당선되어 이 공식을 증명했다.

유권자들은 정치인의 막말을 통해 상대적 박탈감에 대한 자신의 분노를 표출한다. 정치는 권력과 자본을 '누리는 자'와 그로부터 '소외된 자'가 정치인을 대리인 삼아 싸우고 있는 전쟁터나 다름없다. 하지만 사람들이 정치인의 막말에 담긴 '사이다'를 마시며 카타르시스를 느낀 결과, '정글 사회'가 도래했다. 1930년대에 경제는 대공황으로 요동치고 강한 지도자를 향한 시민들의 열망은 히틀러와 무솔리니의 분노와 만났다. 그 끝은 우리 모두가 아는 것처럼 혼돈과 파국이었다.

문제는 우리가 막말의 '순수한' 피해자가 아니라는 데 있다. 그들이 막말을 하는 이유는 유권자스스로는 상식적이고 합리적이라고 생각하겠지만를 만만하게 보기 때문이다. 상식과 합리로 무장한 유권자도 그들의 '표 계산법'에 따르면 '허수'일 뿐이다. 이는 그들이 수십 번 검증하고 내린 결론이다. 나치가 유대인과 공산주의를 적으로 규정하고 적대적 선동으로 부상했던 것처럼 한국은 여전히 독재라는 '향수'와 민주주의라는 '이상'이 대립하는 적대적 환경에서 막말의 온상을 유지하고 있다. '깨어 있는' 유권자라고 해서 막말 정치인들보다 '결코 도덕적이지도, 민주적이지도 않다'. 유권자가 증세 없는 보편적 복지 주장을 하는 한 그들의 막말은 멈추지 않을 것이다.

'말하기'가 이처럼 유혹적인 것에 비해 침묵은 수행해야 할 미덕에 가깝다. 그래서 침묵하기가 쉽지 않고 그런 점에서 그 가치가 빛난다. 18세기 사제인 조제프 앙투안 투생 디누아르 Joseph Antoine Toussaint Dinouart가 《침묵의 기술》에서 들려주는 맑은 가치와 정신은 동양의 전통적 지혜인 "정수유심 심수무성 靜水流深 深水無聲, 고요한 물은 깊이 흐르고 깊은 물은 소리가 나지 않는다"과 궤를 같이한다. 침묵은 역설적인 의미의 말하기 기술이기 때문에 침묵보다 나은 말이 있을 때에만 입을 열라고 한다. 말을 해야 할 때 입을 닫는 것은 나약하거나 생각이 모자라기 때문이고 입을 닫아야 할 때 말을 하는 것은 경솔하고도 무례하기 때문이다.

이는 13세기 이란의 시인 셰이크 무샤리프 웃딘 사디 Sheikh Musharrif ud-Din Sadi의 "말해야 할 때 침묵하고 침묵해야 할 때 말하는 것은 지성 知性의 두 가지 수치다"라는 경구로 흘러 들어간다. 이들의 지혜는 "더불어 말을 해야 할 때 더불어 말을 하지 않으면 사람을 잃고, 더불어 말하지 않아야 할 때 더불어 말하면 말을 잃는다. 지혜로운 사람은 사람을 잃지도, 말을 잃지도 않는다"라는 '말'에 대한 공자의 오래된 조언을 닮았다. 그러고 나면 "용감한 사람의 본성은 과묵함과 행동에 있다. 양식 있는 사람은 항상 말을 적게 하되 상식을 갖춘 발언을 한다"는 주장에도 고개가 절로 끄덕여진다.

디누아르가 분류한 침묵의 종류 중에서 가장 울림이 큰 것은 이른바 '감각적 침묵'이다. "아무 말 하지 않고 있어도 얼굴에 밝고 개방적이며 생기 넘치는 기운이 느껴지고, 말에 의존하지 않고도 어떤 감정 상태에 있는지가 자연스럽게 드러날 때, 그것은 감각적 침묵이다."

나는 그가 말하는 감각적 침묵을 영화 〈위대한 침묵〉에서 보았다.

알프스 산맥에 있으면서 가장 엄격한 규율을 유지하고 있는 그랑드 샤르트뢰즈 수도회Le Grande Chartreuse 소속의 카르투지오 봉쇄 수도원. 1688년 지어진 이후 한 번도 일반인에게 내부를 공개한 적이 없었다는 곳. 이 영화는 영화가 상영되는 162분 내내 관객을 봉쇄된 수도원의 수행자가 되게 한다. 그들의 삶과 자연의 소리만이 전달될 뿐이기 때문이다. 바람 소리, 시냇물 소리, 새가 지저귀는 소리, 눈 내리는 소리, 촛불 타는 소리, 빗소리, 천둥소리, 밭을 가꾸는 소리, 잔잔한 웃음소리, 책장 넘기는 소리, 기도하는 소리⋯⋯.

나는 젊은 수도사들이 눈썰매 타는 장면에서 처음으로 짧은 '대화'를 들을 수 있었다. 영화를 보고 나서 가장 먼저 든 생각은 '나는 저 수도원에 들어가 침묵의 수행을 할 수가 있을까'였다. 일 년에서 한 달, 한 달에서 일주일, 일주일에서 하루로 시간을 자르고 나서야 내 얼굴에 미소가 돌았다. 침묵은 자기 자신과 나누는 끊임없는 정신적 대화라는 걸 알기에 나에게 침묵을 수행하기란 쉽지 않은 일이다. 저들의 자발적 침묵은 영적 기쁨이지만 '나의' 침묵은 침묵해야 하는 시간 내내 어두운 기억 속의 시간들을 불러와 세속적 두려움을 토해낼지도 모르기 때문이다. 침묵이 육체의 미로를 따라 쓸쓸함만을 적나라하게 보여준다면 단 하루의 시간도 내게는 견디기 힘든 고통임을 잘 알고 있기에.

그렇다면 막말이 넘쳐나는 오늘을 우리는 어떻게 견뎌야 할까. 그들의 막말을 이기기 위해 내가 더 거친 말을 쏟아낼 수도 없고, 그렇다고 나의 침묵이 그들의 거친 말을 이겨낼 만큼 깊게 흐르는 것도 아니기에 세상은 더 힘든 것인지도 모른다. 칼릴 지브란 Khalil Gibran 은 그들을 반면교사로 삼을 만큼 달관한 것 같다. "나는 수다쟁이로부터 침묵을, 참을성 없는 이들로부터 인내를, 불친절한 이들로부터 친절을 배웠다. 하지만 이상하게도 나는 그 '선생'들에게 고마운 마음이 전혀 없다"라고 말한 것을 보면 말이다.

스파르타 시민 데마라토스처럼 라코닉 화법에라도 능하면 좋겠다는 생각도 해본다. 그는 어느 귀찮은 자가 때 아닌 질문을 해대고, 특히 스파르타 사람들 가운데 가장 뛰어난 자가 누구인지 계속해서 물어대자 이렇게 되받아쳤다. "가장 너 같지 않은 자!" 애국심을 이야기하면서 국민을 귀찮게 하는 자들에게 되받아치고 싶은 말로 손색이 없어 보인다. 아니면 카토 Cato the Elder 의 성찰에 기대어 마음을 가라앉혀볼까도 생각해본다. "현명한 사람이 어리석은 자로부터 배우는 것이, 어리석은 자가 현명한 사람한테 배우는 것보다 더 많다. 현명한 사람은 어리석은 자의 잘못을 보고 스스로 고치지만, 어리석은 자는 현명한 자의 행동도 흉내 내지 못하기 때문이다."

나에게는 내가 누구인지 알려주는 거울이 있다. 집회서 20장의 '침묵과 말'이라는 거울이다.

침묵을 지켜 현명함이 드러나는 사람이 있는가 하면, 끊임없이 지껄임으로써 남에게 미움을 사는 사람도 있다. 대답을 못해서 침묵을 지키는 사람이 있는가 하면, 대답할 때를 기다려 침묵을 지키는 사람이 있다. 지혜로운 사람은 때가 오기까지 침묵을 지키나, 어리석은 사람은 때

를 분간하지 못하고 수다를 떤다. 너무 수다를 떠는 자는 남의 빈축을

사고, 말로 남을 누르려는 자는 남의 미움을 받는다.

8

패자에 대한 **승자**의 진정한 **용기**

사람들은 스키피오 아프리카누스의 자비와 너그러움을 언급하며 그를 존경했다. 스키피오는 그때까지 한 번도 패배한 적이 없었던 한니발을 아프리카에서 격파했지만 그를 본국에서 추방하지도 않았고 자기에게 넘겨달라고 요구하지도 않았다. 스키피오는 전투를 시작하기 전에 한니발을 만나 인사를 나누었고, 정복한 다음 협정을 맺을 때도 그를 모욕하거나 짓밟지 않았다.

뿐만 아니라 다시 에페소스에서 만난 두 사람이 산책할 때 승자 스키피오가 서야 할 자리에 한니발이 서서 걷고 있었는데도 스키피오는 신경도 쓰지 않았다. 위대한 장군들에 관해 대화할 때 한니발이 알렉산드로스가 가장 위대하고, 퓌르로스가 그다음, 자신이 세 번째라고 말했을 때에도 스키피오는 미소를 띠며 물었을 뿐이었다.

"내가 그대와 싸워 이기지 않았다면 그대는 몇 번째입니까?"

그러자 한니발이 대답했다. "그랬다면 세 번째가 아니라 가장 위대한 장군이지요."

― 티투스 플라미누스 21절

서양에서 가장 강력한 국가였던 고대 로마의 건너편에는 카르타고가 있었다. 카르타고는 지금의 튀니지를 중심으로 북아프리카 전역과 스페인 남부 그리고 이탈리아와 가까운 섬들을 점유하고 있었다. 카르타고는 상업이 발달했고 강력한 해군을 보유하고 있었다. 이 두 나라 사이에 놓인 시칠리아 섬을 두고 벌인 세 차례 전쟁이 바로 그 유명한 포에니 로마인들이 카르타고 사람을 부르던 이름 전쟁이다. 카르타고는 이 전쟁에서 패하면서 역사의 저편으로 사라지고 말았다. 그러나 2천 년이 지나도 튀니지가 여전히 카르타고일 수밖에 없는 이유가 있다. 그 이유는 단 하나, 한니발 때문이다.

전쟁에서 이긴 스키피오 Publius Cornelius Scipio, BC 236~184 는 카르타고에 대해 관대한 정책을 주장했지만, 로마 정치권은 그의 제안을 받아들이지 않았을 뿐만 아니라 카르타고를 이 세상에서 완전히 멸망시켜버리고자 했다. 로마는 카르타고의 모든 남자를 몰살하고, 여자와 아이들과 노인들은 노예로 팔았으며, 신전의 여사제는 사창가로 보냈다. 그리고 온 도시에 소금을 뿌려 다시는 농사를 지을 수 없는 땅으로 만들어버렸다. 한니발은 조국을 떠나 소아시아를 떠돌며 방황했다. 그는 비튀니아에 머물던 중 왕이 자신을 로마에 넘기기로 한 것을 알고는 독약을 마시고 스스로 죽음을 택했다.

승자인 스키피오는 아프리카누스 아프리카의 대장군 의 칭호를 받고 모든 군대를 총괄하게 되었지만 그를 시기하는 사람들로부터 뇌물 혐의로 탄핵된 후 로마를 떠나 시칠리아의 별장에서 살다가 생을 마쳤다. 그는 그때 느낀 배신감을 유언으로 남겼다. "배은망덕한 조국이여, 그대는 내 뼈를 가지지 못할 것이다."

스키피오가 관용을 주장한 이유는 정치가 국민 개개인을 국가의 부속품으로 보는 시각에 반대했기 때문일지도 모른다. 만약 그 전쟁에서 자신이 패했다면 스키피오 역시 패장 한니발의 운명과 같았을 것임을 알았기에 상대를 이해하려 했을 수도 있고, 어쩌면 아킬레우스와 헥토르의 운명을 이해하고 닮고자 했던 영웅들의 자세였는지도 모른다.

아킬레우스는 가장 절친한 친구인 파트로클로스가 헥토르에게 죽은 다음 날 트로이 성 앞에 홀로 나가 헥토르를 불러내 일대일 대결을 신청했다. 헥토르는 아킬레우스를 이기지 못할 것을 알고는 부인과 마지막 작별인사를 나눈다. 결과는 헥토르의 패배, 곧 그의 죽음이었다. 하지만 여전히 분이 풀리지 않은 아킬레우스는 헥토르의 발뒤꿈치에 구멍을 내 전차에 묶고 트로이 성을 여러 바퀴 돌았다.

높은 성벽 위에서 이 모든 것을 지켜본 헥토르의 아버지 프리아모스는 적장인 아킬레우스에게 나아갔다. 왕으로서 죽음은 물론 왕국의 몰락을 각오하고 적진으로 찾아간 것이다. 백발의 아버지는 무릎을 꿇고 아들을 죽인 적장의 손에 입을 맞추었다. 프리아모스는 아킬레우스의 아버지 펠레우스에 대해 이야기하면서 헥토르의 시신을 돌려달라고 정중하게 요청했다. 아킬레우스는 고향에 계신 아버지를 생각하며 프리아모스를 일으켜 세웠다.

그리스인이었던 호메로스도 대서사시 《일리아스》를 헥토르의 장례식으로 마무리하며 패자에 대한 예를 표하고 있다. "일리온트로이은 이러한 영예를 영웅에게 베풀었다. 그래서 위대한 헥토르의 영혼도 편히 잠들었다."

1942년 1월 27일 윈스턴 처칠 수상은 영국 의회에서 연설하면서 '사막의 여우'라 불리던 적장인 롬멜 장군을 칭찬한다. "우리의 상대에게는 무척이나 용감하고 유능한 장군이 있습니다. 이 전쟁의 참상과 관계없이 개인적인 평가를 해도 된다면 나는 그를 위대한 장군으로 부르고 싶습니다."

영국의 수상이, 그것도 의회의 공식 연설에서, 더욱이 연전연패를 당하고 있는 마당에 적국의 장군을 칭찬하고 있다. 이념과 입장의 차이로 서로 적국이 되어 국가의 운명을 건 치열한 전쟁을 벌이는 절박한 상황이었기에 적장에 대한 처칠의 언급은 더욱 도드라져 보인다. 아마 처칠은 '지피지기'의 관점과 자신의 궁극적인 승리를 확신했을 것이고, 그의 연설을 듣는 의회와 국민들은 처칠을 절대적으로 신뢰했음에 틀림없다. 처칠과 롬멜의 경우도 당장 전선에서 싸우고 있는 당사자로 미주하면 '적'이 분명하지만 자신을 둘러싼 더욱 큰 환경인 국가의 관점에서 본다면 국가를 대신하는 '상대방counterpart'으로서 예의와 존경을 보일 수 있는 여지가 생겨날 수 있는 것이다.

시나브로 경제에 종속된 우리의 삶도 실제 전쟁 못지않게 치열하다. 국가도, 개인도 그런 경쟁의 구도 안에서 인생의 목적을 잊고 목표에만 매달려 달리는 사이 우리의 건강하던 삶의 토양은 희망과 함께 머나먼 곳으로 휩쓸려가고 말았다. 대기업 위주의 경제정책이 펼쳐지는 동안 관료사회는 학연과 지연으로 그들만의 리그를 만들었고, 승자끼리만 전리품을 나누어 가지면서 권력은 국민들을 개, 돼지로 여겼으며, 대기업은 중소기업을 수족처럼 부려왔다. 아무리 우리의 경제가 대외 의존적이라 해도, 지금의 생활수준을 유지하기 위해 개방과 경쟁을 할 수밖에 없다 해도 그런 정책에서 불가피하게 발생하는 폐해에 대해 적어도 국가는 그들의 눈물을 닦아줄 수 있는 예의를 보여야 한다.

네덜란드의 경제 구조는 국내총생산GDP 의 약 50%가 수출입과 관련될 만큼 대외 의존적이고 개방되어 있다. 좋든 싫든 세계 경제의 요구사항을 받아들여야 한다는 면에서 우리와 많이 닮아 있다. 하지만 노동 현장은 우리와 천지 차이다. 네덜란드에서는 파견 근로자들에게도 단체협약이 적용되며, 시간제 근로자들도 임금과 복지 등 모든 면에서 정규직 근로자들과 동등한 대우를 받는다. 그래서 일과 가정 또는 여가생활 사이에서 시간을 유연하게 쓰려는 근로자가 더 많고 스스로 주 5일제에서 주 4일제 근무로 변경해 부부가 서로 돌아가며 육아를 담당한다.

사회나 개인이 사회직 약자를 배려하는 마음은 보험과도 같다. 눈에는 크게 보이지 않는 작은 배려가 하나하나 쌓였다가 필요한 사람에게 자연스럽게 흘러가서 힘을 주기 때문이다. 역지사지易地思之 하면 승자가 패자가 되어도 부끄럽지 않고 패자가 승지가 되어도 오만하지 않는 법이다. 승자의 '용기'가 패자에 대한 '관용'을 낳지 못한다면 그의 고결함은 허상에 불과하다. 개인의 고결함은 장석주 시인의 '대추 한 알'처럼 붉고 둥글게 만들어져야 하며, 국가의 고결함은 해

저물 무렵 들판에서 돌아오는 농부의 발걸음처럼 그윽해야 한다.

저게 저절로 붉어질 리는 없다
저 안에 태풍 몇 개
저 안에 천둥 몇 개
저 안에 벼락 몇 개

저게 저 혼자 둥글어질 리는 없다
저 안에 무서리 내리는 몇 밤
저 안에 땡볕 두어 달
저 안에 초승달 몇 날

9

은둔, 시간을 **초월**해 고독을 즐기는 시간

인간의 마음은 자기가 가지는 판단이나 품고 있는 목적이 이성적으로 증명되어 강한

힘을 얻기 전에는 남의 말에 흔들리기가 쉽다. 행동은 그 자체가 정당하고 깨끗해야

할 뿐 아니라, 행동이 뒷받침이 되는 동기도 떳떳해야만 한다. 만약 그렇지 못할 때에

는 좋게 보이던 것들도 나중에는 신통치 않은 것으로 변하고, 마음이 약해져 자기가

한 행동을 후회하게 되는 것이다. 마치 굶주렸던 사람이 탐욕스럽게 음식을 먹고 난

후 곧 너무 많이 먹었다고 후회하게 되는 것과 같다. 이렇게 해서 마음에 후회가 생기

면 고결한 행동도 천하게 변하고 만다. 왜냐하면 행동의 원동력이 되는 덕성이나 명예

같은 좋은 생각들도 뒷받침되는 것이 없으면 곧 마음속에서 사라져버리기 때문이다.

반면에 지식과 이성에 뿌리를 박은 결심은 비록 행동이 실패로 돌아간다 할지라도 변

하지 않는다.

– 티몰레온 6절

정치가이자 장군이었던 티몰레온은 조국을 사랑하고 성품이 온화했으며 폭군과 비열한 자들을 혐오했다. 그의 형인 티모파네스는 무모하고 조급했으며 항상 주위의 나쁜 친구들과 어울려 다니면서 왕이 되겠다는 생각만 했다. 동맹국의 배신으로 전쟁을 벌였던 코린토스 사람들은 나라를 잃을까 두려운 마음에 용병 4백 명으로 이루어진 부대를 유지하기로 하고 그 지휘를 티모파네스에게 맡겼다. 그러나 명예와 정의는 티끌만큼도 모르던 그는 모든 권력을 가지기 위해 음모를 꾸미고 자신에게 방해가 되는 많은 시민들을 재판도 없이 처형해버렸다.

이를 지켜본 티몰레온은 형을 찾아가 폭정을 멈출 것을 간청했지만, 티모파네스는 오히려 화만 낼 뿐이었다. 결국 티몰레온과 동행한 두 사람은 조국을 걱정하는 마음에 형을 죽이고 말았다. 이 일에 대해 시민 대부분이 티몰레온의 위대한 정신을 칭송했다. 반면 권력에 아부하던 사람들은 독재자의 죽음을 기뻐하는 척하면서도 티몰레온의 본심을 왜곡하는 여론을 퍼뜨렸다. 뿐만 아니라 큰아들의 죽음으로 비탄에 빠진 어머니마저 티몰레온에게 비난과 저주를 퍼부으며 그에게서 등을 돌렸다. 실의에 빠진 티몰레온은 은둔생활을 하며 황량하기 그지없는 땅들을 전전했다.

20년 후 코린토스 시민들은 독재자 히케테스의 배신을 응징하기 위한 원정대의 지휘관으로 티몰레온을 불러냈다. 사람들은 "그대가 우리의 요청을 받아들여 잘 싸워주면 우리는 그대를 폭군을 죽인 용사로 생각할 것이지만, 우리의 요청에도 싸워주지 않는다면 우리는 당신을 형제의 살인자로 기억할 것이오"라고 하며 온 힘을 합쳐 티몰레온에게 필요한 물자를 제공하고 원정 준비를 거들었다. 티몰레온이 20년간의 은둔생활을 끝내고 시민들 앞에 섰을 때 그의 행동은 고결하고 정의로웠으며, 신념은 굳은 바위와도 같았다.

플루타르코스의 묘사를 우리 시대의 인물과 견준다면 나는 무기수로 복역하다가 20년 20일 만에 교도소 담장 밖 햇살과 바람을 맞았던 무기수 신영복이 떠오른다. 박정희 독재정권이 조작한 '통일혁명당' 사건으로 사형수에서 무기수로 지내온 길고 긴 그의 삶에 잔뜩 묻은 것은 절망이었을 것이다. 증오와 분노의 감정이 함께했을 세월이었음에도 그는 세상과 만나면서 그 감정을 미학적으로 승화시켰고 담장 밖 사람들의 마음속 증오와 분노도 태워버렸다.

"사침思沈하여야 사무사思無邪할 수 있다." 즉, 깊이 사유해야 바르게 생각할 수 있다는 그의 자세는 감옥에서 지낸 일상마저 은자隱者의 천진한 미소로 보여주었다. 그가 '5월, 창밖의 몇 점 신록에 이따금 피곤한 시선을 기대어 쉬곤' 하면서 길러낸 사색은 우리의 눈에는 보이지 않던 풍경을 만들어냈다. 20년의 은둔으로 음유시인이 되고, 사상가로 변한 그에게 세상과 감옥 사이의 경계는 꽃의 하늘거림처럼, 나비의 자유로움처럼 무의미했다. 다음은 깊은 울림을 낳는 그의 말이다.

진흙을 반죽해서 그릇을 만들지만 그릇은 그 속이 비어 있음(無)으로 해서 그릇으로서의 쓰임이 생깁니다. 유(有)가 이로움이 되는 것은 무(無)가 용(用)이 되기 때문입니다. 찻잔 한 개를 고를 때에도 우리가 주목하는 것은 모양, 색깔, 무늬에 한정되어 있을 뿐 그 비어 있음에 생각이 미치는 경우는 드뭅니다. 도무수유(道無水有), 도는 보이지 않고 보이는 것은 물입니다. 지엽(枝葉)에 마음 앗기는 일 없이 항상 근본을 잊지 않아야 합니다. 색(色)과 공(空)이 다르지 않기 때문입니다.

사람들 사이에서 하루하루 이어가는 삶은 타인의 가벼운 칭찬이나 비난을 감수해야 한다. 그것을 피하기 위한 삶은 은둔隱遁뿐이다. 은둔자의 삶은 본인이 원하는 바대로 사람들의 기억으로부터 사라지거나 아니면 현자賢者로 되돌아오거나 둘 중 하나일 것이다. 티몰레온이나 신영복은 현자로 돌아온 경우다. 은둔의 어떤 요소가 이들로 하여금 20년이라는 긴 세월 동안에도 녹슬지 않고 스스로를 햇빛을 튕겨내는 칼날처럼 세울 수 있게 했을까. 은둔이 로망이면서도 감히 깜깜한 숲속으로 뛰어들지 못하는 것은 현자로 돌아오지 못하고 세상의 기억으로부터 사라질 것에 대한 두려움 때문인지도 모른다.

나는 바이칼호湖에서 보낸 은둔자의 6개월을 담은 다큐멘터리를 보면서 고독과 기쁨과 절망과 기다림을 온몸의 세포로 실어 나른 적이 있었다. 프랑스의 에세이스트Essayist 실뱅 테송Sylvain Tesson이 바이칼 호숫가 숲속 오두막에서 6개월 동안 홀로 생활하는 모습을 담은 은둔의 기록이었다. 홀로 20년을 보낸 은둔자의 삶에 비하면 턱없이 부족할 테지만 그 느낌은 생생하게 다가왔다. 40세 생일을 앞둔 실뱅 테송은 자유에 대한 욕구를 충족시키기 위해 바이칼 호숫가의 오두막에서 얼어붙은 겨울을 보내기로 했다. 그는 책, 담배, 보드카를 챙겼다. '나머지는, 즉 고독은 이미 그곳에 있었기 때문'이다.

그는 바이칼 호숫가의 오두막에 도착하자마자 러시아 사냥꾼들의 전통에 따라 보드카 술병을 눈 속에 던지는 것으로 은둔을 시작했다. 가장 가까운 마을까지는 500km. 자신의 내면을 들여다보기에 이보다 더 좋은 곳은 없었으리라. 그는 글을 쓰고 책을 읽고 휴식을 취했다. 그의 오두막은 깊은 숲속에 자리 잡은 명상의 공간이었다. 그는 눈 위에 시를 썼다. 시는 신비로운 아름다움을 엿보는 것을 허락하기 때문이다. 깨달음으로 가득한 그의 일기를 들여다보자.

인생을 살다보면 지나치게 자기 내면에만 사로잡혀 있는 확신이라는 자기만의 허물을 벗어야 할 때가 있는데 그것은 외따로 살면서 대지와 진솔한 대화를 나눌 때, 태양과 시적인 대화를 나누고, 자연과 철학적인 대화를 나누게 될 때 가능하다. 왜냐하면 자연과 대화한다는 것은 세상의 조각들을 골라내는 것이 아니라 세상과 하나가 되는 것이며 떠오르는 태양부터 아침을 부르는 새까지 우주를 이루는 모든 것을 인식하는 것이기 때문이다. 숲은 나의 왕국이고 산은 나의 감옥이다. 고독, 우리 곁을 떠나지 않을 유일한 연인이지만 아름다움이 발현하는 순간을 지켜보지 못하면 고독 또한 볼 수 없다.

난 언제나 시간이 무슨 죄를 지어서 그렇게 빨리 달아나는지 궁금했다. 하지만 지금은 시간이 흘러가게 내버려둔다. 침묵은 시간이 지나가면서 내는 소리다. 나는 음울한 생각에 사로잡혔지만 허무주의는 바이

칼 호수에 찾아온 봄의 생기를 이길 수 없다. 목에 밧줄을 감지 않게 막
아주는 것은 무엇인까? 때론 너무 슬퍼지거나 연기가 자욱한 방을 떠
나고 싶어질 때면 스토아학파 학자들처럼 자살을 떠올리기도 한다. 그
런데 놀랍게도, 그걸 막아주는 건 이 세상의 아름다움이다. 그리고 이
런 의문 자체는 복잡한 삶에 시달릴 때 생긴 질문이다. 은둔생활을 하
면서 단순한 삶을 영위하면 더 이상 그런 질문을 안 하게 된다. 은둔자
는 개와 함께 모닥불 주위에 앉아서 자신의 생각을 구워 온기를 얻기
때문이다.

이따금 지루함이 찾아온다. 지루함은 시간의 상처에서 흘러나오는
피다. 지루함을 극복하려면 주어진 것을 즐기고, 희망을 경계해야 한다.
오두막에서 나는 시간과 화해했다. 시간이 흘러가는 것을 받아들이게
된다. 인간과 달리 자연은 세상의 시간을 다 가졌다고 생각하지 않는다.
오래전부터 삶이란 덧없는 것이었다.

자작나무야, 이 메시지를 너에게 맡긴다. 하늘에게 안부를 전해주렴.

흔적을 남기는 것을 특별히 좋아하진 않지만 몇 문장 정도는 남겨도
좋을 것 같다.

세상 속으로 들어가고 싶다.

굴곡 가득한 삶을 살고 싶다.

영원한 그림자에 닿기 전에 빛을 맛보고 싶다.

어떤 이에게는 은둔생활이 수형생활일 수 있고, 또 어떤 이에게
는 감옥생활이 은둔자처럼 보내며 지혜를 기르는 시간이었을 것이

다. 파스칼 키냐르Pascal Quignard의《떠도는 그림자들》에서 만난 다음의 문장에 가슴 절절하다면 은둔자의 지혜를 꿈꾸는 사람임에 틀림없다.

> 고독 없이. 시간의 시련 없이. 침묵에 대한 열정 없이. 온몸으로 흥분과 자제를 느껴본 적 없이. 두려움에 떨며 비틀거려본 적 없이. 보이지 않는 어두운 무엇 안에서 방황해본 적 없이. 동물성에 대한 기억 없이. 우울함 없이. 우울해서 외톨이가 된 느낌 없이 기쁨이란 없다.

고독력solitude. 혼자일 수 있는 힘이라고 말하기도 하지만 나는 고독을 즐길 수 있는 힘이라 말하고 싶다. 개인주의적 성향을 가진 서구사회에서는 고독력이 인생 전반에 고루 스며들어 있어서 그들은 혼자서도 잘 지낸다. 반면, 집단주의를 중시하는 동양은 상대적으로 고독력이 낮은 환경이었다. 오늘날 한국의 노인 자살률이 높은 이유도 사회적 측면에서는 형편없는 기본 복지가 이유겠지만, 개인적 측면에서는 고독력의 부재도 한몫을 한다. 고독력이 강한 사람은 주위 사람들과 잘 어울리면서도 필요에 따라 스스로 고독한 상황을 선택한다.

그동안 우리 사회는 '정신'을 도외시하고 모든 것을 '경쟁과 성과'의 틀 안에 가두어버렸다. 집으로 숨어든 은둔형 외톨이는 그 부산물이다. OECD의 '2016 사회지표, 사회적 관계망' 지표에 따르면 한국은 36개 회원국 가운데 35위였다. 대학 진학·취업·결혼 등 사회에 단계적으로 진입하기가 어려워지면서 청소년기의 외톨이가 장년기까지 이어졌지만 그들의 사회 복귀를 도와줄 사회적 시스템은 없다.

새 한 무리 비켜 날아가는 바위절벽에
까치발로 선 나무 시리도록 푸르다

어떻게 버티었나
한 겨울 내내 할퀴던 칼바람을
어찌 참아 내었나
가물던 염천에 타는 갈증을
무슨 내력 있어 부러지지 않았나
거목도 쓰러뜨린 그 여름의 태풍을

무엇으로 캄캄한 바위틈 파고들어
굳건히 돌부리 붙잡고 있나
아프지 않았나
깎아지른 절벽에서
하늘 향해 올곧게 서려
제 허리를 비틀 때

처음, 씨앗이 받아하여
어린 작은 뿌리가 바위를

움커잡았을 때 척박한 자리

한탄할 겨를도 없이

이 악물고 살아 내었으리니

너는 숙명에 충실하였구나

너를 보니 알겠다

역경 속에 핀 꽃이 아름다운 이유를

추레한 절벽을 비경으로 만들어 낸

가늠할 수 없는 가치를

이철우 시인의 '찬사'는 풍경 속 가치를 향하고 있지만, 나의 시선은 그 풍경에 갇힌 은둔자를 향한다. 내가 아는 한, '가늠할 수 없는 가치'를 꿈꾸며 영적인 삶을 살았던 이들은 아메리카의 인디언들 native Americans 이다. 그들은 매 순간 '위대한 정령' 가까이에 머물며 모든 만물에 깃든 영혼의 소리에 귀를 기울였으며, '가슴에 와 닿는 햇빛처럼 솔직하게' 말할 줄 알았으며, 일상을 영적 향기가 넘쳐나는 삶으로 채웠다. '말은 변하지 않는 별들과 같고, 사람의 심장에서 나오는 것'이라고 믿었던 그들의 연설을 내가 어느 시보다 좋아하는 이유도 거기에 있다. 영성의 첫 번째 가치는 단순한 아름다움이라고 믿기 때문이다. 다음은 야키마족 추장이 얼굴 흰 관리에게 했다는 말이다.

"당신은 빙빙 돌려서 말하고 있다. 제발 분명하게 말하라! 나는 당신이 하는 말을 들을 귀와 가슴을 가지고 있다. 그런데 당신은 아주 나쁜 방식으로 말하고 있다. 제발 부탁하건대, 단순하게 말하라."

10

노블레스 오블리주는 사회적 의무이다

펠로피다스가 집을 나서는데 아내가 눈물을 흘리며 따라오더니 제발 목숨을 잃지 말

라고 애원했다. 그러자 남편이 대답했다.

"여보, 그 말은 보통 사람들에게나 어울리는 말이에요. 나처럼 지휘권을 가진 사람에

게는 다른 병사들의 목숨을 지켜달라고 말해야 하는 거예요."

― 펠로피다스 20절

펠로피다스는 테바이의 명문 집안 출신으로 용맹스럽고 근면했
으며 열정적이고 도량이 컸다. 젊은 나이에 많은 재산을 상속받은 그
는 "나는 재물의 주인이지 돈의 노예가 아니다"라고 말하며 자신의
재산으로 선량하고 유능한 사람들을 도왔다. 많은 이들이 펠로피다
스의 도움을 받고 고마워했으나 그의 친구 에파메이논다스만은 아
무리 설득해도 그의 도움을 받으려고 하지 않았다. 하는 수 없이 펠

로피다스는 친구의 가난을 나눠 가지기로 했다. 그는 기꺼이 평범한 옷을 입고 소식하면서 스스로 고생을 마다하지 않았고, 병사로서 성실하게 복무했다. 반면, 가난을 물려받았던 에파메이논다스는 철학을 통해 가난을 더욱 가볍고 우습게 여겼다.

'노블레스 오블리주noblesse oblige'는 문자 그대로 '귀족들이 베푼다 nobility obliges'는 뜻이다. 이 말은 프랑스 정치가 가스통 피에르 마르크Gaston Pierre Marc가 1808년에 처음 사용한 용어로 '부나 권력 또는 명예를 갖고 있는 사회 지도층이 사회적 신분에 상응하는 도덕적 책임과 의무를 져야 한다'는 뜻이다. 그들은 출생 혹은 행운 덕택에 남들보다 더 좋은 교육을 받고 더 많은 부를 누렸기 때문에 그렇지 못한 사람들을 돕거나 이끄는 데 책임감을 가져야 한다는 것이다. 그런 이유로 노블레스 오블리주를 실천하는 것은 개인의 미덕이라기보다는 사회적 의무로 받아들여진다.

노블레스 오블리주는 어쩌면 인류가 집단을 이루며 생활하던 시절부터 존재했을 것이다. 왜냐하면 정통성이라는 지도자의 정신적 권위를 얻는 것은 그 방법 외에는 없기 때문이다. 2,400년 전의 펠로피다스 역시 솔선수범해서 부하들로부터 존경을 받았으며, 그 덕분에 자신이 지휘한 전투에서 한 번도 패배하지 않을 수 있었다.

경제잡지 《포브스Forbes》는 찰스 F. 피니Charles F. Feeney에게 자선활동계의 제임스 본드James Bond of philanthropy라는 애칭을 붙여주었다. 2016년 12월 그는 학생들의 지역사회 봉사 후원금으로 써달라면서 7백만 달러약 83억 원를 코넬대에 기부함으로써 여생을 위한 2백만 달러만 남겨놓고 공식적으로 자신의 주머니를 모두 비웠다고 한다. 그가 35년 동안 약 9조 원을 익명으로 기부해온 데 이은 마지막 자선활동이었다. 피니의 기부금은 5개 대륙 1,000여 개 기관에 전달됐지만 이 중 벽이나 명예의 전당에 그의 이름이 올라온 곳은 단 한 곳도 없다. 피니의 기부 이유는 간단했다. "아무리 돈이 많아도 바지 두 벌을 입지는 않는다"는 것이었다. 《뉴욕 타임스》는 피니와 트럼프Donald J. Trump를 '정반대의 상像'으로 비교하고 있다. 피니의 자선재단Atlantic Philanthropies은 전적으로 그에게서 나온 돈으로 자선활동을 하지만 트럼프의 재단은 대부분 다른 사람에게서 기부를 받는다. 피니는 미국의 부자 명단the Forbes 400에서 빠져나오려고 노력한 반면, 트럼프는 그 부자 명단에 오르기 위해 수년 동안 열심히 로비를 했다. 1980년대 초, 트럼프가 뉴욕 맨해튼의 심장부Fifth Avenue에 '트럼프 타워'를 세웠을 때 피니는 몇 블록 떨어진 허름한 술집에서 '익명을 조건으로' 최초의 거액 기부를 고민하고 있었다.

존 라빈스John Robbins는 조금 독특한 유형으로 노블레스 오블리주를 실천한 사람이다. 그는 자신이 믿는 공익의 가치를 지키기 위해 '장밋빛 미래'를 포기했다. '31'이라는 숫자로 익숙한 배스킨라빈스의 상속인이었던 그는 스물한 살이 되던 해에 아버지로부터 상속을 받지 않겠다고 선언했다. 헨리 데이비드 소로Henry David Thoreau의 "인간의 행복은 그가 필요로 하는 물건의 개수에 반비례한다"는 생각을 믿은 결과였다. 그는 집안의 지원을 전혀 받지 않고 대학을 졸업한 후, 아내와 함께 이웃 하나 없는 외진 곳에 오두막을 짓고 자연에서 자급자족하는 삶을 살았다. 존은 아들이 열다섯 살이 되던 해에 캘리포니아로 옮겨 와 채식주의자와 환경주의자의 삶을 이어갔다.

나는 먼 나라 '존'의 상속과 관련해 우리나라 최대 기업 삼성의 후계자를 생각하고, 구속된 국민연금공단 이사장을 생각하고, 이 모든 일의 배후에 숨어 있던 대통령의 권력을 생각한다. 그 재벌 후계자의 재산은 현재 8조 원에 달한다. 그렇다면 그가 8조 원을 모으게 된 종잣돈은 얼마였고 그 과정에서 낸 상속세금은 얼마였을까. 1996년에 이건희가 이재용에게 '60억 원'을 증여하며 낸 세금 '16억 원'이 전부다. 어떻게 이런 일이 가능할까.

대한민국을 집어삼킨 '국정농단 사태'에서 대통령과 삼성 그리고 국민연금관리공단의 검은 고리가 드러난 것에서 볼 수 있듯이 삼성물산-제일모직 합병 추진과 같은 신공을 발휘한 결과다. 3세 승계를 위해 에버랜드 등 주식시장에 공개하지 않은 비상장 계열사의 지분을 확보해 일감을 몰아줘서 덩치를 키운 다음, 그 회사를 주식시장에 상장하고, 삼성물산 같은 그룹 내 우량기업을 헐값에 먹어치우는 행태를 거듭해서 불린 돈이라는 얘기다.

외부 세계에서 대한민국을 판단하는 가장 기본이 되는 시민인 대통령부터 대한민국 경제의 표본이 되어야 할 삼성의 주인들, 그리고 국민의 노후를 보장하는 안전핀과 다름없는 국민연금의 운용을 책임져야 할 대리인들에게 이르기까지 그들은 스스로 보수주의자임을 자랑스러워했다. 그들은 자신들이 지켜야 할 것을 지키는 사람들이라는 자부심을 늘 '입'으로만 밝혀왔다. 그들은 진정한 보수주의자의 길은 노블레스 오블리주의 실천 말고는 그 어디에도 없다는 사실을 외면했다.

'뿌리 없는 행동'을 혐오하는 집단이 보수주의자들이라면 대한민국의 위기는 바로 이 지점에서 균열이 시작된다. 구원을 받고 싶어 하는 사람은 구원을 줄 수 있는 사람의 지휘를 받고자 한다. 이것은 인간 본성이 준수하는 가장 중요한 법칙이기 때문이다. 플루타르코스가 예로 든 뱃사람들의 심리와 같다. 대중은 날씨가 좋거나 닻을 내리고 있을 때는 오만한 태도로 선장을 대하지만, 폭풍이 불어닥치거나 위험이 다가오면 선장이 이끌어주기를 바라고 그에게 희망을 건다. 그런데 정작 보수주의임을 자처하는 이 땅의 선장들에게는 뿌리는 고사하고 잔뿌리조차 없다. 한국에서 노블레스 오블리주는 귀족이 베푸는 '선행'이 아니라 가진 것 없는 사람들이 베풀어야만 하는 '의무'가 되어버렸다. 하여 노블레스 오블리주가 적용되어야 할 대한민국의 정치·경제·사회·문화의 상층부에서는 역겨운 냄새가 끊임없이 새어 나온다. 한홍구의 《대한민국사》에 나오는 한탄은 도대체 누가 들어야 하는가.

그들은 진정한 보수주의자들의 덕목인 도덕성, 일관성, 책임감, 지혜 등과는 아무런 상관이 없는 '가당치 않은' 족속들이나. 그들은 성녕 지켜야 할 것을 지키기 위해 자신의 기득권을 버린 적도 없고, 희생한 적도 없다. 한국전쟁 때 마오쩌둥도, 미8군 사령관 제임스 밴 플리트(James Van Fleet)도 아들을 바쳤지만 그들은 한강 다리를 끊고 가장 먼저 도망갔다가 돌아와 남은 사람들을 부역자로 몰았다. 그들은 일본 보수주의를 흉내 냈지만 제대로 배우지도 못했다. 러일전쟁 때 너무 큰 희생으로 일본 시민들이 노기 사령관에게 항의하러 부두에 나갔다가 아들 셋의 유골을 안고 배에서 내리는 노기 앞에서 같이 울었다는 일화가 있으나 자칭 우리의 보수파는 그런 신화도 만들어내지 못했다.

2,400년 전 그 아득한 옛날, 펠로피다스와 같은 리더는 양심의 고동소리를 북소리처럼 울리며 바리케이드를 넘어 지도자의 표상이 되는 삶 속으로 걸어갔다. 그러나 21세기의 어느 멀쩡한 공화국에서는 얼마 전까지만 해도 통치자가 국민을 믿지 못해 장벽을 쳤고 시민은 장벽 너머의 권력을 당연시하며 절망했다. 그 사이 시간의 세례를 받은 쓰레기가 여기저기서 희망처럼 솟아났고, 노블레스 오블리주는 상류가 아니라 하류를 맴돌고 우리는 숲에서 베어져 아궁이 옆에 땔감으로 놓여 있었다. 우습지만, 우리에게 실제로 일어난 일이다.

아무런 이유가 없었다
한 사람이 손가락질하면서 그는
도둑이 되었고
한 사람이 집적거리기 시작하면서 그녀는
창녀가 되었다
몇 사람이 따라서 부르는 노래로 하여 그는
유명한 가수가 되었고

몇 사람이 좋아하는 시로 하여 그는
위대한 시인이 되었다

마찬가지다
한 사람이 쓰레기를 던지기 시작하면서
그 나라는 쓰레기 공화국이 되어버렸다
그 나라 사람들 누구도 애국심이 없었다
높은 자리에 있는 사람들일수록
더욱 그러했다

아무런 이유도 없었다.

나태주의 눈물('이유가 없었다')이 멈추고, 솔로몬의 노래가 울려 퍼지는 하늘에 우리의 희망을 걸어보자. "그의 시대에 정의가, 큰 평화가 꽃피게 하소서, 저 달이 다할 그때까지". 시편 72:7

11

리더의 **미덕**이 국가의 가치를 결정한다

아리스테이데스가 광장에 도착해서 보니 이미 많은 사람들이 도자기 조각(오스트라콘)에 이름을 쓰고 있었다. 그때 글을 모르는 한 시골뜨기가 그에게 다가와 도자기 조각을 건네며 '아리스테이데스'를 적어달라고 부탁했다. 깜짝 놀란 아리스테이데스가 물었다.

"왜요? 아리스테이데스가 당신에게 무슨 해코지라도 했습니까?"

"해코지라니요! 그자에 대해서는 아는 바가 전혀 없습니다. 다만 모든 사람이 그가 정의롭다. 정의롭다 해대니 지겨울 뿐이지요."

그는 말없이 오스트라콘에 자신의 이름을 적어서 돌려주었다.

마침내 추방이 결정되어 아테네를 떠나게 되었을 때 아리스테이데스는 하늘을 향해 두 팔을 벌려 기도했다. 아킬레우스가 했던 기도와는 반대로, 그는 아테네 사람들에게 자신을 그리워하게 만들 그 어떤 위험도 닥치지 않기를 빌었다.

– 아리스테이데스 7절

플라톤 BC 427~347 은 아테네에서 머리를 숙일 수 있는 사람은 오직 한 사람, 아리스테이데스 BC 530~468 뿐이라고 했다. 마라톤 전투에서 승리한 후 아리스테이데스는 집정관이 되었고, 사람들은 그를 '정의로운 자'라고 불렀다. 이를 질투한 테미스토클레스는 아리스테이데스가 독재가가 되려 한다며 그를 추방하자고 사람들을 꼬드겼다.

아리스테이데스는 공평과 정의를 가장 중요하게 여겼다. 그가 반대파를 고발했을 때의 일이다. 법정에서 그가 고발한 이유를 조목조목 이야기하고 이제 고발당한 사람이 변호할 순서였다. 그러나 재판관은 고발당한 사람에게 그 기회를 주지 않았고, 법정에 있던 어느 누구도 이를 문제 삼지 않았다. 그때 아리스테이데스가 자리에서 일어나 기회는 평등해야 한다며 고발당한 사람의 변론을 들어야 한다고 주장했다.

시골 농부가 내민 도자기 파편에 '추방'과 다름없던 자신의 이름을 떨리는 손으로 적었을 아리스테이데스를 상상하면서 나는 지극히 동양적인 노인의 얼굴을 떠올린다. 만약 그의 일생을 그림으로 표현할 수 있다면 나는 《노자》의 연기가 피어나는 초가집 앞마당에 앉아 있는, 얼굴도 수염도 모두 백발이면서 미소까지 하얗게 번져날 것 같은 그런 노인을 그릴 것이다. 그의 일관된 생활태도는 '가장 좋은 것은 물과 같다'는 상선약수上善若水를 떠올리게 한다. 환경을 거스르지 않고 상대에 따라 다양하게 대응하는 유연성이 그렇고, 낮은 곳으로 흘러가는 물처럼 겸허한 모습이 그렇고, 약하지만 필요한 순간 강한 힘을 내는 것이 그렇다.

아리스테이데스가 추방되고 3년째 되던 해, 페르시아가 그리스를 침공했다. 그는 아테네 사람들에게 자신을 그리워하게 만들 그 어떤 위험도 닥치지 않기를 빌었지만 국가에 위험이 덮치고 말았다. 아테네 시민들은 급히 도편추방법을 철회하고, 추방당한 사람들이 돌아올 수 있게 조치를 취했다. 고국에서 쫓겨났다가 돌아오라는 명령을 받았을 때 아리스테이데스의 심정이 어땠을까. 아마도 김훈이 《칼의 노래》에서 묘사하고 있는 것처럼, 심문을 받는 동안 혼절과 혼절 사이를 오갔던 이순신이 의금부에서 풀려나던 때 들었던 마음과 같지 않았을까.

나를 살려준 것은 결국은 적이었다. 살아서, 나는 다시 나를 살려준 적 앞으로 나아갔다. 세상은 뒤엉켜 있었다. 그 뒤엉킴은 말을 걸어볼 수 없이 무내용했다.

성정이 서로 다른 아리스테이데스와 테미스토클레스는 어린 시절부터 사사건건 부딪혀온, 말하자면 평생을 경쟁하며 이어온 숙적 관계였지만 아리스테이데스는 전쟁을 책임지고 있는 조국의 지휘관을 개인 감정으로 방해해서는 안 된다고 생각했다. '상선약수'에서 축적된 아리스테이데스의 내공은 '부쟁지덕不爭之德, 다투지 않는 덕'으로 이어져 그리스를 위기에서 구하는 일등 공신이 되었다.

노자는 말한다. "훌륭한 지휘관은 무력을 함부로 쓰지 않고, 싸움

시민의 품격, 국가의 품격

에 능한 사람은 감정적으로 행동하지 않는다. 쉽게 이기는 자는 적과 힘으로 싸우지 않고, 사람을 잘 다루는 자는 상대방에게 겸손한 자세를 취한다."

'상선약수'와 '부쟁의 덕'은 외유내강外柔內剛으로 연결되었다. 청렴은, 불행하게도 그의 가난으로 이어졌다. 헬라스그리스의 도시국가들은 아테네 사람들에게 아리스테이데스를 보내달라고 부탁하고는 그에게 각 나라의 재산을 검토하고 그 나라의 가치와 지불 능력에 따라 분담금을 매기게 했다. 이는 헬라스의 모든 재산이 그의 수중에 맡겨졌다는 것이나 다름없었다. 그럼에도 그는 임무를 수행하러 나갈 때도 가난했고, 임무를 끝마쳤을 때는 더욱 가난해져 있었다.

그가 세상을 떠나면서 남긴 재산은 자신의 장례를 치르지 못할 정도여서 헬라스 도시 국가들의 지원을 받아야 했다. 심지어 그의 딸들이 결혼할 때에도 나라에서 지참금을 대줘야 할 정도였다. 그는 '흙수저'로 살았고 그렇게 생을 마쳤다. 결국 그가 받은 훈장은 '시민들과의 동행'이었다. 시민들이 그의 덕을 알아보고 그 가치를 인정해주기까지는 그의 일생이 필요했는지도 모른다. 국가와 시민이 동시에 그의 덕을 알아보고 예우할 때 우리는 그 나라를 선진국이라 부른다.

그렇다면 왜 시민들은 정의로운 아리스테이데스를 나라에서 내몰고 국가는 선한 양심을 영토 밖으로 내몰았을까. 우리는 왜 나라가 위험에 처해서야 뒤늦게 정의로운 리더를 갈망하고, 민심이 황폐화되고 나서야 양심적인 이웃을 그리워할까. 우리가 '시민과 국가'를 이야기하는 페리클레스Perikles, BC 495~429의 오래된 명령을 다시 들어야 하는 이유다. 기원전 431년 고대 그리스의 도시국가폴리스 중 하나였던 아테네는 그리스 패권을 놓고 이웃 폴리스 스파르타와 전쟁을 벌였다. 다음은 당시 그가 희생된 전몰자들을 위해 그가 했던 추모사의 일부다.

우리는 고상한 것을 사랑하면서도 비용을 많이 들이지 않으며, 지혜를 사랑하면서도 문약하지 않습니다. 우리에게 부는 행동을 위한 수단이지 자랑거리가 아닙니다. 가난을 시인하는 것이 부끄러운 일이 아니라 가난을 면하기 위해 실천적인 조치를 취하지 않는 것이 진정으로 부끄러운 일입니다.

이곳에서 정치가들은 가사도 돌보고 공적인 업무도 처리하며, 주로 생업에 종사하는 자도 정치에 무식하지 않습니다. 우리 아테네인들만이 특이하게도 정치에 참여하지 않는 자들을 비정치가가 아니라 무용지물로 간주합니다.

우리와 다른 백성 사이에는 또 다른 차이점이 있습니다. 우리는 모험심이 강하면서도 사전에 심사숙고할 능력이 있는 데 반해, 다른 백성은 무지하기에 용감하고, 그들에게 숙고한다는 것은 주저하는 것입니다. 그렇지만 인생에서 두려운 것과 즐거운 것의 의미를 명확히 알기에 어떤 위험도 피하지 않는 사람이야말로 진실로 정신력이 가장 강한 사람이라고 보아야 할 것입니다. 우리는 선행의 개념에서도 대부분의 다른 백성과 현저하게 다릅니다. 우리는 손익을 따져보고 남을 도와주는 것이 아니라 우리의 자유를 믿고 아무 두려움 없이 도와줍니다. 간단히 말해 우리 도시 전체가 헬라스의 학교입니다.

마치 일개 시민의 선동적인 연설처럼 들리지만, 페리클레스가 국가의 문화와 정치를 책임지는 최고 지도자라는 것을 상기할 필요가 있다. 그는 낡은 족벌정치에 대항해 대중투표라는 신무기를 이용할 수 있었던 첫 번째 인물로 민주주의의 발전과 확립을 위해 헌신한 지도자답게 시민들에게 '시민의 가치'와 '국가의 가치'를 힘주어 말하고 있다.

독일의 정치 철학자이자 헌법학자인 칼 슈미트 Carl Schmitt, 1888~1985는 '정치란 적과 동지를 나누는 것'이라고 정의했다. 시민과 국가는 정치적으로 맺어진 관계일 수밖에 없다. 정치를 매개로 한 원칙은 그래서 중요하다. 시민과 국가 모두 정의와 양심을 적으로 간주하여 내치는지, 동지로 받아들이는지에 따라 국가의 정체성이 결정된다. 정의로운 지도자의 평판이 '지겨워' 그를 내칠 수도 있고, 이웃의 양심이 내게 가책을 일으킨다고 눈을 감는 일 또한 가능하다. 그래서 정의의 원칙을 정하지 않는 국가가 양심을 잃고 헤매는 시민과 만나면 참사가 일어나는 것이다. 아우슈비츠의 비극도 알고 보면 그 원칙 없는 국가와 시민이 '알아서' 집행하고 실행했다. 그 누구도 명확하게 학살 지시를 내린 적이 없었고 다만 지도자의 의중을 '헤아린' 개인만이 있었을 뿐이라는 사실이 그것을 증명한다.

정호승은 위로한다. "별들은 따뜻하다"고. 하지만 정말 늦어도, 모두 거짓이었어도 따뜻할까. 정녕 새벽이 지나지 않고 또 밤이 올 때

나는 그 별들을 따뜻하게 볼 수 있을까.

하늘에는 눈이 있다

두려워할 것은 없다

캄캄한 겨울

눈 내린 보리밭길을 걸어가다가

새벽이 지나지 않고 밤이 올 때

내 가난의 하늘 위로 떠오른

별들은 따뜻하다

나에게

진리의 때는 이미 늦었으나

내가 용서라고 부르던 것들은

모두 거짓이었으나

북풍이 지나간 새벽거리를 걸으며

새벽이 지나지 않고 또 밤이 올 때

내 죽음의 하늘 위로 떠오른

별들은 따뜻하다

12

진정한 **리더** 리쿠르고스의 **선택**

리쿠르고스의 무대는 기원전 8세기, 스파르타였다. 그는 형의 갑작스러운 죽음으로 왕위를 물려받았다. 그러나 임신 중이던 형수가 아들을 출산하면 왕위를 그에게 물려주고 자신은 단지 보호자로서 국정을 돌보겠다고 선포했다. 그렇게 그는 고작 여덟 달 동안 왕위를 지켰을 뿐이다. 또한 자신의 애매한 지위로 인해 시기와 분란이 일어날 조짐이 보이자 미련 없이 해외로 여행을 떠났다. 리쿠르코스는 이집트와 크레타, 아시아 등지를 유람하면서 각국의 정치제도들을 두루 살펴보았다.

스파르타 시민들은 그를 그리워했고 여러 번 사람을 보내 돌아올 것을 종용했다. 그는 결국 고향으로 돌아와 기존의 질서를 바꾸고 체제를 개혁하기 시작했다. 그는 법의 일부만 바꾸는 것은 아무런 소용이 없다고 믿었기 때문에 국가의 기본 틀뿐만 아니라 시민들의 기풍과 습관, 생각까지도 바꾸는 등 국가를 정교하게 바꾸는 작업을 시작했다.

리쿠르고스의 첫 번째 정책은 토지의 재분배와 화폐개혁이었다. 스파르타의 전체 토지를 시민들의 수로 나누어 모든 시민들에게 똑같이 분배해 한 가족이 1년간 먹을 수 있는 충분한 식량을 수확할 수 있게 한 것이다. 그는 권리를 인정받는 사회 구성원인 전체 시민에게 아무런 차별이나 조건 없이 기초생활비를 지급하는 이 제도를 시장의 논리를 존중하면서도 인간적인 삶이 가능한 도덕경제라고 믿었다. 이는 오늘날 논의되고 있는 '공유경제'나 '기본소득'의 개념과 상당히 유사하다. 공유경제가 도덕경제로 불리는 이유는 자신의 취향과 재능을 발휘하는 삶을 즐기면서 이웃과 나누는 인간적인 교류를 물질적 생산성보다 우선시하고, 경쟁논리가 아니라 공유재산을 기반으로 상부상조하며 살아가는 특성에 기초하기 때문이다. 노동생산성이라는 괴물에 묶이지만 않아도 우리는 무언가에 늘 쫓기는 삶을 살지 않아도 된다. 가히 '지혜롭게 게으른' 삶이라 할 만하다.

리쿠르고스의 은덕을 입었던 시대와 달리 지금 우리 경제는 도덕과는 거리가 먼 오히려 '약탈' 경제에 가깝다. 국제구호기구 옥스팜 Oxfam 이 2017년 1월에 발표한 '99%를 위한 경제'에 따르면 세계 최상위 부자 여덟 명의 순자산이 총 4,262억 달러약 501조 원로 전 세계 인구 절반인 36억 명의 재산과 같다고 한다. 재산 규모가 하위 50%의 합과 같은 부자의 수는 2010년만 해도 388명이었는데 해마다 줄어든 결과다. 설상가상으로 2015년 이래 전 세계 상위 1%가 나머지 인구 전체보다 많은 부를 소유하고 있다. 1988년부터 2011년까지 23년간 하위 10%의 소득은 1인당 65달러 증가한 반면, 상위 1%의 소득은 182배인 1만 1,800달러 증가했다.

프랑스 경제학자 토마 피케티Thomas Piketty 의 연구에 따르면 미국에서 지난 30년간 하위 50%의 소득성장은 0%였던 반면 상위 1%의 소득은 300%나 성장한 것으로 나타났다. 낙수효과trickle effect로 상징되는 성장 위주의 경제정책이 소득불평등을 심화시킨 결과다. 우리나라도 예외는 아니다. 경제성장률은 계속 낮아지고 있는 반면 계층간 소득불균형은 더욱 커지고 있다. 통계청의 '2016년 국세통계연보'에서 보듯이 2015년에 연봉 1억 원을 초과한 직장인이 2014년보다 7만 명 증가하고, 연봉 1,000만 원 이하 직장인이 12만 명 늘어난 것이 그 단적인 예다. 토마 피케티가 임금격차 완화와 부유세를 통한 소득재분배를 주장한 것도 그런 맥락에서다.

소득불평등을 해결하기 위해 정치권에서도 기본소득 카드를 꺼내 들고 있는 실정이다. 스위스는 2016년 6월 모든 국민에게 월 2,500스위스 프랑약 300만 원을 지급하는 법안을 국민투표에 부쳤고 결과는 부결이었지만, 핀란드는 2017년부터 생산가능 인구 중 2,000명을 무작위로 선발해 월 560유로약 70만 원를 지급하는 기본소득제도를 시행하고 있다.

영어 republic공화국은 라틴어 res publica에서 나왔다. res는 '사물, 물건, 재산'을 뜻하고 publica는 '공적인'이라는 의미를 갖는다. 어원을 그대로 살린다면 republic은 '공적인 자산'이 되며, 영어로 풀어 쓰면 commonwealth, 곧 국가다. 이 단어는 로마시대의 공화정을 일컫는 말로 국가는 한 개인의 소유사유물가 아니라 시민 모두의 공동 재산이라는 선언과도 같다. 우리가 공화국 시민이라면 그 근원을 좇아 그 정신을 실현해보는 것은 어떨까. 공유재산이 없는 공동체는 없다. 그러나 지금까지 보수세력에 기댄 정치권력은 공유재산을 민영화의 이름으로 사유화하느라 여념이 없었다.

리쿠르고스는 또 하나의 경제개혁으로 금과 은이 화폐로 사용되는 것을 금지하고 철로 된 화폐만 사용하게 했다. 화폐를 무겁고, 크고, 쉽게 부러지도록 만들어 집안에 쌓아두거나 불법으로 유통할 수 없게 만든 것이다. 새로운 화폐가 통용되면서 외국에서 물건이나 여타 장식품을 사 오는 것이 불가능해졌다. 이처럼 부의 특권을 차례로 없애자 사치는 저절로 소멸되었다. 재산이 많아도 가난한 사람들보다 나을 것이 하나도 없어진 것이다. 그 결과 대부분의 범죄가 사라지고 외국과의 수출입이 단절된 자급자족 경제가 이루어졌고, 쓸데없는 일로부터 자유로워진 기술자들이 침대, 의자, 식탁과 같은 생활 필수품을 훌륭하게 만들기 시작했다.

그는 사치에 대한 시민들의 욕망과 허영심을 완벽하게 차단하기 위해 공동 식사를 고안해냈다. 부자와 가난한 사람이 한데 모여 밥을 먹고, 사회가 아이들을 내남없이 공동으로 보살피기 위해서였다. 아마 공동육아제도를 실시한 최초의 사례가 아닐까 싶다. 어린이들은, 어른들이 같이 밥을 먹으면서 담소를 나누고 정치에 대해 토론하는 모습을 지켜보면서 공동체 정신을 배우고 시민의식을 몸에 익혔다.

그들에게 가르치는 가장 중요한 덕목은 절제와 용기였다. 그 결과 시민들의 여가는 풍부해졌으며 부를 축적하기 위해 경쟁할 필요가 없어졌다. 부가 그 어떤 부러움이나 명예가 되지 못했기 때문이다. 대신 모두가 동일하게 잘 사는 삶, 소박한 욕구를 채우는 편안한 삶이 자리 잡았다. 한마디로 '재물의 신'만 눈먼 도시였다.

그는 나라에 큰 위험을 끼치는 것은 돈을 많이 가진 사람들이 아니라, 너무 가난해서 원한이 생긴 사람들이라는 것을 알고 있었던 것이다. 그는 이렇게 자신이 구상한 주요 제도를 굳건하게 확립하고 시민들의 관습 속에 자리 잡게 도왔다.

이제 리쿠르고스는 자신이 정해놓은 길 하나만 걸어가면 되었다. 바로 델포이 신전이었다. 신전으로 향할 시간이 다가오자 그는 담담한 얼굴로 왕과 의원들을 만나고 시민들 앞에 섰다. 그는 자신이 돌아올 때까지는 '무슨 일이 있어도' 지금의 체제를 지속하고 지키겠다는 맹세를 그들로부터 받아냈다. 신전에 도착한 그는 아폴론에게 제를 올리고 자신이 만든 법이 좋은 법인지, 나라의 번영과 도덕성을 높이기에 충분한지를 물었다. 리쿠르고스는 신탁을 받아 스파르타로 보냈다. 그리고 자신은 또다시 제를 올린 후, 친구들과 아들에게 마지막 작별인사를 했다.

그는 시민들이 그에게 한 맹세를 뒤집지 못하게 하기 위해 델포이 신전에서 스스로 생을 마감하기로 결심했던 것이다. 삶이 짐이 될 정도의 나이도 아니었고 죽음을 두려워할 나이도 아니었다. 이제 그는 국가에 대한 자신의 의무를 내려놓아도 될 때라고 판단했다. 자신을 위해서도 그렇고 무엇보다 고귀한 업적을 달성한 뒤에 생을 마감하는 것이 행운이라는 생각도 들었다. 그는 스파르타 시민들을 위한 수호자로서 자신의 죽음이 가장 어울린다고 생각했다. 그는 일체의 음식을 끊고 죽음 속으로 태연히 들어갔다. 마지막 숨이 멈추는 순간까지 그는 평온했다. 그에게는 자신의 죽음이 나라에 유익할 수 있으며, 시민들에게는 의미 있고 고결한 행위로 받아들여지리라는 믿음이 있었다. 그의 죽음은 헛되지 않아서 그 후로 스파르타는 열네 명의 왕을 거치는 동안에도 그가 확립한 체제를 5백년간 이어갔고, 고대 그리스 지역의 패권을 유지했다.

> 스파르타에 파이다레토스라는 시민이 살고 있었다. 이 도시국가는 선출된 삼백인 의회가 다스리고 있었다. 그는 이 선거에 나가 최선을 다했지만 떨어지고 말았다. 그런데도 그는 매우 만족해하며 선출된 동료 시민들을 축하했다. 스파르타에 자신보다 훌륭한 시민이 삼백 명이나 있다는 사실을 진심으로 기뻐했기 때문이다.
>
> — 리쿠르고스 25절

오염된 우물을 버리고 우리가 새로 판 '우물'은 어느 정도 깊이일까. 고여 있다면 불편이다. 그 불편을 덜기 위해 우리는 더더욱 물 밑을 파서 샘의 깊이를 높여야 한다. 안도현의 시 '우물'에서처럼 사랑이 그 깊이로 내려와 우물 안에서 더불어 출렁거릴 수 있을 때까지.

고여 있는 동안 우리는

우리가 얼마나 깊은지 모르지만

하늘에서 가끔씩 두레박이 내려온다고 해서

다투어 계층상승을 꿈꾸는 졸부들은 절대 아니다

잘 산다는 것은

세상 안에서 더불어 출렁거리는 일

누군가 목이 말라서

빈 두레박이 천천히 내려올 때

서로 살을 뚝뚝 떼어 거기에 넘치도록 담아주면 된다

철철 피 흘려주는 헌신이 아프지 않고

슬프지 않은 것은

고여 있어도 어느 틈엔가 새 살이 생겨나 그윽해지는

그 깊이를 우리 스스로 잴 수가 없기 때문이다

2부
시민답게

1

사랑과 **이별**, 그 혼돈의 **무지개**

《플루타르코스 영웅전》에서 내가 언급하고 싶은 남녀 간 사랑과 이별의 에피소드는 두 개다. 하나는 아리아드네와 테세우스, 다른 하나는 안토니우스와 클레오파트라다. 사랑은 개인적인 문제로 간주되는 것이 일반적이지만, 이들의 사랑은 그들의 지위로 인해 불가피하게 국가와도 연결되었다. 사랑은 우리의 자세, 특히 사랑이 지고 이별이 들어서는 시점에서 인간이 지켜야 할 도리를 드러나게 하는 영역이다. 먼저 테세우스와 아리아드네에 대한 플루타르코스의 평가를 보자. 간단하지만 공정해 보이지는 않는다.

우리는 테세우스를 사랑했다고 해서 아리아드네를 탓할 것이 아니라, 테세우스에 대하여 모든 남녀가 이와 동일한 감정을 갖지 않는다는 사실을 도리어 이상하게 여겨야 한다. 테세우스에게 이러한 열정을 느낀 것이 아리아드네뿐이었다면 나로서는 이렇게

말할 수밖에 없다. 덕행을 중히 여기고 선량함을 귀히 여겼으며, 인간의 가장 고결한

여러 자질을 사랑할 줄 알았던 아리아드네는 신의 사랑을 받을 만한 가치가 충분했

다고.

– 테세우스와 로물루스 비교 1절

아리아드네를 돋보이게 했던 신의 사랑을 받을 만한 가치는 무엇이었을까. 청년이 되어 출생의 비밀을 알게 된 테세우스는 아테네로 길을 떠나 아버지를 만난 후 미노타우로스에게 바치는 공물을 나르는 인부를 자청해 크레타로 향했다. 그곳에서 만나게 된 아리아드네는 첫눈에 테세우스에게 반했다. 사랑에 빠진 아리아드네는 미궁 속 괴물 미노타우로스를 물리치고 실타래를 따라 무사히 빠져나온 테세우스와 함께 크레타를 도망쳐 나왔다. 그러나 어찌 된 일인지 테세우스는 도중에 들른 낙소스 섬에서 잠든 아리아드네를 두고 몰래 아테네로 떠나버렸다.

우리는 '일방적으로 끌려가는 삶'에 절망한다. '사랑 가운데 다가온 이별'에 분노한다. 아리아드네는 스스로 운명이라 믿었던 사랑을 지키기 위해 모든 것을 희생했다. 디오니소스는 운명을 받아들인 그녀의 용기를 영원한 별자리로 만들어주었다. 신들의 관점에서 본다면, 사랑을 받을 만한 인간의 가치는 주어진 운명을 사랑하는 것이 최고였을 것이다. 아리아드네는 떠나가는 사랑 앞에서 절망했지만 분노와 증오에 흔들리지는 않았다. 절망이 내리누르는 그 무게가 고통스럽다고 삶을 포기하거나 절망이 날아온 곳으로 화살을 쏘지도

않았다. '자기가 사랑한 것을 자기가 먼저 미워해서는 안 된다'고 스스로 새겨놓은 바위 위에서 배신하고 떠나는 사랑을 지켜보며 말라갈지언정 자신의 가치를 훼손하지 않았다. 니체도 그녀의 그 기품을 사랑했기에 디오니소스를 빌려 이렇게 노래한 것이다.

현명하구나, 아리아드네여!
너는 작은 귀를 가졌으며, 너는 나의 귀를 갖고 있으니
그 안에 지혜로운 말 하나를 담아두어라.
자기가 사랑한 것을 자기가 먼저 미워해서는 안 되는 법.
나는 너의 미로이니라.

클레오파트라가 동생들과의 권력투쟁에서 이기고 왕위에 오를 무렵 로마는 카이사르가 암살당한 후 혼란에 빠져 있었다. 이집트를 유지하기 위해서는 로마 최고 권력자의 지원이 필수적이었다. 그녀는 브루투스와 카시우스 연합군을 지원하는 한편, 안토니우스가 로마의 최고 실권자가 될 가능성에도 주목하고 있었다. 그런 상황에서 클레오파트라의 운명은 이미 비극으로 정해졌는지도 모른다. 클레오파트라는 그리 빼어난 미모를 지니지 않았지만 묘하게 사람을 끄는 매력이 있었으며, 몸매나 말씨, 몸동작 등이 매혹적이었다. 처음 본 사람의 팔짱 낀 모습이나 손가락 하나의 움직임에서도 매력을 느끼는 것처럼 안토니우스는 거부할 수 없는 그 무엇에서 헤어나지 못했다.

안토니우스의 마지막 전쟁은 그 어느 쪽도 승산을 확신할 수 없었다. 바로 그때 클레오파트라의 함대가 그를 버리고 도주하기 시작했다. 안토니우스는 자신도 알 수 없는 감정에 흔들렸다. 그 감정은 지휘관이나 용맹한 남자의 감정이 아니었고 심지어 자기 감정도 아니었다. 그는 마치 사랑을 따라갈 수밖에 없다는 듯 휩쓸리고 말았다. 클레오파트라의 배가 떠나가는 것을 본 안토니우스는 모든 것을 잊어버린 듯, 자신을 위해 싸우고 죽어가는 부하들을 배신하고 달아났다. 그는 결국 클레오파트라를 쫓아 전쟁터를 벗어났고 승리를 날려버렸다.

– 안토니우스 67절

안토니우스는 욕망에 이끌려 클레오파트라를 따라갔고 결국 국가를 배신했다. 클레오파트라는 욕망을 이용해 국가를 지키려 했으나 그녀의 사랑은 국가의 무게를 지탱할 수 없는 모래성이었다. 테세우스는 효용가치가 없어진 사랑을 버리고 국가로 도망쳤다. 아리아드네는 아버지와 국가를 배신하고 사랑을 따라갈 만큼 순진했으나 사랑에 버림받는 것도 모를 만큼 순진했다.

작가 리타 메이 브라운Rita Mae Brown은 "도덕은 사적인 문제지만 품위는 공적인 문제다"라고 말한다. 사랑은 품격의 문제를 달고 다닌다. 둘 사이의 사랑이 진짜 사랑인지 아니면 거래인지는 각자의 양심이 결정할 뿐이다. 그러나 사랑 자체를 포함해 그에 따른 헤어짐이 객관적인 제3자의 판단에 맡겨지면 그 품격의 정도가 확연히 드러난다. 이는 대개의 경우, 사랑이 운명처럼 이별을 전제로 하기에 피할 수 없는 문제이며 사랑은 헤어지는 방식을 통해 내면에 간직하고 있었던 그 사람의 본질을 드러내기 때문이다.

노벨 문학상 수상작가인 존 골즈워디John Galsworthy의 《사과나무 *The Apple Tree*》는 런던의 한 엘리트 청년과 시골 여성과의 짧은 사랑 이야기를 수채화처럼 그려놓은 소설이다. 그들의 첫 만남과 마지막 만남에 대한 작가의 묘사가 인상적이다.

친구에게 하룻밤 묵을 농가를 찾아보자는 말을 하고 있을 때 그는 바로 위쪽 공유지에서 한 소녀가 내려오는 것을 보았다. 그녀는 하늘을 배경으로 뚜렷이 모습을 드러내고 있었고 바구니를 들고 있어 그녀의 구부린 팔 사이로 하늘이 보였다.

그녀의 배경으로 하늘을 보여주었던 첫 아련함도 욕망의 저울에 올려 무게를 달고 난 순간, 그녀가 그저 얼굴을 가린 손가락 사이로 보는 '행인 중 한 사람'에 지나지 않을 때 그의 사랑은 끝난 것이나 마찬가지다. 그녀가 고통스러워하는 모습을 외면한 순간 이미 그는 사랑에 대한 예의를 벗어났다.

그가 탄 마차가 역으로 방향을 틀던 순간 그는 심장이 멎을 뻔했다. 그녀가 지나가는 사람들의 얼굴을 살펴보면서 지쪽에서 걷고 있는 모습이 두 눈에 들어온 것이다. 그는 본능적으로 손을 들어 올려 얼굴을 가리고 눈에서 티끌을 닦아내는 척했다. 그는 손가락 사이로 여전히 그녀를 볼 수 있었다.

그렇다. 그는 분명 "우리는 혼돈의 무지개 속에 산다"라는 폴 세잔 Paul Cezanne 의 말에 동의했으리라. 사랑은 나머지 여섯 개의 감정, 즉 기쁨, 분노, 슬픔, 즐거움, 증오, 욕망을 지배한다는 사실부터가 애초에 균형이 이루어질 수 없는 운명을 타고났는지 모른다. 그래서 인간의 일곱 감정은 조화라기보다는 혼돈이다. 자기 자신을 한없이 낮추고, 신의 뜰에 들어선다고 해서 오욕칠정을 일정하게 배분하고, 아름다운 무지개를 하늘에 걸지는 못한다. 고통은 언제나 현재진행형이기 때문이다.

우리는 은연중에 과거의 경험이 현재의 고통을 치유하는 교훈이 될 것이라고 믿는다. 하지만 과거와 현재가 완전히 분리된 장벽처럼 서 있는 영역이 하나 있다. 바로 사랑이다. 사랑은 언제나 현재다. 과거는 아문 상처처럼 잊힌 고통으로 애잔하게 남아 있을 뿐이다. 따라서 사랑이 잉태한 아픔은 언젠가는 고통을 낳을 수밖에 없다. 순산이냐 난산이냐 사산이냐는 알 수 없는 미래의 일이다. 분만실로 들어가는 산모의 얼굴에서 희망과 두려움이 교차하듯 사랑은 언제나 그렇게 출발한다.

죽음이나 이별로 찢긴 사랑은 실타래로 길을 잇지 않은 미궁에 던져진 운명에 가깝다. 홀로 남은 자 앞에는 괴물 미노타우로스가 버티고 있고 동굴은 막혀 있다. 그런 점에서 '이별에도 예의가 필요하다'는 김선주의 호소는 절실하다. 우리는 언제나 이별하며 살아가는 존재이기 때문이다.

우리는 처음 사랑을 시작할 때 서먹서먹하지만 설레는 마음으로 상대에게 주춤주춤 다가간다. 그 아름다웠던 순간들. 인생에서 많지 않았던 그 뜨거운 사랑의 순간들을 잿빛으로 만들지 않으면서 우리는 이별을 맞아야 하고 고통도 받아들여야 한다. 그것이 모든 사랑했던 순간들에 대한 예의고 또한 이별의 예의다.

사랑이 지고 나면 적어도 세상의 절반이 어두워진다. 제인 오스틴 Jane Austin은 "우리의 흉터들이 우리의 과거가 사실이었음을 알게 해준다"라고 말했다. 기쁨은 사라지고 슬픔과 고통만이 흉터처럼 남는다. 그러나 사실 이별한 사랑보다 우리를 더 고통스럽게 만드는 것은 예의 없는 이별이다. 이별에도 예의가 있어야 하는 이유다. 그렇지 않으면 지금까지의 사랑은 집착이나 한때의 중독과 다름없기 때문이다. 자연에서는 잎이 다 떨어져 나간 나목裸木도 나름 운치가 있다. 피할 수 없는 무더위와 휩쓸릴 수밖에 없는 쓸쓸함을 견뎌낸 대가가 '나 혼자만의 벌거벗음'이지만 결코 부끄러움이 아닌 이유다. 그벌거벗음에도 눈이 내려 풍경을 만들고 슬픔을 얼릴 것이다.

이별은 아픔이 아픔에게 안부를 묻고, 분노가 분노에게 안부를 묻는 계절이다. 절망이 희망을 찾아 먼 길을 떠날 만큼 미소의 근육이 제대로 올라오지 못하는 시간이다. 사랑이 여전히 병상에 누워 있는 시간이다. 폭설이 되어 산속에 내리기를 바라고, 구름이 되어 비가 되고 바다로 흘러가기를 바라는 시간이다. 깊은 산속에 나를 얼리고, 짜디짠 바닷물에 나를 절여놓고 싶은, 나는 사라진 바람이고 싶다는 생각만 빛의 속도로 오가는 고통의 시간이다.

그렇다면 이별한 사랑을 어디에 놓아야 할까. 알퐁스 도데의《별》에서 스테파네트가 기댔던 목동의 어깨 위는 어떨까. 세상이 밤으로 떨어지고 깜깜해질수록 더욱 빛나는 별이 있다면 그는 분명 '목동의 별'인 '마글론'이 분명하기 때문이다. 소설가 장 폴 리히터Jean Paul Richter 는 "인간의 감정은 누군가를 만날 때와 헤어질 때 가장 순수하며 가장 빛난다"라고 말한다. 모든 선택은 결국 자신의 지나온 삶을 반영한다. 지혜로든 술수로든. 그래서 곽재구의 시 '소나기-연화리 시편 25'를 만난 사람들은 안다. 사랑이 얼마나 쓸쓸한 아름다움인지를.

저물 무렵

소나기를 만난 사람들은

알지

누군가를 고즈넉이 그리워하며

미루나무 아래 앉아 다리쉼을 하다가

그때 쏟아지는 소나기를 바라본

사람들은 알지

자신을 속인다는 것이

얼마나 참기 힘든 격정이라는 것을

사랑하는 이를 속인다는 것이

얼마나 참기 힘든 분노라는 것을

그 소나기에

가슴을 적신 사람이라면 알지

자신을 속이고 사랑하는 이를 속이는 것이

또한 얼마나 쓸쓸한 아름다움이라는 것을.

2

노년, 지금도 흘러가고 있는 **시간**의 한 어귀

먹고 마신 것을 제외하고 카토의 몫으로 돌아간 전리품은 아무것도 없었다. 카토의 생

각은 분명했다 "이런 일을 계기로 이득을 취하려는 사람들이 잘못되었다는 것은 아니

지만, 나는 용맹한 자들과 용맹을 겨루는 것이 좋지 부유한 자들과 재산을 겨루거나

욕심 많은 자들과 돈에 대한 욕심을 겨루고 싶지 않다."

— 마르쿠스 카토 10절

카토Marcus Cato, BC 234~149는 좀 독특하다. 로마의 소도시에서 소박한 삶을 살던 그는 연설 솜씨 하나로 정치판에 뛰어들어 자수성가해 가장 높은 관직에 오른 인물이다. 이후 그의 집안은 4대에 걸쳐 로마의 행정관과 집정관을 배출했다. 혜안이 있었고 정치적 야망이 있었지만 생활은 검소함을 넘어 불편과 부족을 고집할 정도였다. 나는 그의 혜안이 부럽다. 인생의 후반부에 '사물을 꿰뚫어 보는

지혜로운 눈'이 없다면 비참할 것 같다. 키케로 _{Marcus Tullius Cicero, BC} 106~43의 에세이 《노년에 관하여》는 이런 카토의 입을 빌리고 있다.

어느 누구도 나를 뒤로 끌어당기거나, (그리스 신화에 나오는) 펠리 아스처럼 나를 끓여 회춘시키기는 쉽지 않을 거야. 심지어 요람에서 울 수 있는 특권을 준다 하더라도 나는 단호히 거절할 거야. 말하자면 경 주가 다 끝난 지금 나는 결승선에서 다시 출발선으로 불려가고 싶은 마 음이 추호도 없으니까. 삶의 좋은 점이 대체 무엇인가? 삶이란 오히려 노고가 아닌가? 그러니 삶에 이점이 있다 해도, 반드시 지겨울 때가 오 겠지. 유식한 자들처럼 내가 삶을 한탄하고 있다는 뜻이 아니야. 나는 내가 살았던 삶을 후회하지도 않아. 왜냐면 나는 내가 헛되이 태어난 것이라는 생각이 들지 않도록 살았으니까. 그래서 나는 삶을 떠날 때, 집이 아니라 여인숙을 떠나는 듯한 느낌이 들 것 같아. 자연이 우리에 게 주는 것은 임시로 체류할 곳이지, 영원히 거주할 곳은 아니라는 생 각에서 그래.

이런 철학을 가진 사람에게 노년은 미덕으로 가득한 나날들이다. 날마다 무엇인가를 배우면서 노인이 되어간다고 자랑하던 솔론처 럼, 노년에 현악기를 배웠던 소크라테스처럼 카토 역시 이든 살에 그 리스어를 배우기 시작했다. 그는, 소년은 허약하고 청년은 저돌적이 지만 장년은 위엄이 있어야 하고 노년은 원숙하지 않으면 안 된다고 말한다. 또한 노년의 엄격함은 옳지만 절제된 것이어야 하고, 가혹함은 결코 용납할 수 없다고 말한다. 그는, 노년의 탐욕은 나그넷길이 얼마 남지도 않았는데 노자路資를 더 마련하는 어리석음이며, 노인이 죽는 것은 마치 농익은 과일이 저절로 떨어지는 것처럼 자연과 조화를 이루는 '완숙'이라서 죽음을 생각만 해도 즐겁다고 했다. 마치 오랜 항해 끝에 드디어 육지를 발견하고 항구에 들어서려는 것과도 같은 느낌이라고 했다.

노년에 관한 카토의 이 같은 견해는 많은 것을 생각하게 한다. 우리 사회에서 '노년'은 언제나 '대비'라는 말과 함께 붙어 다닐 정도로 돈 없이 맞이하기에는 불행한 삶이라는 인식이 강하다. 하지만 노년은 지나온 인생 동안 모든 시기에 행했던 미덕이 저절로 빛을 발하는 시간이다. 노년이란, 미래에 갑자기 닥칠 시간이 아니라 지금도 흘러가고 있는 시간의 한 어귀에 불과하다. 지금 우리가 가진 생각, 우리의 기준이 곧 노년의 삶이 된다는 말과 다름없다.

한국인들은 현재나 미래에나 노년에도 중산층의 삶의 방식을 유지하지 못하면 실패로 생각하는 경향이 있다. 중산층의 조건을 묻는 질문에 한국의 직장인들은 빚 없는 30평대 아파트에, 월수입은 5백만 원 이상이고, 중형 급의 자동차를 소유하고, 통장 잔고는 1억 원 이상이며, 해외여행을 1년에 한 번 이상 다녀올 수 있을 정도의 생활수준이어야 한다고 답했다. 그런데 이 다섯 가지 조건이 모두 '돈' 하나로 귀결된다. 그 어디에도 '미덕'에 관한 것은 보이지 않는다.

인터넷상에서 우리의 기준과 비교되며 회자되는 다른 나라의 기준을 보면 그 차이는 더욱 도드라진다. 옥스퍼드 대학교에서 제시했다는 영국 중산층의 기준은 페어플레이를, 퐁피두 대통령이 정했다는 프랑스 중산층의 기준은 봉사활동을 하며 사회적 공분公憤에 의연히 참여할 것을, 미국의 공립학교에서 가르친다는 중산층의 기준은 부정과 불법에 저항할 것을 강조하는 등 하나같이 '미덕'으로 채워져 있다.

"삶의 비참함은 죽는다는 사실보다도 살아 있는 동안 우리 내부에서 무언가 죽어간다는 사실에 있다." 법정스님의 말이다. 나는 호기심이 사라지는 순간 인생의 봄은 끝난다고 믿는다. 생활 속의 발견 serendipity 을 왜곡하지 않고, 탱탱한 마음을 유지하며 조용히 늙어가자고 스스로를 다독일 때마다 떠올리는 말이다.

젊을 때 기초를 튼튼하게 다져놓은 노년이야말로 칭송받아 마땅하다고 카토는 말한다. 결국 노년을 위해, 무언가에 대비하기 위해 현재를 희생하기보다는 현재를 충실히 살면서 노년의 어귀로 자연스레 들어가라는 말이다. 지금 내가 살아가고 있는 현재가 미래의 내 모습이다. 노년에는 노년에 맞는 관심사가 있을 뿐, 지금 하고 싶은 걸 미룬다고 그때 할 수 있는 가능성은 적다. 다만 현재의 관심사를 따라 자신의 삶 속으로 끌어당기다 보면 노년의 선택이 다양한 색깔로 풍성해질 것이다.

다음은 소설《백년의 고독》으로 유명한 가브리엘 가르시아 마르케스Gabriel Garcia Marquez가 임파선 암이 악화되어 작가로서의 활동을 거두기 전에 쓴 편지의 일부다.

내가 생각하는 모든 것을 다 말하진 않을 것이며 당연히 모든 말들은 생각하고 말할 것이다. 가치는 가격에 두지 아니하며 그 의미에 둘 것이다. 노년이 되면 사랑에 빠질 수 없다는 생각이 얼마나 잘못인가를 증명하리라. 사실은 사랑에 빠질 수 없을 때 그는 늙기 시작하는 것이다. 나는 아이들에게 날개를 달아줄 것이다. 그러나 아이가 스스로 날 수 있도록 그냥 내버려둘 것이다. 노인들에게는 죽음이란 노화의 과정으로 오는 것이 아니요, 기억의 상실에서 오는 것임을 보여줄 것이다.

롤랑 바르트Roland Barthes가 생각하는 노년은 조금 다르다. 그의 노년은 현재에다 '쉼표'를 주고 '다시 가기'를 하는 것에 가깝다. 롤랑 바르트는 현재를 있는 그대로가 아니라 살짝 비틀고 가기를 《마지막 강의》에서 주문하고 있다.

은퇴한 노인이 감격해 하며 '자신은 정말 여전하고', 자신이 해 오던 것을 '계속하고' 있다고 말하는 것을 들으면 나는 항상 불길한 느낌이 듭니다. 하지만 '계속하기'는 활기찬 행동이 아닙니다. 노년에 필요한 것은, 정확히 단절, 시작, 신생입니다. "다시 태어나기"입니다. 나는 항상 같은 장소라는 불멸 속에 가두는 것을 잘 견디지 못합니다. 나는 자리를 바꾸려고, 나는 다시 태어나려고 애씁니다. 나는 여러분이 기다리는 그곳에 있지 않습니다. 따라서 불쾌한 불멸이고, 그것에 대해 신생은 항변합니다.

알베르 카뮈Albert Camus는 말한다. "가을은 모든 잎이 꽃이 되는 두 번째 봄이." 절정기를 지나고 낙화 직전에 이르러 꽃이 되는 나무처럼 노년도 꽃이 될 수 있다. 나는 킴벌리 커버거Kimberly Kirberger가 '지금 알고 있는 걸 그때도 알았더라면'에서 한 탄식을 일찍 새겨듣는 인생일수록 행복할 거라고 생각한다.

지금 알고 있는 걸 그때도 알았더라면
내 가슴이 말하는 것에 더 자주 귀 기울였으리라.
더 즐겁게 살고, 덜 고민했으리라.
금방 학교를 졸업하고 머지않아 직업을 가져야 한다는 걸 깨달았으리라.
아니. 그런 것들은 잊어 버렸으리라.
다른 사람들이 나에 대해 말하는 것에는
신경쓰지 않았으리라.
그 대신 내가 가진 생명력과 단단한 피부를 더 가치있게 여겼으리라.

더 많이 놀고, 덜 초조해 했으리라.
진정한 아름다움은 자신의 인생을 사랑하는 데 있음을 기억했으리라.
부모가 날 얼마나 사랑하는가를 알고
또한 그들이 내게 최선을 다하고 있음을 믿었으리라.

사랑에 더 열중하고

그 결말에 대해선 덜 걱정했으리라.

설령 그것이 실패로 끝난다 해도

더 좋은 어떤 것이 기다리고 있음을 믿었으리라.

아, 나는 어린아이처럼 행동하는 걸 두려워하지 않았으리라.

더 많은 용기를 가졌으리라.

모든 사람에게서 좋은 면을 발견하고

그것들을 그들과 함께 나눴으리라.

지금 알고 있는 걸 그때도 알았더라면

나는 분명코 춤추는 법을 배웠으리라.

내 육체를 있는 그대로 좋아했으리라.

내가 만나는 사람을 신뢰하고 나 역시 누군가에게 신뢰할 만한 사람

이 되었으리라.

입맞춤을 즐겼으리라.

정말로 자주 입을 맞췄으리라.

분명코 더 감사하고

더 많이 행복해 했으리라.

지금 내가 알고 있는 걸 그때도 알았더라면.

3

카이사르가 남긴 언어 속 **흔적**들

그리스 땅에서 폼페이우스와 대결 중이던 카이사르는 적의 함대가 득실거리는 바다 저편 이탈리아 반도에 머물고 있는 아군과 합류하기 위하여 위험한 계획을 세웠다. 그는 밤을 틈타 노예 복장을 하고는 배 안으로 숨어들었다. 강물은 거슬러 올라오는 바닷물과 앞을 가로막는 파도에 부딪혀 사나웠다. 배가 더 이상 나아갈 수 없을 정도였다. 선장이 배를 되돌리고자 선원들을 불러 모으자 계획이 어긋날 것을 염려한 카이사르는 정체를 드러내고는 선장에게 말했다.

"두려워하지 말고 용기를 내라. 이 배에는 카이사르와 카이사르의 운명이 타고 있다."

선원들은 폭풍을 까맣게 잊고 노를 붙잡았으며 강을 내려가려고 온 열정을 바쳤다.

－ 카이사르 38절

"Go on, my friend, and fear nothing; you carry Caesar and his fortune in your boat." 카이사르가 선장에게 했던 이 말을 나는 수업

135

시민답게

중에 학생들한테 인용하곤 했었다. 물론 내가 그들의 눈높이에 맞추어 영어를 쉽게 가르쳐줄 자신이 있으니 절대 포기하지 말라는 뜻에서였다. 그 말의 출처가 다름 아닌《플루타르코스 영웅전》이었다. 내 얼굴이 화끈거린 것은 위의 글에 이어지는 다음에 나오는 내용 때문이었다. "그러나 불가능은 불가능이었다. 배 안으로 물이 들어오고 강어귀에서 엄청난 위험을 무릅쓴 뒤에도 바다로 나가지 못하자 카이사르는 어쩔 수 없이 선장이 배를 돌리는 것을 허락했다."

이 장면은 또한 상관의 명령과 부하의 갈등을 생각하게 한다. 받은 명령에 대해서 복종하든지 아니면 부당함을 이유로 거절하든지 둘 중 하나를 선택해야 한다. 불합리한 명령을 수행하면 그에 상응하는 이득이 따르지만 명령의 부당함을 지적한다는 것은 마치 용의 턱 밑에 거꾸로 난 비늘인 '역린'을 건드리는 것과 같아서 절대권력자의 노여움을 사게 되고 인생이 피곤하게 꼬여버릴지도 모른다.

"공무원은 영혼이 없다"는 말이 자주 등장하고 있다. 한국 사회, 특히 공무원 조직은 상부로 올라갈수록 이른바 '판돈'을 키우면서 '맹종의 질서'를 유지하며 그들만의 세상을 만들고 있다. 이른바 줄서기다. 여기서 '문고리 권력'이 나오고 국정농단으로 치달았다는 것을 우리는 안다. 이런 부당한 명령과 관련한 비극은 오직 리더만이 해결할 수 있다는 데 있다. 그나마 카이사르는 '폭풍우 치는 바다'의 현실을 깨닫고, '선장의 판단'을 받아들여 배를 돌리게 했다. 그는 자신의 명령이 부당하다는 것을 깨닫고 선원들의 필사적인 노력이 치욕으로 변하기 전에 자신의 잘못을 인정하고 명령을 거둔 것이다. 카이사르는 모든 일에 자신의 행운만을 믿으며 '무조건' 달려간 것이 아니라 상황에 따라 자신의 명령을 철회할 줄도 알았다. 리더의 또 다른 용기다.

카이사르는 자신을 둘러싼 행운을 믿었고, 자신감이 있었으며 실제로도 운이 좋은 사람이었다. 에이드리언 골즈워디Adrian Keith Goldsworthy는 카이사르의 삶을 "운명의 여신은 계속해서 카이사르에게 미소 지었다"라고 한 줄로 요약할 정도였다. '카이사르의 행운Fortuna Caesaris'이란 표현이 당대는 물론 후대에도 일상에서 사용되고 있다. 플루타르코스의 표현대로 '카이사르의 행운'은 그가 끊임없이 노력하는 모습을 흐뭇하게 지켜본 행운의 여신이 그를 위해 봉사한 것이었는지도 모른다.

그는 마치 운동선수처럼 상대를 아주 먼 거리에 둔 채 홀로 갈리아 전쟁을 통해 병사들을 훈련시키면서 자신의 명성을 높여갔다. 그는 오로지 자신의 업적만으로 폼페이우스의 업적과 겨룰 수 있는 위치에 도달했다. 로마 시민이 그의 명예를 인정할 수밖에 없었던 이유다. 그는 일생을 영웅으로 존재했으나 영웅을 단죄하는 시대에 살았기에 자신의 목숨을 잃었다. 그럼에도 오늘날까지 그의 흔적이 남아 있는 걸 보면 카이사르가 끼친 영향력이 어느 정도인지 알 만하다. 카이사르 스스로 올려놓은 명예는 역사의 전설이 되어 우리의 언어 속에까지 들어와 있다.

'Caesarean Section제왕절개술'

나는 영어 표현과 마주치기 전까지는 '제왕절개'란 용어에 대해서 아무런 생각이 없었다. 자연분만을 할 수 없을 때 어머니와 아기의 건강을 지킬 수 있는 대안수술로만 알고 있었을 뿐 왜 그 앞에 '제왕'이 붙어 있는지, 그게 누구인지에 대해 생각해본 적이 없었다. 그런데 영어 표현을 처음 알고 나자 즉시 '시저', '카이사르'가 보이면서 "아하!" 하게 되었다. 그러나 살아 있는 산모에게서 절개술을 시행한 최초의 기록이 1668년, 산모가 생존했던 경우가 1779년, 자궁절개 부위의 봉합이 보고된 것이 1882년이었다고 하니, 카이사르가 그 절개수술로 태어난 것 같지는 않다. 다만 우리나라와 일본 등에서 '황제의 절개수술'을 뜻하는 독일어 '카이저슈니트Kaiserschnitt'를 직역해 제왕절개라는 용어가 됐다고 한다. 독일어의 '카이저Kaiser'도 그렇고, 러시아어 '차르Czar'도 다 그의 흔적이다.

"Aleu iacta est! 주사위를 던져라! 주사위는 던져졌다!"

비상사태를 선포한 원로원이 카이사르를 국가의 적으로 선포하고 그의 속주에 대한 통치권을 박탈하자 카이사르는 5천 명의 병력을 데리고 신속하게 움직였다. 그는 로마와 갈리아의 국경인 루비콘 강에 접근하면서 깊은 생각에 빠졌다. 당시 로마는 군대를 이끌고 루비콘 강을 건너는 것을 국가에 대한 반역으로 규정하고 있었다. 그리스의 희극작가 메난드로스Menandros의 작품에 나오는 이 말의 뜻 카이사르가 인용했다고 한다. 당시 지식인의 척도로 여겨지는 그리스어로 외쳤다고 하니 이 말을 이해한 병사는 얼마 되지도 않았을 것이다. 《로마인 이야기》를 쓴 시오노 나나미는 카이사르를 숭배하는 수준이었는데 이 장면을 묘사하면서 자신의 개인적 감동을 이렇게 담아내고 있다. "이미 엎질러진 물이다! 이 강을 건너면 인간 세계가 비참해지고, 건너지 않으면 내가 파멸한다. 나가자! 신들이 기다리는 곳으로, 우리의 명예를 더럽힌 적이 기다리는 곳으로, 주사위는 던져졌다!"

카이사르가 루비콘 강을 건너면서 로마의 역사도 바뀌었다. 루비콘 강을 건넌다는 것은 승산 없는 내전에 뛰어든다는 의미였다. 하지만 강을 건너 행동을 개시하지 않는다면 로마가 강요한 평화에서 나오는 악정惡政을 묵인해야 했다. 당분간 안전을 보장받겠지만 조만간 파국이 뒤따를 게 분명했다. 이쪽도 저쪽도 절박하기는 매한가지인 두 가지 선택 사이에서 카이사르는 루비콘 강을 건너는 쪽을 택했다. 고도의 위험을 감수하는 결정을 내렸으며, 자신이 내린 결정에 따라 행동에 착수했다는 점에서 '용기'의 다른 이름으로 불린다.

카이사르가 했던 이 말을 박정희도 썼다고 한다. 그는 5월 16일 총격전이 오가는 상황에서 한강 다리 난간을 잡고 물끄러미 강물을 내려다보면서 '일본말'로 "주사위는 던져졌어"라고 말했다고 한다. 조갑제가 《내 무덤에 침을 뱉어라》에 담아놓은 기록이라 하니 믿어주자. 그 당시 일본어를 구사하는 능력도 '지식인'의 척도였을까, 아니면 단지 그가 알고 있었던 일본어를 구사하면서 카이사르의 거사를 닮은 척한 걸까.

"Veni, vidi, vici! 왔노라, 보았노라, 이겼노라!"

이 세 마디는 같은 어미를 갖고 있어서 무척 간결하면서도 인상적이다. 이 말은 카이사르가 소아시아에서 벌인 전투에서 승리한 뒤 원로원에 보낸 전문으로 간결한 표현이 주는 긴장감과 강한 호소력 때문에 유명해졌다. 실제로 문필가이기도 했던 카이사르는 대중 앞에서 복잡한 내용을 호소력 있는 한마디로 줄여 말하는 데 천재적인 능력을 발휘했다.

"Et tu, Brute! 브루투스, 너마저!"

카이사르가 암살당할 때 마지막으로 내뱉었다는 이 문구는 셰익스피어의 비극《줄리어스 시저》에 나오는 대사로 유명하다.《플루타르코스 영웅전》에는 이에 대한 언급이 없다. 카이사르는 원로원 회의장에서 칼에 맞아 죽었다. 무려 스물세 번을 찔렸다고 한다. 암살자들이 엉켜서 서로 휘두르는 칼에 상처를 입었을 정도로 아수라장이었다. 그중에는 카이사르가 총애하던 양아들 브루투스도 있었다. 자신을 찌른 정적들 틈에서 총애하던 브루투스를 발견하면서 든 배신감은 살아 있는 그의 마지막 기억이었을지 모른다. 정권이 교체되고 나서 브루투스는 이 암살사건과 관련해 대중 앞에서 다음과 같이 연설을 한다.

만약 이 집회에 누구든 카이사르의 진정한 친구가 있다면, 나는 그에게 카이사르에 대한 나의 애정도 그가 품은 애정 못지않다고 말할 수 있습니다. 그런데 내가 카이사르에 맞서 반란을 일으킨 이유를 그가 알고 싶어 한다면, 그에게 해줄 나의 대답은 이렇습니다. 내가 카이사르를 덜 사랑했기 때문이 아니라 로마를 더 사랑했기 때문입니다.

브루투스가 '연설했다'는 사실 하나만을 가지고 이런 감동적인 연설문을 만들어낸 것을 보면 세익스피어를 천재라고 인정할 수밖에 없다. 브루투스의 실제연설은 대단하지도 않았고, 오히려 군중의 분노를 키웠다는 점에서 더욱 그렇다.

'나는 내 꿈대로 살겠다'는 나명욱 시인처럼 나도 내 꿈대로 살겠다. 조언을 들어보지 않은 것도 아니다. 자신과의 타협을 시도해보지 않은 것도 아니다. 고문에 가까운 심문 과정을 거쳐도 결론은 하나였다. 꿈을 죽이고 내가 사는 것보다 내가 죽고 꿈을 남기는 것이 나의 마지막 선택이라는 것, 그뿐이다.

죽는 날까지
비록 그날이
영영 오지 않을지라도
나는 내 꿈대로 살다 가겠다

이 짧고도 긴 세월
슬픔만큼이나 비가 내렸고
외로움만큼이나 고통스러웠던 날들
언제 올지 모를
생의 마지막을 바라보며
마음의 문을 활짝 열고
다시 따스한 빛같은 봄 당신을 기다리고

황홀한 여름 당신을 맞이하며

넉넉하고도 풍만한 당신 가을 어깨에 기대어

겨울로 죽어갈 때까지

온갖 어둠도 뚫고 걸어가겠다

단 한 번 뿐인 생애

차갑게 얼어붙은

내 가슴에 불을 지피고

무지개가 떠오를 날을 기다리겠다

희망을 버리지 않겠다

너를 기다리겠다

꿈대로 살아가기 위하여

아무것도 두려워하지 않겠다

이 세상 생명 있는

움직이는 모든 것들을 사랑하며

4

모든 자살은 **사회적 타살**이다

테뤼키온의 제안에 클레오메네스가 대답했다.

"가엾은 사람. 그대가 말한 방법은 가장 쉬운 방법이고 죽는다는 것은 누구든 택할 수 있는 길이네. 전쟁에서 패하고 도주하는 행위보다 더 수치스러운 행위를 계획하면서 뿌듯하던가? 우리보다 더 훌륭한 사람도 운명의 버림을 받거나 수적인 열세를 겪고 적에게 굴복했네. 고생과 난관을 앞두고, 혹은 세상의 비난을 앞두고 싸움을 포기하는 사람은 나약함에 굴복하는 사람이네. 스스로 목숨을 끊는 일은 행위로부터의 도피가 아닌 행위 그 자체여야 하네. 자기만을 위해 죽는 것은 자기만을 위해 사는 일만큼 치욕스러운 행위라네. 자네가 지금 오늘날의 괴로움을 잊자고 하는 것은 그런 의미이며 그 밖의 어떤 명예롭고 유익한 결과도 가져오지 못한다네. 나는 그대도 나도 나라를 위한 희망을 버려서는 안 된다고 생각하네. 희망이 없어진다면 그때 가서 죽는 일은 원하기만 한다면 아주 간단하지."

이 말에 테뤼키온은 아무 대답도 하지 않았고 클레오메네스와 헤어지자마자 홀로 해변으로 내려가 목숨을 끊었다.

– 클레오메네스 31절

스파르타의 클레오메네스BC 263~219가 마케도니아의 안티고노스에게 패배한 뒤의 상황이다. 북아프리카 해안으로 향하는 배를 타고 갈 때 그의 동료인 테뤼키온이 조용히 말했다. "왕이시여, 가장 고귀한 죽음, 즉 전장에서의 죽음을 우리는 포기했습니다. 그러나 우리는 안티고노스에게 장담했고 온 세상이 들었습니다. '스파르타의 왕을 지나가려면 먼저 죽이고 가라'. 여전히 우리는 가장 고귀하고 영광스러운 죽음에 버금가는 죽음을 맞이할 수 있습니다. 그러므로 우리가 마음대로 칼을 쓸 수 있는 지금 운명의 멍에를 없애버리기로 합시다. 그리고 스파르타를 지키기 위해 죽은 이들과 화해합시다. 아이컵토스이집트에 멍하니 앉아 안티고노스가 스파르타에 어떤 지방관을 임명했는지 궁금해하지 맙시다."

마지막 순간까지 모든 가능한 계획을 강구하려던 클레오메네스는 자신의 '희망'을 근거로 테뤼키온을 말렸다. 그의 얼굴엔 평화로운 미소가 흘렀을 것이다. "내가 숨을 쉬는 동안, 나는 희망한다." 그리고 그는 친구에게도 희망을 권하고 싶었을 것이다. "나는 희망한다. 그러니 너도 희망하라." 하지만 희망과 행운이 그를 비껴갔을 때 그 역시 명예를 지키기 위하여 부하의 손을 빌려 자결하고 말았다. 리쿠르고스의 정책을 부활시키려던 그의 꿈 또한 그와 함께 스러졌다. 《플루타르코스 영웅전》에는 자살을 선택한 인생이 많이 나온다.

시대의 분위기가 적의 손에 죽는 것을 수치로 여겼고, 자살이 자신의 명예를 지키는 동시에 사회에서 용기로 인정받았기 때문이다.

아테네 민중은 역량 있는 사람들의 재능을 이용하다가도 기회만 오면 그들을 꺾고 그의 명성을 빼앗아버렸다. 그들은 페리클레스를 비난했고, 디몬을 추방했으며, 안티폰을 시기했다. 특히 레스보스 섬을 정복한 파케스 장군은 당시 실행에 옮긴 업무에 관하여 정식보고를 하다가 그의 지휘권에 대한 설명을 요구받자. 수치심을 못 이겨 법정에서 칼을 뽑아 자결했다.

– 니키아스 6절

크라수스의 아들인 푸블리우스는 부하들이 피신하라는 말을 듣고는 결연하게 대답했다. "죽음이 아무리 무서운 것이라고 해도, 나를 위해 죽어간 친구들을 버리고 살기 위해 달아난다는 것은 말도 안 된다." 그 말과 함께 그는 부하들에게 어서 몸을 피하라면서 그들을 얼싸안았다. 푸블리우스는 화살이 양손에 꽂혀 있어 움직일 수가 없었다. 그래서 그는 가슴을 드러내놓고 자기의 방패를 나르는 호위병에게 망설임 없이 칼로 찌를 것을 명령했다.

– 크라수스 25절

의원들이 모여드는 가운데 카토는 평온한 얼굴빛으로 조용히 앞으로 나아갔다. 손에는 마치 아무 일도 없다는 듯 읽고 있던 책을 들고 있었다. "우리가 승리를 거두어서 얻는 것은 가장 행복한 삶이고, 패배해서 얻는 것은 영광스러운 죽음이기 때문입니다. 그러나 결정은 각자가 내려야 할 것이며 지금까지 보여준 용기와 열의에 대한 보답으로 어떤 결정을 내리든 그 결과가 좋기를 함께 기도하겠습니다."

저녁 식사는 이렇게 끝이 났다. 카토는 평소와 다름없이 친구들과 산책을 한 뒤 보초병들에게 적당한 명령을 내리고 방으로 돌아왔다. 그러나 그 전에 아들과 아들의 친구들을 평소보다 더욱 상냥하게 하나하나 안아주었다. 카토는 침실에 누운 뒤 플라톤의 대화록 《영혼에 대하여》를 집어 들었다. (……) 카토는 검을 칼집에서 뽑아 자세히 살펴보았다. 끝이 뾰족하고 날이 여전히 예리한 것을 보고 카토는 말했다. "이제 내가 나의 주인이다." 이어서 검을 내려놓은 카토는 다시 책을 집어 들었고 처음부터 끝까지 두 번을 읽고 나서 자살했을 때 그의 나이는 48세였다.

— 카토(Cato the Younger) 59~70절

안토니우스와 마지막 결전을 앞둔 브루투스는 카시우스와 나누는 대화 속에 이미 자신의 죽음을 담고 있었다. 그는 철학을 사랑했으며, 자신의 아버지를 죽인 폼페이우스였지만 그의 정의로운 성정을 이유로 그의 편에 섰으며, 시민들의 자유를 지키기 위해 카이사르를 암살하는 데 가담했다. 하지만 그도 마지막 순간에는 운명의 여신을 칭송하며 자살을 택했다. "나는 카토가 자살을 했을 때도 비난했소. 자기에게 주어진 운명을 피하고, 자기에게 닥칠 고통과 괴로움을 기꺼이 받아들이지 않은 채 등을 돌린다는 것은 비겁한 짓이라고 생각했소. 그러나 이제는 생각이 많이 달라졌소. 만일 운명이 우리에게 원하지 않는 것을 억지로 시키려 한다면, 나는 희망이나 기대를 갖지 않고 운명의 뜻에 만족하며 스스로 목숨을 끊기로 했소. 나는 (카이사르를 암살한) 3월 15일 나라를 위해 죽었던 사람이오. 그날 이후 지금까지 자유와 영광을 누리며 살았던 것은 새로운 인생을 한 번 더 살았던 것으로 생각하고 있소."

— 마르쿠스 브루투스 40절

오토는 군인들의 높은 인기를 이용하여 군인황제가 되었다. 그러나 3개월 후 비텔리우스가 내란을 일으켰을 때 그의 부하들은 자신들의 몸과 목숨을 황제를 위하여 쓰게 해달라고 한목소리로 탄원했다. 심지어 한 병사는 칼을 뽑아들고 "우리가 모두 이런 각오로 곁을 지키고 있다는 것을 아십시오"라고 말하고 스스로 목숨을 끊을 정도였다. 하지만 오토는 이성을 잃지 않았고 침착하고 밝은 얼굴로 주변을 돌아보며 말했다. "전우여. 이날은 그대들이 나를 처음 황제로 만든 날보다 더욱 기쁜 날이다. 그대들이 나에게 이처럼 헌신하고 이같이 드높은 경의를 표하다니. 그러나 더 큰 기쁨. 선하디 선한 수많은 동료 시민을 위해 당당히 죽을 기쁨을 빼앗지는 마라. 내게 로마 황제가 될 자격이 있다면 나는 나라를 위해 기꺼이 목숨을 내놓을 줄도 알아야 할 것이다. 이 전쟁은 양측이 로마인을 상대로 싸우고 있으므로 우리는 지든 이기든 나라에 죄를 짓는 것이다. 누가 승리를 거두어도 피해를 입는 것은 로마이며. 승리자가 얻는 것만큼 이 나라는 고통을 당하게 된다. 나는 이 나라를 지배하는 것보다 차라리 나라를 위해 죽는 것이 더 영광스럽고 명예로운 일이라고 생각한다. 내가 승리함으로써 이 나라에 줄 수 있는 평화는 아주 작다. 그러나 내 목숨을 버리고 얻는 평화. 이 나라가 오늘과 같은 불행을 다시는 맞지 않게 하는 평화는 그보다 훨씬 클 것이다."

– 오토 15절

프랑스 역사학자 조르주 미누아 Georges Minois가 쓴 《자살의 역사: 자발적 죽음 앞의 서양 사회》를 보면 고대 그리스에서 자살은 자기 선택에 의한 죽음의 한 방식이었다. 종교적 금기가 없었던 탓이다. 아리스토텔레스는 회한 때문에, 테미스토클레스는 애국적 행동을 담아서, 데모크리토스는 노약한 자신이 싫어서, 시인 사포(Sappho)

는 사랑 때문에 자살을 택했다. 소크라테스의 죽음은 철학적 자살이라는 주장도 있다. 하지만 기독교가 서양 사회를 지배하면서 자살은 사탄의 유혹으로 여겨졌으며 종교적 금기로 굳어졌다. 르네상스와 함께 자살은 문학 작품 속에서 자기 표현의 한 방식으로 그려지기 시작했다. 계몽주의 시대에는 젊은 베르테르의 낭만적 자살과 파우스트 박사의 철학적 자살을 모방하는 사람들이 생겨났다. 자살의 사회적 파급력이 커진 시기였다.

프랑스 사회학자 에밀 뒤르켐Emile Durkheim은 "모든 자살은 사회적 타살이다"라고 말했다. 그는 자살을 개인의 행위가 아닌 사회적 조건에 의해 발생하는 현상으로 보았다. 통계에 따르면 우리나라의 1년 평균 자살자는 14,000명 정도다. 하루 40명 정도가 스스로 삶을 정리하고 있는 것이다. OECD 국가들 가운데 압도적 1위로, 그것도 10년이 넘게 1위 자리를 차지하고 있다. 평생 동안 심각하게 자살을 생각해본 사람은 560만 명, 1년이라는 시간 동안 심각하게 자살을 '고려해보는' 사람은 134만 명, 자살 계획자는 25만 명, 자살 시도자는 11만 명 정도나 된다.

적어도 대한민국에서 일어나는 자살은 사회적 타살에 가까울지 모른다. 2014년 2월 서울의 한 단독주택 지하 1층에서 어머니60세와 큰딸35세, 작은딸32세이 숨진 채 발견되었다. 그들은 9년 전부터 이 집에 살면서 월 50만 원인 집세를 꼬박꼬박 냈고, 주변의 도움을 받지 않기 위해 애썼다. 그런데 한 달 전에 엄마가 팔을 다치면서 식당 일을 그만두게 되었고, 이 때문에 생계를 이어가는 게 막막해지자 엄마는 두 딸과 함께 목숨을 끊었다. 세 모녀는 봉투에 마지막 집세와 공과금으로 70만 원을 넣고 겉면에 메시지를 남겨 우리 사회를 부끄럽게 했다.

우리는 자살을 자살자 개인의 문제로만 생각한다. 자살을 한 번도 생각해본 적이 없고 자살할 이유도 없으니 자살할 일도 없을 거라고 확신한다. 그러나 자살 충동은 결코 우리를 비껴가지 않으며, 막상 닥치면 자신의 힘으로는 극복하기 어려운 경우가 대부분이라고 전문가들은 말한다. 자살이 언제, 어떤 모습으로 우리를 찾아올지는 아무도 모르기 때문이다. 감당하기 어려운 마음을 짊어지고 힘겹게 걸음걸음 내딛던 나의 경우도 그랬다. 다음은 그 어느 날의 기록이다.

애초에 의사가 알려준 병명과 싸우는 일은 어쩌면 결론이 정해진 것인지 모른다. 아리아드네의 실타래도 없이 괴물 미노타우로스를 물리치겠다고 미궁 속으로 뛰어 들어간 어리석음에 가깝기 때문이다. 가능성은 두 가지뿐이다: 미노타우로스를 죽이고 그 미로를 헤매다가 생을 마감하든가 미노타우로스에게 잡아먹혀 죽든가.

나는 버려지는 삶과 스스로 버리는 삶이 매한가지라는 사실을 받아들이게 되었다. 동굴 밖 사람들은 극단적이라고 생각할지 모르겠지만 미궁에 혼자 놓인 사람에게는 그 극단의 선택이 자연스러울 수밖에 없다. 다만 미로 안에서 벌이는 나 혼자만의 소동이 동굴 밖 사람들에게는 허공에서 길을 내는 바람처럼, 느린 산책하는 하늘 한쪽의 구름처럼, 햇볕 쪼이는 산기슭 야생화의 하늘거림처럼 그렇게 무심하게 흘러갔으면 하고 바랄 뿐이다.

탄생과 죽음, 그리고 사랑이 예고 없이 만들어내는 몽환적 변형 앞에서 우리는 언제나 당혹스럽다. 그 씨줄과 날줄의 엮음이 아무리 자연스러울지라도 탄생이 죽음으로, 사랑이 분노로 우리에게 하나의 현실로 다가올 때 우리는 여전히 성장이 필요함을 실감해야 하는 연약한 존재이기 때문이다. 복효근의 '토란잎에 궁그는 물방울 같이는'은 죽음이 꼭 급하고 강한 바람 같지는 않다는 걸 보여준다.

그걸 내 마음이라 부르면 안되나
토란잎이 간지럽다고 흔들어대면
궁글궁글 투명한 리듬을 빚어내는 물방울의 그 둥근 표정
토란잎이 잠자면 그 배꼽 위에
하늘 빛깔로 함께 자고선
토란잎이 물방울을 털어내기도 전에
먼저 알고 흔적 없어지는 그 자취를
그 마음을 사랑이라 부르면 안되나

5

부정부패를 부르는 어둠의 선물, **뇌물**

마케도니아의 통치자 안티파트로스가 부적절한 부탁을 했을 때 포키온은 날카롭게 쏘아붙였다. "한꺼번에 그대의 친구도 되고 아첨꾼도 되는 것은 불가능합니다." 안티 파트로스는 고백했다. "나는 아테네에 친구가 둘 있네. 포키온과 데마데스. 한 친구는 아무리 주려 해도 받으려 하지 않고, 한 친구는 아무리 주어도 만족하지 않지."

– 포키온 29절

포키온BC 402~318은 아카데미에서 플라톤과 크세노크라테스의 제자가 되어 철학과 예술을 공부한 것으로 알려져 있다. 그는 페리클 레스, 솔론 등의 정책을 부활시켜 군사와 정치 모든 방면에서 이름을 떨치고자 했다. 그러나 그때 나랏일을 하고 있던 사람들은 정치와 군 사에 관한 일을 제멋대로 나누어 가지며 자신들의 이익을 챙겼으며, 전쟁이나 지휘권을 이용해 출세할 생각만 하고 있었다. 그나마 다행인 것은, 평화로울 때에는 정치가들의 달콤한 말에 넘어가곤 했던 아테네 시민들이지만, 나라에 중대한 일이 생기면 옳고 그름을 분별하여 자신들의 일시적인 충동을 늘 꺾어버리는 엄격하고 현명한 포키온을 지도자로 임명했다는 사실이다.

마케도니아의 알렉산드로스가 포키온에게 100달란트의 돈을 보낸 적이 있었다. 그때 포키온이 물었다.

"아테네에는 수많은 사람들이 있는데 왜 하필이면 나에게 이 돈을 가져왔소?"

"알렉산드로스 왕께서는 장군만을 명예롭고 뛰어난 사람이라고 인정하셨기 때문입니다."

"그러면 앞으로도 내가 계속 그렇게 인정받을 수 있도록 도와주는 셈치고 이 돈을 도로 가져가시오. 내가 만일 이 돈을 받고도 안 쓰면 아무 소용도 없을 것입니다. 그리고 내가 이 돈을 쓰게 된다면 그것은 나와 알렉산드로스 왕의 명예를 더럽히는 일이 될 것입니다."

반면 데마데스는 장군들의 무능으로 인해 그리스 군대가 해산되고 마케도니아 군대가 아테네에 주둔하는 상황에서 마케도니아에 유익한 정책을 펴고, 권세를 이용하여 아테네를 제멋대로 요리했다. 아테네의 전통과 영광을 손상시키는 말을 자주 하면서도 그는 오로지 나라를 구하기 위해 키를 잡은 것일 뿐이라는 변명을 늘어놓았다. 한마디로 그는 매국노였고, 마케도니아를 도운 부역자였으며, 나라를 망하게 만든 장본인이었다.

아테네 시민들에게 보여줄 공적을 만들고자 하는 욕심에 사로잡힌 데마데스는 아들과 함께 마케도니아로 갔다. 아테네 주둔군의 철수를 부탁하기 위해서였다. 하지만 그것이 끝이었다. 마케도니아의 권력자는 데마데스 일행이 도착하자마자 그들을 체포해 아버지가 보는 앞에서 먼저 아들을 죽이고 데마데스마저 은혜를 원수로 갚는 배반자라고 욕하며 그의 목을 잘라버렸다.

포키온과 데마데스의 서로 다른 가치관처럼 인간은 뇌물 앞에서 둘로 나뉜다. 탐욕과 자기절제가 그 둘을 가르기 때문이다. 《뇌물의 역사》를 쓴 미국의 법학자 존 T. 누난John T. Noonan은 뇌물이 상당히 복잡한 사회현상이라고 말한다. 뇌물은 이미 기원전 15세기 고대 이집트 시대 때부터 사회의 골칫거리였다. 당시 이집트 왕조는 뇌물을 '공정한 재판을 왜곡하는 선물'로 규정하고, 처벌을 면할 목적으로 선물을 주는 행위를 단속했다. 뇌물의 첫 발원지가 '법조 비리'라는 것을 알 수 있다. 인류 역사 이래 대한민국에서도 끈질기게 이어지고 있는 비리의 화룡정점이다.

고대인들의 규정에서 보듯이 뇌물 연구는 '선물'과 '뇌물'의 경계를 짓는 것에서 시작해야 하는데, 이 구분 자체가 어렵다. 뇌물을 뜻하는 영어 단어 'bribe'도 중세시대에는 선물의 의미로 쓰였다. 청교도 정신이 강한 미국연방법원조차 뇌물과 선물을 구분하기 위해 시도하다가 '매우 어렵다'는 결론을 내리고 포기했을 만큼 '선물에 가까운' 것이기도 하다. 그나마 영국의 기업윤리연구소IBE가 제시한 선물과 뇌물을 구분하는 기준은 상식선에서 동의할 만하다. 첫째, 받고 나서 잠을 잘 수 있으면 선물이고 그렇지 않으면 뇌물이다. 둘째, 외부에 공개되었을 때 문제가 안 되는 것은 선물이고 문제가 될 것 같으면 뇌물이다. 셋째, 자리를 바꾸어도 받을 수 있는 것은 선물이고 자리를 바꾸면 못 받는 게 뇌물이다.

진경준 검사장이 김정주 넥슨 대표로부터 4억 2,500만 원을 공짜로 받아 126억 원 대박을 터뜨린 넥슨 주식을 뇌물로 볼 수 없다는 법원의 1심 판결이 나왔다. '친구 사이이고 김정주의 재산이 많아 대가성이 없다'는 법원의 판단이었다. '김영란법'에 따라 '3만 원'도 처벌 대상인데 '126억 주식'은 뇌물이 아니라는 것이다. 가히 '뇌물 공화국'답다는 생각밖에 떠오르지 않는다.

과거 전두환 전 대통령이 기업들로부터 600억에 가까운 돈을 모금해 재단을 세운 사건을 두고 대법원은 '대통령에게 넘어간 돈은 직무 연관 여부와 대가성을 따질 필요 없이 뇌물'이라고 판결한 바 있다. 정부 수반인 대통령이 행정부의 모든 업무를 총괄하는 만큼 뇌물의 반대급부를 제공할 방법이 다양하기 때문이다. 하지만 박근혜 정부의 국정농단 스캔들로 인한 탄핵심판에서도 여전히 뇌물죄가 성립하려면 대가성을 따져야 한다는 주장이 끊임없이 이어질 만큼 우리 사회는 아직도 권력의 부패에 관대하다.

2014년 2월 유럽연합 집행위원회European Commission는 'EU 반부패 보고서EU Anti-Corruption Report'에서 EU 경제가 매년 부패로 약 1,200억 유로약 152조 원의 손실을 입는다고 밝혔다. EU의 연간 예산이 약 1,400억 유로임을 고려했을 때, 부패가 각 국가 및 글로벌 경제에 얼마나 많은 금전적 손실을 일으키고 경제성장을 저해하고 있는지를 알 수 있다. 2016년 IMF가 발표한 「부패: 비용과 경감 전략 *Corruption: Costs and Mitigating Strategies*」이라는 보고서에 따르면 세계적으로 매년 2조 달러약 2,420조 원에 이르는 뇌물이 오가고 있으며, 부정부패가 경제성장에도 부정적인 영향을 미친다고 한다.

하지만 이렇게 우려하는 세계의 수준과는 한참 먼 나라의 인식도 있다. 대통령 박근혜는 "김영란법이 시행되면 내수가 너무 위축될 수 있다"고 우려했고, 전경련의 한 연구소는 김영란법으로 연간 11조 원의 경제적 손실이 예상된다고 했다. 대한민국의 연간 뇌물 규모가 11조 원이라는 '고해성사'다. 제도적 체계가 제대로 갖춰지지 않았던 개발도상국 시절에 그들의 '부패'가 우리의 경제발전에 '비약적' 도움을 주었다는 기억에서 나온 분석임에 틀림없다. 이는 전경련이 여전히 개발도상국 수준에 머물고 있다는 것을 보여준다. 국가의 기틀이 '제법' 잡힌 상황에서는 부패가 경제발전에 방해가 된다는 것이 입증되었는데도 모르는 척하고 싶은 것이다. 개발도상국으로 들어오는 자본은 외국의 원조나 차관이라서 국가의 개입이 필수적인 반면 그 자원 배분을 결정할 정부의 체계가 잡혀 있지 않은 게 보통이다. 부패가 경제발전의 윤활유 역할을 하는 시점이다. 권력자에게 뇌물을 건네 '복잡한 행정 절차를 건너뛰고' 정부의 지원을 얻어내는 자가 '경영의 신'으로 인정받는 것이다.

반면 정책결정과 집행 과정의 메커니즘이 잘 발달한 선진국에서는 이런 자원 배분의 결정과 분배가 '제도의 틀' 안에서 이루어진다. 따라서 이들 나라에서는 부정부패가 절대 악(惡)이 된다. 영국 캠브리지 대학교 교수진의 연구에 따르면 '정상적인' 국가에서는 부패지수가 한 단계 상승할 때마다 연간 경제성장률이 0.5%p씩 떨어진다고 한다. 한국은행이 예상하고 있는 한 해 우리나라의 경제성장률 2.5%가 부정과 부패로 인해 0.5%p 더 낮아진다면 이는 경제성장률 목표치에서는 20%나 낮아진다는 의미일 만큼 큰 수치다.

다른 책 《뇌물의 역사》임용한 외, 이야기가있는집가 경고하는 위기는 사회적 관점이다.

> 가장 위험한 부패와 뇌물은 자신이 존재하는 사회의 중심을 파괴한다. 부정부패치고 존립 기반에 손상을 주지 않는 것은 없지만, 어떤 사회나 조직이든 자신의 발밑을 파고 있다는 자각이나 위험을 완전히 망각하고 부정부패에 몰입하는 경우가 있다. 그것이 진정한 위기다.

이 책은 권력의 부패 못지않게 무서운 것으로 '조용한 부패'라고 불리는 낮은 곳의 부패, 일상의 부패를 지적하고 있다. 부패한 조직일수록 무능하고 현실에 안주하는 사람을 원한다. 우리는 국민 개개인이 부정부패에 대항하는 의식을 형성해야 하는 시대를 살고 있다. 하지만 그 의지는 '사실'보다 관대한 '해석'으로 기울어진 법의 운용으로 자주 눈물을 흘린다. 2,400원을 횡령한 버스기사의 해고 사유는 정당하고, 재벌의 340억 원 뇌물 공여는 '다툼의 소지가 커' 구속은 안 된다는 사법부다.

법이 정의를 우습게 안다면, 법의 정신은 있으나마나다. 분명 판

사는 영장을 심사하면서 대기업이 국가경제에 미치는 영향을 고려했을 것이다. 세계 경제가 불투명하고 어려운 상황에서 내린 우국충정의 판단이라고 위안했을지 모른다. 하지만 경제환경이 가을 하늘처럼 투명하고 땅 짚고 헤엄치듯 쉬운 시절이 있기는 할까. 뇌물이 노리는 최종 목표는 공동체의 기본 정신을 무너뜨리는 것이다. 대한민국이 벼랑 끝에 선 것처럼 위태위태한 이유다.

조금도 망설이지 말고 이 꽃을 따십시오.
덧없는 시간이 흘러서 꽃이 시들고 땅 위에 떨어지는 것이 두렵습니다.

이 꽃이 당신의 화관에 자리를 차지하지 못한다고 하더라도
영광스럽게 당신의 손길이 닿는 은총을 입을 수 있도록 이 꽃을 따십시오.
어느덧 해가 저물어 당신에게 꽃을 바칠 여유도 없이
시간이 지나가 버리는 것이 두렵습니다.

비록 그 색깔은 강렬하지 못하고 향기 또한 진하지 못하지만,
이 꽃으로 당신을 섬기려고 합니다.
시간이 지나가기 전에 이 꽃을 따십시오.

선물도, 뇌물도 꽃이다. 타고르의 시 '기탄잘리 6'는 주는 자의 간

절함을 말하지만, 그 꽃이 화전으로 피는 진달래인지 독을 내는 철쭉인지를 판단하는 것은 꽃을 따는 자의 몫이다.

6

우리는 **초심**을 잃지 않는 **리더**를 기대한다

코스타 가브라스 Costa-Gavras 감독의 영화 〈Music Box〉 1989년
는 개인에게 일어나는 공과 사의 문제에 대한 우리의 생각을 묻고 있
다. 형사사건에 있어서 높은 평판을 누리고 있는 변호사 앤은 헝가리
에서 이민 온 아버지 마이크와 함께 살고 있다. 어느 날 앤은 아버지
마이크가 2차 대전 중 '애로우 크로스 Arrow Cross'의 일원으로 양민을
학살했으며, 그 사실을 숨기고 미국으로 건너온 불법 이민자라는 법
원의 통지를 받는다. 애로우 크로스는 나치와 함께 지난 1944년부터
1945년까지 헝가리에 거주하던 55만 명의 유대인을 살해한 것으로
악명을 떨친 파시스트 조직이다.

앤은 의심할 여지도 없이 이를 모함이라 생각하고 아버지의 누명
을 벗기기 위해 필사적으로 싸워 마침내 혐의 내용이 무고라는 점을
입증한다. 아버지는 유능한 딸을 자랑스러워하며 무죄 판결의 기쁨

에 젖어 파티를 연다. 그러나 얼마 후 앤은 아버지 친구의 유물인 뮤직박스 안에서 헝가리에서 찍은 것으로 보이는 아버지의 옛 사진들을 발견한다. 애로우 크로스 제복을 입고 양민을 학살하는 사진이었다. 그녀는 자신이 진실을 위해 싸운 게 아니라는 사실에 절망한다.

앤은 아버지가 외손자에게 승마를 가르쳐주는 모습을 보면서 검사에게 보내는 편지 봉투에 그 증거사진들을 넣는다. 딸로서 아버지에 대한 사랑보다, 법조인으로서 사회적 책임인 정의가 우선이어야 한다는 양심을 따른 것이다. 일차적으로는 양심을 우선했다고 할 수 있지만 그녀의 판단은 어쩌면 현실적인 것인지도 모른다. 아버지는 그녀의 생활반경 속에 남겠지만 더 이상 존경할 수 없는 존재일 가능성이 높다. 애초부터 자신의 양심이 마비되어 아버지의 과거를 판단할 생각도 없었다면 이런 고민을 할 필요도 없었겠지만 불행인지 다행인지 그녀에게는 '사회인'으로서의 양심이 숨 쉬고 있었다. 그녀의 개인적 판단을 도운 요소는 '사회적 양심'이었다. 물질 지상주의 혹은 성공 지상주의에 매몰된 사회라면 그녀가 법조인이라 해도 아버지의 죄를 물을 만큼 양심적일 수 없었을지도 모른다.

왕이 말하였다. "의리와 이익의 구분은 오직 공(公)과 사(私)에 달려 있을 뿐이다. 임금은 매양 사사로움으로 공을 해칠까 염려하고, 학자는 늘 이익을 좇고 의리를 등지는 것을 탄식한다. 의리와 이익, 공과 사의 구분이 이토록 어려운 것인가?"

신(臣)은 대답했다. "신은 삼가 이렇게 생각해 보았습니다. 의리와 이익, 공과 사의 구분은 말하기가 어려운 것이 아니라 알기가 어려운 것이며, 알기가 어려운 것이 아니라 행하기가 어렵습니다."

18세기 문인 윤기1741~1826의《무명자집》중 '의리와 이익, 공과 사의 구분' 편에 나오는 내용이다. 공사 구분에 대하여 말로 떠벌이기가 얼마나 쉬운 일이며, 체득하기가 얼마나 어려운지 그 본질을 정확히 꿰뚫고 있다.

우리 현대사의 지도자들이 모두 도덕적 죽음을 맞은 것에 비하면 이순신 장군은 여전히 찬란하다. 명량해전에서 승리하고 나서 부하들은 모두 특진했지만 선조는 이순신을 승진에서 제외시켰다. 이순신은 이미 높은 벼슬을 받고 있어서 승진할 필요가 없다는 게 선조의 논리였다. 이순신은 그 순간에도 서운해하지 않고 나라를 구한 것으로 위안을 삼았다.

원균의 패배로 조선의 전력이 거의 전멸하고 일본이 승승장구하면서 서해바다로 진출하려고 할 무렵 선조는 이순신을 삼도수군통제사로 재임명한다. 자신의 지혜가 부족하다고 미안해하는 선조의 마음을 이순신은 이때도 말없이 받아들였다. 모함으로 인한 고초와 백의종군의 억울함을 생각했다면 도무지 받아들이지 못했겠지만 그는 선조의 명령을 받아들인다. 이순신이 모함을 받았을 때 "나는 사형이라 생각한다. 신하들은 어떻게 생각하는지 의논하라"고 했던 선조였다. 이순신이 우리에게 별처럼 빛나는 것은 이러한 선공후사先公後私를 실천한 정신 때문이다.

그런데 이 공사구분에 대한 문제는 사실 지도자에게만 적용되는 사안이 아닌 일반 시민들에게도 일상 속에서 적용될 수 있는 문제다. 지배층의 큰 거래가 동맥을 통한다면, 시민의 경우는 모세혈관을 통하는 정도의 차이일 것이다. 큰 길목을 틀어막은 동맥경화는 심장병이나 뇌경색을 일으키는 반면 우리 몸에서 유일한 물질교환 장소인 모세혈관이 막히면 산소와 영양이 운반되지 않아 암으로 이어진다. 이 둘은 시간 차이가 있을 뿐 결국에는 죽음으로 연결된다.

미 해병대 병장 출신인 다코타 마이어Dakota Meyer는 그린스버그라는 작은 시골 도시에서 건설회사 직원으로 일하고 있었다. 어느 날 백악관으로부터 전화가 걸려 왔다. 2년 전 아프가니스탄 전장에서 세운 공로를 치하하기 위해 미군 최고의 명예훈장을 주기로 결정했는데 대통령이 직접 통화하고 싶다는 내용이었다. 마이어는 지금 근무 중이라서 사적인 전화를 받을 수 없다고 했다. 비서는 마이어의 말을 그대로 대통령에게 보고했고, 결국 오바마 대통령은 점심시간까지 기다렸다가 통화를 했다. 그는 대통령과 통화하면서 대통령과 단둘이 맥주 한잔을 마시고 싶다는 소망을 전했다. 대통령은 흔쾌히 승낙했고 두 사람은 백악관 집무실 테라스에서 맥주를 마시며 이야기를 나누었다. 오바마 대통령도 영웅에 대한 진정한 예우를 마음에 담아 해주었음에 틀림없다. 명예훈장을 수여하는 사람도 그만큼의 명예를 갖고 있을 때 그 가치가 빛나기 마련이다.

그런데 다코타 마이어의 이야기는 여기서 끝나지 않았다. 그는 뉴욕 시 소방대원 지원 과정에서 특혜를 거절했다는 소식을 보내왔다.

그는 명예훈장을 받은 후 각종 기념행사에 참석하느라 그는 뉴욕 시 소방대원 모집에 마감일까지 신청서를 내지 못했다. 다시 지원하려면 4년을 기다려야만 했다. 그러자 그의 변호인이 시 당국에 소방대원 신청 기한을 하루만 연장해줄 것을 요청했고, 시 당국은 이를 받아들였다. 하지만 법원은 '온라인상에서 잠깐 동안 신청기한을 연장하는 것은 정보 접근성에서 뒤처진 흑인과 히스패닉 등에게 불리하게 작용할 수 있다'며 시 당국의 결정에 제동을 걸었다. 대신 법원은 마이어 씨의 사정을 감안해 '그에게만' 지원 기회를 줄 것을 결정했다. 뉴욕 소방당국도 법원의 결정을 받아들였다. 하지만 이번에는 마이어가 반대했다. 그는 자기만 기회를 얻는 것은 자신의 원칙과 양심에 배치되므로 4년 후에 소방대원 시험을 치르겠다며 시 당국의 배려를 정중히 거절했다.

아들이 집정관직을 수여받고 전쟁에 관련된 일을 돌보고 있을 때 아버지는 말에 올라탄 채 지켜보는 사람들을 지나 아들에게 향했다. 젊은 아들은 멀리서 다가오는 아버지의 모습을 보고 가만히 있지 않았다. 대신 수행원을 보내 집정관에게 볼일이 있다면 말에서 내려 걸어오라는 명령을 전하도록 했다. 아버지는 재빨리 말에서 내려 아들에게 뛰어가다시피 하더니 따뜻하게 껴안았다.

"아들아. 네 생각과 네 행동이 맞았다. 너는 민중이 너를 어떠한 관직에 앉혔으며 그 관직이 얼마나 귀한지도 잘 알고 있구나. 네 선조들과 네 부모는 바로 이런 정신으로 로마를 위대하게 만들었다. 부모와 자식보다 나라의 일을 앞에 두는 정신 말이다."

– 파비우스 막시무스 24절

파비우스Fabius Maximus, BC 280~203는 한니발이 이탈리아를 침략했을 때 섣부른 전쟁에 반대하고 지구전으로 로마를 구한 리더였다. 모두가 우왕좌왕할 때 그는 위기의 본질을 꿰뚫고 그에 맞는 전략을 세웠다. 멀리 원정을 나온 한니발이 군량 보급에 어려움을 겪을 것이라고 판단하고 시간을 끌며 전쟁을 미루는 우회 전략을 선택한 것이다. 로마 시민들과 병사들은 그의 전술에 불만을 드러냈다. 그때 오직 한 사람, 적장 한니발만이 그의 전략을 알아채고 결전을 서두르려 했다는 사실은 역설적이다. 파비우스의 전략은 '방어 우선주의'가 핵심이었기에 그는 '꾸물거리는 보수주의자'로 불렸다. 아마도 그의 지구전이 없었다면 이탈리아는 전쟁 초기에 천재 한니발에게 정복당했을 것이다.

파비우스의 증조부는 로마에서 명성과 영향력을 자랑하고 있었다. 다섯 번이나 집정관직에 올랐으며 개선 행진도 했지만 아들이 집정관일 때는 아들의 부하가 되어 출정했다. 훗날 개선 행진에서 아들이 말 네 마리가 끄는 전차를 타고 도시에 들어섰을 때 아버지는 나머지 수행원들과 똑같이 말을 타고 아들의 뒤를 따랐다. 그 사실을 오히려 자랑스럽게 여긴 것이다.

파비우스의 선한 성정은 세월과 함께 열매를 맺었을까? 아쉽게도 감정에 휘둘리지 않고 늘 신중하게 판단했던 그의 지혜로움은 노년에 빛을 잃고 말았다. 자기보다 마흔 살이나 어린 스키피오 아프리카누스의 명예와 인기를 질투해 스키피오를 모함할 정도였다. 외부의 적과 싸우는 대신 내부에 적을 만들어 싸우는 옹졸함을 보인 것이다.

그의 인성은 그의 명성이 정상에 오른 이후 내리막길을 걸었다. 그는 본성을 숨기고 관대한 척 위장하며 그동안 명성을 쌓았던 것이다. 그는 천성적으로 권력에 대한 욕구가 컸으며, 다른 사람의 명성과 인기에 대한 시기와 질투를 통제하지 못했다. 심지어 나중에는 자신에 대한 신격화마저 시도했을 정도였다.

노자는 지도자를 네 단계로 나누어 설명한다. 그가 말하는 가장 높은 단계는 부하가 봤을 때 그 존재는 인식하지만 특별히 훌륭하다거나 대단하다는 의식을 하지 않을 정도로 자연스러운 단계다. 두 번째는 부하가 존경하고 친근감을 느낄 수 있는 단계다. 세 번째는 부하가 두려워하는 단계이고, 부하에게 무시당하는 지휘자가 가장 낮은 단계이다. 노자의 분류에 적용하자면 파비우스는 계단을 올라간 지도자가 아니라 계단을 내려온 지도자였다.

초심을 끝까지 유지하는 지도자는 드물다. 그럼에도 시민들은 초지일관하는 리더를 기대한다. 예측 가능하고 한번 선언한 원칙에 대해 일관성을 보여주는 리더를 기대한다. 그 현실과 기대 사이의 차이가 곧 실망의 크기인 줄 알면서도 우리는 기대한다. 우리의 희망은 '이슬'(조창환)이다. 우리는 매일 밤 어둠을 끌어당겨 몸부림치고, 행복하게 쓰러진 풀밭에 질펀하게 이슬을 남긴다. 아침 해가 퍼지면 사라지는 행복일지라도 우리는 제 안의 물기 모두 품어 올려 이슬을 낸다.

이슬 내린 풀밭이라고 말한다, 사람들은

165
시민답게

이슬은 허공이 벗어놓은 옷, 허공이

풀어 놓은 살, 허공이 남겨 놓은

그늘인 줄 안다

아니다, 그렇지 않다

오늘 아침 맨발로 이슬을 밟을 때

풀밭이 진저리치며 흐느껴 운 흔적을 보았다

밤새 풀밭이 어둠을 끌어당겨

몸부림 친, 핏자국 같은 것

제 안의 물기 모두 품어 올려

적셔 놓은, 젖은 수건 같은 것

지친 눈물 자국 같은 것으로 풀밭은

쓰러져 있었다, 행복하게

쓰러진 풀밭에, 질펀하게, 번진

이슬 쓰다듬으며, 나는, 지상의 행복이란

모두 울다가 지친 흔적인 것을 알았다

아침 해가 퍼지기 전, 황급히

풀밭이 이슬을 거두는 시간

부끄러운 속내를 들킨 풀밭이, 민망하여, 제 손으로

제 얼굴을 감싸는 것을 보았다

7

Vae victis! 지는 자는 비참하다!

브렌누스는 황금 천 리브라를 가져오면 로마를 깨끗이 떠나겠다고 했다. 로마인들은

브렌누스가 제시한 조건에 서약하고 황금을 가지고 나와 무게를 재기 시작했다. 그런

데 갈리아 사람들이 처음에는 은밀히, 나중에는 노골적으로 저울의 균형을 흐트러뜨

렸다. 로마 사람들이 이에 격분하자 브렌누스는 비웃음과 함께 칼을 뽑더니 칼과 허리

띠를 비롯한 온갖 것들을 저울에 올려놓았다.

술피키우스가 물었다. "대체 뭘 하는 짓입니까?"

"뭘 하자는 짓이겠소? 패한 자만 억울한 거지." 이 말은 그 즉시 속담이 되었다.

— 카밀루스 28절

브렌누스가 내뱉은 말이 바로 "Vae victis!"였다. '패자에겐 비애뿐',
'지는 자는 비참하다'는 뜻이다. 기원전 390년 갈리아족의 브렌누스
가 로마를 점령하고 로마인들에게 일정 양의 금을 바치라고 하면서

부정하게 저울질을 했다. 이에 로마인들이 불평하자 '패자에게 불평할 권리는 없다'는 의미로 한 말이다.

혁명은 공포와 탐욕으로 만들어진다. 공포와 탐욕을 이겨낼 때 혁명은 완성되고 그 둘 중 어느 하나가 부족하면 반혁명으로 남는다. 공포는 혁명의 시작이지만 탐욕은 반혁명의 출발을 알리는 총성이다. 국민이 공포의 두려움을 극복하는 순간 독재자는 내려오지만, 저마다의 탐욕으로 싸울 때 독재자의 권력은 다른 얼굴로 복귀한다. 두려움은 공포를 낳아 단결을 머뭇거리게 하고 탐욕은 자신만을 바라보게 만들어 여태껏 자신과 연결되어 있던 단결의 끈을 마치 옷에서 삐져나온 하찮은 실밥쯤으로 보고 툭 잘라내기 때문이다.

절망의 밑바닥에서 죽기 직전에 찾게 되는 것은 희망밖에 없다. 그 희망이 연대로 이어졌다는 것을 그때 비로소 알게 된다. 피땀 흘려 올라간 정상에서 굴러떨어지는 것은 거기까지 올라온 연대의 끈을 탐욕이 끊어버렸기 때문이다. 유례가 없던 현직 대통령을 탄핵으로 끌어내리고 민주적 절차를 거쳐 새로운 지도자를 내세운 지금 정치권의 탐욕을 견제하는 연대를 이루어야 한다. 그 탐욕으로 인해 6월 항쟁도 열매 없는 비극 속에 빗물처럼 대지로 스며들었다. 산정山頂에서 그 짧은 시간을 조절하지 못했던 탐욕이 10년간의 추락으로 이어진 것이다.

지금의 혼돈은 경제발전 지상주의에 매몰된 민주주의가 숨 막혀 있다가 10년 만에 내뱉는 숨비소리인지 모른다. '강정바당'에서 해녀의 삶을 살았던 할머니를 보았기에 나는 그 숨비소리가 얼마나 큰 고

168
시민의 품격, 국가의 품격

통인지를 안다. 최고의 기량을 지닌 상군 해녀들은, 심지어 찬바람이 회오리처럼 소리 내며 불어오는 겨울 바다에서도 20미터 물밑으로 잠수해서 2분 이상 동안 숨을 참으면서 '물질'을 한다. 그 물질을 평생 이어올 수 있었던 것은 숨이 거의 끊길 시점에 보게 된 전복을 포기하고 올라온 절제였을 것이다. 참을 수 없는 탐욕은 죽음인 것을 알기 때문이다. 하지만 이것이 전혀 불가능한 일은 아니다. 전복은 여전히 그 자리에 있다. 그 자리만 기억한다면 다시 찾을 수 있다.

작은 승리를 반복할 때 소박한 행복이 이루어지는데, 우리는 탐욕으로 인해 큰 실패를 반복하는 사회에 살고 있다. 따라서 탄핵이라는 혁명 이후의 선택이 중요하다. 절망을 딛고 올라온 국민이 정상에 상주하려는 정치의 탐욕을 끌어내지 않으면 그로 인한 비극은 오로지 국민의 몫으로 돌아오기 때문이다.

자신의 회사에서 일하는 탱크로리 기사가 고용승계를 요구하면서 1인 시위를 했다고 한 대당 100만 원의 맷값을 제시하며 야구방망이로 폭행하고, 회삿돈으로 2천만 원을 주었다는 소식이야말로 'Vae victis!'의 완벽한 예라고 할 수 있다. 하나는 폭력의 야만성 그 자체에서 그렇고 또 하나는 우리 언론의 수준에서 그렇다. 폭행을 당한 기사가 명백한 폭행 피해 사진을 여러 언론사에 제보했지만 한 달이 넘도록 그 어떤 언론사도 그의 말에 귀를 기울여주지 않았다고 한다. 우리나라 언론들이 광고수입을 얻기 위해 자기검열을 했기 때문이다. 사법당국도 처음에는 조사도 하지 않다가 언론과 여론에서 논란이 되자 뒤늦게 수사하고 재판에 넘겼다. 그 후 1심 재판에서 고작 1

년 6월의 징역형을 선고했다가 그마저도 항소심에서는 집행유예를 선고했다. 재판부는 그가 받은 사회적 비난을 감형 사유로 들었다. 놀라울 따름이다.

매를 돈으로 쳐주는 사건에서도 교훈을 못 얻었는지 'Vae victis!'의 예는 줄줄이 이어졌다. '라면상무'와 '땅콩 회항'은 긴 시간 차를 두고 벌어진 별개의 사건인데도 이상한 방식으로 연결되어 있다. 마지 썩은 과일이 옆에 있는 과일로 시간 차를 두고 곰팡이균을 옮기는 것처럼. LA행 항공기 비즈니스석에서 포스코 에너지 상무가 '라면을 제대로 끓여오지 않았다'는 이유로 기내 승무원을 폭행한 사건이 발생하자 대한항공 조현아 부사장은 사내 게시판에 다음과 같이 글을 올렸다.

"폭행 현장에 있었던 승무원이 겪었을 당혹감과 수치심이 얼마나 컸을지 안타깝다. 그러나 고무적인 사실은 이번 일을 계기로 승무원들의 업무에 대한 사회적인 이해와 위로를 받았고, 아울러 기내 폭행은 절대 있어서는 안 된다는 사회적 계몽효과를 보았다. 이 기회를 통해 승무원의 업무를 방해하는 행위를 처벌할 수 있는 법률 조항도 마련될 것이며, 앞으로도 항공기의 안전이나 운항을 저해하는 행위에 대해서는 어떠한 상황에서도 규정과 절차에 따라 일관된 서비스를 제공한다면 우리의 노력은 정당하게 인정받을 것이다."

그러나 그로부터 1년 반이 지난 시점에 조현아 부사장은 자기 자신에게는 다른 저울을 사용했다. 뉴욕발 인천행 항공기에서 승무원이 견과류 '마카다미아'를 봉지째 내온다고 질책하며 사무장을 비행기에서 내리게 하고 항공기를 회항시켜 연착의 원인을 제공했다.

앞에서 예로 든 '맷값'과 '땅콩' 사건은 'Vae victis!'라는 말을 입에 달고 사는 자들의 본질을 교과서처럼 보여주었다. 동시에 우리 사회가 얼마나 허술하게 조직되어 있는지를 보여준다. 나는 이런 사건을 대할 때마다 우리가 받는 고통이 무익無益하다는 사실에 분노한다. 이는 나름의 받을 만한 가치가 있는 고통이 전혀 아니라는 데서 오는 분노이다. 그들의 '반혁명적' 태도가 어디에서 시작하고 어디에서 끝나는지 알 수 없는 미로처럼 우리를 둘러싸고 있다는 사실에 나는 분노한다. 그러나 지금 우리의 현실에서 벌어지고 있는 일을 인정할 수밖에 없다. 고치는 건 오로지 약자들의 몫이다.

오늘도 우리의 일상은 반복된다. 싸움을 시작하기도 전에 이미 승자와 패자가 정해진 싸움을 하기 위해 사각의 링 안으로 떠밀려 들어가는 사람들이 너무나 많다. 맨손으로 올라간 그들 앞에는 칼을 든 브렌누스가 앉아 있다. 그는 링 중앙에 놓인 의자에 앉아 칼을 흔들며 시선만 내리깔 뿐 일어설 생각조차 하지 않는다. 경기 규칙을 벗어났지만 그에게 문제 삼는 관중은 없다. 일어서지 않아도 이길 수 있는 싸움이다. 하지만 '정해진 패자'는 싸워야 한다. 싸워서 패하지 않으면 대전료도 못 받기 때문이다. 양팔을 들어 올려 얼굴을 보호할 생각도 못하고 다만 저 칼날에도 자비가 있을지 모른다는 생각을 헛되이 하며 앞으로 멈칫멈칫 나아갈 뿐이다. 패배에는 이미 익숙해졌다.

하필 그때 왜 톰 웨이츠Tom Waits의 '미네아폴리스의 창녀에게서 온 크리스마스 카드Christmas card from a Hooker in Minneapolis'의 멜로디가 그를 스쳐갔을까. 담배연기 자욱한 좁은 여관방에서 술에 취한 절망이 부르는 가장 서글픈 캐롤이어서 그랬을까.

이봐요 찰리, 나 임신했어요.

지금은 9번가 유클리드 변두리 지저분한 서점 위층에서 살아요.

마약도 끊었고 위스키도 안 마셔요.

우리 그이는 트롬본도 불고 운동도 열심히 하는 사람이에요

그이는 날 사랑한대요

비록 자기 아이는 아니지만 친자식처럼 키우겠대요

그이 어머니가 준 반지도 내게 줬고요

매주 토요일 밤이면 날 데리고 춤추러 가요

찰리, 주유소를 지날 때면 늘 당신 생각이나요

당신이 머리에 바르곤 하던 그 머릿기름 때문이겠죠

난 아직도 리틀 안소니 & 더 임페리얼스 레코드를 가지고 있는데

누가 내 레코드 플레이어를 훔쳐갔지 뭐예요.

당신은 아직도 그 음악 좋아할까요?

이봐요 찰리, 마리오가 잡혀갔을 때는 거의 미칠 뻔했어요

그래서 고향 사람들과 함께 살아볼까 하고 오마하로 돌아갔었죠

근데 내가 알던 사람들은 전부 죽거나 감옥에 갔더군요

그래서 다시 미네아폴리스로 돌아온 거예요

찰리, 사고 이후 난 처음으로 행복한 기분이에요

약 사느라 써버린 그 돈들, 다 가지고 있었다면 얼마나 좋을까요?

그렇다면 지금쯤 중고차 매장을 하나 사서 한 대도 팔지 않고

매일매일 그날 기분에 따라 다른 차들을 몰고 다녔을 텐데

찰리, 세상에나, 진실은 말이죠……

사실은 나 남편 따위 없어요. 트롬본을 불 리도 없고요

사실 나 변호사 살 돈이 필요하거든요

잘하면 이번에는 가석방될 수 있을지 몰라요

이번 밸런타인데이에는 제발 와주세요……

　이 땅에는 사계절 내내 모든 날들을 겨울처럼 살아가는 사람들이 많다. 분명 오늘도 그들 중 누군가는 꽁꽁 언 손으로 우리에게 한 장의 카드를 쓰고 있을 것이나. 수취인 불명으로 되돌아올지도 모르고 우편함에서 꺼내자마자 쓰레기통에 던져질지도 모르는 편지를. 살아가는 동안 우리를 억압하는 모든 것을 수레바퀴에 비유한 헤르만 헤세Herman Hesse의 생각을 차용하자면, 수레바퀴는 언제 어디서든 우리를 향해 굴러온다. 그 수레바퀴 아래 깔릴 것인가, 아니면 그것을 피할 것인가 하는 선택은 오로지 우리의 몫이다. 하지만 혼자서 결정을 내리지 못했다고 해서 불안에 떨 일만도 아니다. 혼자인 내가

혼자인 그대에게 손을 건넬 것이다.

　영화 〈닥터 지바고〉를 본 이후로 내 마음에 깊게 뿌리내린, 지금 내가 살고 있는 강원도에서 흔히 볼 수 있는 자작나무는 스스로 아래쪽 가지를 잘라내며 하늘 위로 자신의 키를 높여간다. 자작나무의 하얀 표피는 그 아픔의 흔적인 셈이다. 도종환의 시 '자작나무'는 우리에게 숲이 되라고 말한다. 더 아름다운 나무가 되라고 한다.

자작나무처럼 나도 추운 데서 자랐다

자작나무처럼 나도 맑지만 창백한 모습이었다

자작나무처럼 나도 꽃은 제대로 피우지 못하면서

꿈의 키만 높게 키웠다

내가 자라던 곳에는 어려서부터 바람이 차게 불고

나이 들어서도 눈보라 심했다

그러나 눈보라 북서풍 아니었다면

곧고 맑은 나무로 자라지 못했을 것이다

단단하면서도 유연한 몸짓 지니지 못했을 것이다

외롭고 깊은 곳에 살면서도

혼자 있을 때보다 숲이 되어 있을 때

더 아름다운 나무가 되지 못했을 것이다

8

오만과 **편견이** 배신을 부른다

그는 정치가가 가져야 할 가장 중요한 덕목. 즉 이성과 수양을 통해서 얻어지는 위엄

과 관용을 갖추지 못했다. 공직을 맡은 사람은 무엇보다 플라톤이 '고독의 동지'라고

불렀던 아집을 피해야 하는데도 그는 이를 알지 못했다.

– 코리올라누스 15절

《플루타르코스 영웅전》에서 배신의 상징으로 등장하는 두 명의 인물이 알키비아데스와 코리올라누스다. 알키비아데스가 명성에 집착한 그의 허영심으로 인해 비참한 최후를 맞았다면 코리올라누스는 순수하지만 오만한 태도 때문에 무너져 내렸다. 그런데 코리올라누스의 배신에 더 극적인 요소가 많아서인지 그를 불러낸 영화가 많다. 모건 프리먼1979년과 앨런 하워드1984년가 코리올라누스의 고통과 분노를 영화 속에 녹여냈으며, 2011년에는 랄프 파인즈 감독이 셰

익스피어의 《코리올라누스》를 영화로 만들기도 했다. 그리고 2012년 영국에서 톰 히들스턴의 연기로 큰 인기를 끌었던 연극 〈코리올라누스〉는 영화기법으로 촬영되어 NT Live National Theater Live로 상영되고 있다.

코리올라누스의 원래 이름은 가이우스 마르키우스 Gaius Marcius로 코리올리 Corioli 지역에서 볼스키족의 무릎을 꿇리면서 '코리올라누스 코리올리의 정복자'로 불리게 되었다. 그는 뛰어난 장군이었지만 시민들에게는 인기가 없었다. 그는 욱하는 성격을 억누를 만한 자제력이 없었고, 시민들 앞에서 자신의 오만함을 숨기지도 않았다. 그는 바로 이 오만함으로 인해 그는 스스로를 태우고 말았다. 어쩌면 극성스러운 어머니의 보살핌과 어린 시절부터 전쟁에 참가하여 받은 명예가 평생의 족쇄였는지도 모른다.

코리올라누스는 로마의 명문가 출신으로 귀족세력을 대표하는 초강경 보수파의 대표자였는데, 평민의 권리를 보호하기 위해 호민관 제도가 만들어지고 시행되는 것을 못마땅하게 여겼다. 그는 나라의 번영을 위한 경쟁에서 귀족이 민중과 겨루어 이겨야 한다고 생각했다. 민중은 이기적인 판단을 앞세우고 우매한 집단 심리에 사로잡혀 있어서 그들에게 나라의 미래를 맡길 수 없다고 주장했다. 그는 또한 귀족이 권력이 아닌 용기에 기대어 민중을 압도해야 한다고 주장했고 이를 몸소 실천에 옮겼다. 그런 그가 로마 최고의 공직인 집정관 후보로 나서게 되었다.

민중은 선거 당일 그가 귀족들과 함께 위풍당당하게 포룸 Forum으로 들어가는 모습을 보면서 증오와 시기, 그리고 자유를 빼앗길지 모른다는 두려움에 휩싸였다. 물론 그 뒤에는 민중을 선동하는 호민관들이 있었다. 그들은 평소 자신들을 무시하고 귀족의 입장을 대변하던 강경 보수파인 코리올라누스가 마음에 들지 않았다. 결국 그는 로마에서 추방형을 받는다. 막상 자신에게 심정적 동의를 보내던 민중의 마음이 이처럼 조변석개朝變夕改하자 그는 격정적인 본성을 더 이상 숨기지 못했다. '고독의 동지인 아집'과 함께할 때 만족이 없는 것은 당연했다. 교만은 고집으로, 배신으로, 증오로 이어지고 본능은 그에게 속삭였다.

"떠나라. 다른 곳에도 세상은 있다."

로마에서 추방된 코리올라누스는 원수들의 도시로 들어갔다. 그는 며칠 후, 볼스키족을 이끌고 로마로 쳐들어왔다. 귀족과 민중이 서로를 증오하며 자중지란自中之亂 상태에 놓여 있던 로마는 그들을 대적할 수가 없었다. 오랜 친구와 동료들이 코리올라누스를 설득하러 왔지만 소용없었다. 마지막으로 그의 어머니와 아내와 어린 아들이 호소하자 코리올라누스는 로마를 치지 않고 평화조약을 맺고 돌아갔다. 얼마 후 코리올라누스는 불만을 품은 볼스키족 사람들에게 살해당했다. 코리올라누스의 운명은 셰익스피어의 표현대로였다.

분노는 나의 힘, 나는 분노를 나의 식사로 삼았으나

그것은 먹으면 먹을수록 더 나를 배고프게 한다.

플루타르코스가 로마를 대표하는 웅변가 키케로와 짝을 지어 비교한 사람은 그리스의 데모스테네스다. 데모스테네스에게는 동시대, 같은 공간에서 명성을 두고 다툰 데마데스라는 또 한 명의 연설가가 있었다. 데모스테네스가 준비된 연설의 대가였다면 데마데스는 즉석연설의 대가였고 당대의 평판도 데모스테네스를 능가했다. '도시의 명성에 걸맞은' 데모스테네스와 '도시의 명성을 뛰어넘은' 데마데스에게 시대는 그들의 자질을 놓고 시험했다. 그리스 북부에서 세력을 키워나가던 마케도니아가 아테네를 위협해 들어온 것이다. 둘 다 전장에 나가 싸웠지만 아테네는 마케도니아에 패하고 말았다.

이 패배라는 시련을 두고 데모스테네스와 데마데스의 운명이 엇갈렸다. 데모스테네스는 권력의 유혹을 뿌리치고 기회를 노리면서 수시로 마케도니아를 공격하는 연설을 했지만 데마데스는 필리포스 왕에게 복종하여 아테네 시민들에게 그를 따르도록 설득하고 다녔다. 한마디로 적국을 위한 부역행위를 한 것이다. 데모스테네스는 알렉산드로스 왕이 죽고 나서 마케도니아에 대한 대대적인 반란에 참여했다가 발각되자 자살한다. 한편 데마데스는 마케도니아 사람들에게 비열하게 아첨했으나 결국 그들의 손에 아들과 함께 죽임을 당한다. 후대에 전해진 역사의 승자는 당연히 자신의 말을 지키고 대의를 좇았던 데모스테네스였다. 데마데스의 명성을 앗아간 것은 다름 아닌 자신의 배신이었다.

그는 극도의 불행 속에 다다르고서야 "반역자는 나라를 팔아먹기 전에 자기 자신의 양심을 팔아먹는다"라는 플루타르코스의 경고를 깨달았을 것이다. 플루타르코스는 사람의 본성은 좀처럼 변하지 않는다고 믿었다. 너그럽고 고귀한 본성도 수양이 부족하면 농부의 손길이 닿지 않은 땅과 같고 그 땅에는 쓸모없는 것들 또한 많이 자라게 되는 이치와 같다고 했다. 사실 알키비아데스나 코리올라누스의 삶에서 도드라졌던 허영심과 오만은 깊숙이 들여다보면 우리에게도 심겨 있는 씨앗이다. 국가를 경영한다는 자부심으로 똘똘 뭉친 저 위의 엘리트들에게만 있는 본성이 아니다. 대한민국 국민으로 산다는 것은 어쩌면 하루에도 수십 번 분노의 강을 건너는 일이다. 성취를 강요하는 교육에서부터 '느린 삶slow life'은 곧 실패라는 사회의 시선에 이르기까지 사회의 심장을 지옥의 추가 흔들고 있다고 해도 과언이 아니다.

자신을 나락으로 떨어뜨린 인간들에 대한 배신을 떠올리고 복수를 계획하는 배후에는 어떤 감정이 버티고 있을까. 나는 오만과 편견이라고 생각한다. 제인 오스틴의 소설《오만과 편견》은 그녀만의 독특하고 매력적인 낱말 풀이로도 돋보이는 소설이다. 자만심은 우리의 의견과 연관된 것이고, 허영심은 타인이 생각하는 우리의 모습과 관련된 것이라는 그녀의 정의에 나는 동의한다. 코리올라누스는 스스로 무너졌고, 알키비아데스는 남들의 시선에 집착하다가 무너졌다는 대입도 가능하다. 이런 뜻풀이는 2005년 조 라이트Joe Wright 감독이 이 소설을 스크린에 옮겨놓으면서 더욱 세련된 옷으로 갈아입고 나타났다.

편견은 내가 다른 사람을 사랑하지 못하게 하고,

오만은 다른 사람이 나를 사랑할 수 없게 만든다.

사실 편견과 오만은 사랑이 형성되는 과정에만 한정되는 게 아니라 우리 생활 전반에 스며들어 있다. 보수와 진보 간 이념 대립과 세대 간 갈등이 심화되고 있는 우리의 현실에서 편견과 오만으로 인한 문제는 해결하기가 쉽지 않고 불어난 강물 위를 지나는 듯 위험해 보일 뿐이다.

받는 것이 많으면 지킬 것이 많아지고 거기에서 배신과 변절의 드라마가 시작된다. 받는 사랑이 많아지면 '내가 아니면 안 된다'라는 오만이, 받는 미움이 많아지면 대중의 무지함 때문이라는 편견이 마음 깊은 곳에서 좌우를 넘나들며 무게를 재기 시작한다. 오만이 상처를 입을 때마다, 편견에 가속이 붙을 때마다 사람들은 공감 능력을 상실하고 원수들의 도시로 들어간다. 그러나 대한민국의 보수는 지켜야 할 전통의 가치가 무엇인지도 모른 채 여전히 돈에 매몰되어 있고, 진보는 나아가야 할 방향이 어디인지를 두고 서로 싸우고 있을 뿐이다.

신념은 물과 얼음과 수증기의 얼굴로 나타난다. 물이 먼저인지 얼음이 먼저인지는 중요하지 않다. 물이 좋은지 얼음이 좋은지도 중요하지 않다. 다만 얼음이었다가 물로, 물이었다가 얼음으로 변하는 경우와 아예 한 번도 물과 얼음인 적 없이 오로지 수증기의 형태로 물과 얼음 위에 아른거리는 기회주의자로 나뉠 뿐이다. 얼음과 물 사이의 변신은 고체와 액체를 구분할 수 있을 정도로 눈에 띄지만 물 위 또는 얼음 위의 수증기는 바람에 실려 두루 존재한다. 권력을 얻는 순간 괴물로 길들여지는 사람들을 수없이 보아온 터다. 자신까지도 깜빡 속이는 그대여, 한혜영의 '본색을 들키다'를 한번 보라. 세상은 온통 염전이다.

화학비료로 키운 비트는
굵은소금을 뿌려 보면 대번에 안다
붉은 물이 빠지면 가짜다

굵은소금 한 주먹
나도 본색을 들킨 적이 있다
사랑이 가짜라는 사실에
당황, 붉은 물
뚝뚝 흘리며 달아난 적이 있다

자신까지도 깜빡 속이던
색의 정체를 다 알아버린 인생이라면

너무 재미없지 않나?

행복한 한때라고

단단히 믿는 그대여 조심하시라

사방이 염전이다

9

여인의 **지혜**, 딸과 아내와 **어머니**의 이름으로

자크 루이 다비드Jacques-Louis David, 1748~1825의 그림 〈전투를 말리는 사비니족 여인들〉은 강렬하다. 두 진영 사이에 서서 양팔을 벌리고 서 있는 여인을 보며 나의 '생각 없음'을 돌아본다. 여인의 양팔은 싸움을 말리는 평화인데 남자의 양팔은 여태껏 치고받는 무기였음을 비로소 깨달았기 때문이다. '시대를 구원하는 영웅'과 '사사로운 존재'로서의 남성과 여성이 전통이었던 시기에 이 그림은 파격적 이탈이다. 여성이 '화해와 평화의 가치'를 드러내고 있기 때문이다. 《플루타르코스 영웅전》에는 이러한 중재자로서의 가치를 보여주는 여성이 두 명 등장한다. 로물루스의 아내 헤르실리아와 레오니다스의 딸이자 클레옴브로토스의 아내인 킬로니스다. 그들이 보여준 지혜의 가치는 모두 유려한 말로 표현되었다.

헤르실리아는 로마의 전설적인 건국자 로물루스와 결혼한 사비니 여인이다. 로물루스는 새로 건설한 도시를 채울 사람들이 부족해지자 노예든 부랑자든 시민이 되기를 원하는 모든 사람을 로마 시민으로 받아들였다. 그런데 인구는 불어났지만 여자가 턱없이 부족했다. 남자들의 원성이 높아지자 로물루스는 이웃한 사비니족의 여인들을 약탈해 올 계획을 세운다. 축제를 열고 사비니족 사람들을 초청해 남성들을 만취하게 하고는 여인들을 강탈한 것이다. 로물루스는 헤르실리아라는 여인을 아내로 삼았다.

사비니족은 그 후 3년 동안 와신상담하며 철저하게 복수를 준비한 끝에 로마로 쳐들어왔다. 그들이 전투를 재개하려는 찰나 로마에 빼앗긴 사비니족의 딸들이 온 사방에서 울며불며 달려 나왔다. 갑작스러운 상황 변화에 양쪽 군대는 여인들에게 자리를 내어주고 뒤로 물러섰다. 줄지어 선 병사들 사이로 비통함이 흘렀고, 그때 헤르실리아가 여인들의 심정을 토로했다.

"저희가 도대체 여러분께 무슨 잘못을 하고 해를 입혔기에 지금 이와 같이 끔찍한 불행을 겪어야 합니까? 저희는 저희 지아비들의 손에 한때 난폭하게, 마구잡이로 끌려왔습니다. 그러나 그렇게 끌려왔음에도 동생들과 오라버니, 아버지, 집안 어르신들은 저희를 외면하셨고 어느새 세월은 저희가 극도로 혐오했던 이들을, 그 무엇보다도 강한 끈으로 저희와 엮어놓았습니다. 저희 지아비가 전장으로 가면 저희는 걱정이 앞서고, 죽임을 당하면 애통합니다. 저희를 빼앗아 간 자들을, 저희가 처녀일 적에 앙갚음하시지 않고 이제 와서 지어미를 지아비로부터, 어미를 자식으로부터 떼어놓으려고 하시니, 이런 식으로 이 비참한 여인들을 구원하려 하심은 과거에 저희를 외면하고 버리신 것보다 더 기가 막힌 일입니다. 저희가 여기서 받은 사랑이 그 정도이고, 여러분께서 저희에게 보여주신 동정심이 그 정도입니다. 만약 다른 이유로 싸우고 있다고 해도 저희를 위하여 그만두시는 것이 옳습니다. 어느새 다들 장인어른, 친할아버지가 되셨고 적군들 가운데는 사돈 집안 분들도 계실 테니 말입니다. 허나 만약 이 전쟁이 저희 때문이라면 저희를, 사위와 아이들과 함께 데려가셔서 저희 아버지와 집안사람들에게 돌려보내시되, 저희 아이들과 남편을 빼앗아 가지는 말아주세요. 제발 애원하니 저희를 또다시 포로로 만들지 말아주세요."

– 로물루스 19절

헤르실리아의 간청과 다른 여인들의 애원에 결국 휴전이 선포되고 지도자들이 회담을 했다. 여인들은 자신이 집안의 안주인으로 인정받고 있음을, 남편의 섬김과 마음에서 우러난 존중을 받고 있음을 증언했다. 이에 따라 원하는 여인은 계속해서 남편과 살 수 있도록 하자는 합의가 이루어졌다. 이어서 로마 사람들의 도시에서 사비니 족이 함께 살기로 합의했으며, 왕위와 군대의 지휘권을 나눠 갖는 데에도 동의했다.

레오니다스의 딸 킬로니스는 부친이 어려울 때는 착한 딸로서 함께했으며 아내의 도움이 가장 절실하게 요구될 때는 남편과 함께했다. 그녀는 자기에게 유익한 사람 편에 서기보다는 자신의 도움을 필요로 하는 사람에게 힘을 빌려주는 미덕을 보여준 여인이었다. 킬로니스가 아버지인 레오니다스에게 자신의 처지를 호소하는 내용을 이해하기 위해서는 그녀의 남편 클레옴브로토스를 포함한 세 사람의 관계를 알 필요가 있다.

뤼산드로스가 에포로스임기 1년의 스파르타 관리로 왕을 견제하는 역할직을 유지하고 있을 때였다. 그는 부유층을 대변하던 레오니다스 왕을 고발하는 동시에 왕의 사위인 클레옴브로토스를 설득해 왕위에 오르도록 부추겼다. 그러자 레오니다스는 겁을 집어먹고 신변이 보호되는 탄원자로서 아테네 신전을 찾았다. 레오니다스의 딸인 킬로니스도 남편 클레옴브로토스를 버리고 아버지와 함께 탄원자가 되었다. 결국, 레오니다스는 법정에 출두하지 않아 폐위되었고 사위가 왕위에 올랐다. 바로 이 시점에서 뤼산드로스의 임기가 끝났다.

새로이 에포로스가 된 아게실라오스의 만행이 끝도 없이 이어지자 사람들은 위험을 무릅쓰고 레오니다스를 스파르타로 데려와 왕권을 행사하도록 했다. 아게실라오스는 추방되었고 위험을 느낀 클레옴브로토스는 포세이돈 신전에 탄원자로 갔다. 레오니다스는 군대를 이끌고 사위를 찾아가 장인의 왕권을 빼앗고 추방했다며 비난했다. 사위는 말없이 듣기만 했다. 그러나 이번에는 레오니다스의 딸 킬로니스가 남편의 곁을 지켰다. 킬로니스는 양옆에 두 아이를 두고 두 팔로 남편을 껴안았다. 흐트러진 옷과 머리를 매만지며 킬로니스가 말했다.

"아버지, 제가 이런 차림을 하고 이런 모습을 한 이유는 남편을 동정하기 때문이 아닙니다. 아버지께서 슬픈 일을 겪고 나라에서 쫓겨나셨을 때부터 아픔은 흔들리지 않는 제 친구이자 동행이었습니다. 이제 아버지께서 스파르타 왕이 되셨고 적을 물리치셨

으니 제가 이런 꼴로 계속 살아야 하겠습니까? 아니면 왕족으로서 눈부시게 성장(盛

裝)을 한 채 젊었던 시절의 지아비가 아버지의 손에 죽는 모습을 보아야 하겠습니까?

제 남편이 처자식의 눈물을 이용해 아버지를 설득하고 아버지의 마음을 돌릴 수 없다

면, 사악한 계략을 꾸민 벌로 아버지께서 바라는 것보다 더 심각한 대가를 치르게 될

것입니다. 사랑하는 아내가 자신보다 먼저 죽는 꼴을 보게 될 테니까요. 남편의 마음

도 아버지의 마음도 움직이지 못한 여인이 살아서 다른 여인들을 볼 낯이 있겠습니

까? 저는 아내로서 딸로서 곁에 있는 사랑하는 남자들의 불행과 불명예를 나누고자

태어났습니다. 남편이 합당한 이유가 있어 죄를 범했다 할지라도 전 아버지 편을 들고

남편을 단죄함으로써 변명할 기회를 주지 않았습니다. 그러나 왕권이 자식을 무시하

고 사위를 죽여가면서까지 가져야 하는 중요한 것임을 아버지께서 세상 앞에 보인다

면 오히려 사위에게 손쉬운 변명의 기회를 주시는 셈입니다."

- 아기스 17절

    결혼하고 2년쯤 되었을 무렵 독일의 통일과 소련의 해체로 인해
공부를 중단하고 갑자기 고향으로 돌아오게 된 상황에서 우리 부부
는 할머니와 함께 살게 되었다. 나는 종손이라는 이유만으로 어렸을
때부터 할머니의 사랑과 배려를 다른 형제들보다 더 많이 받고 있었
다. 함께 산 지 며칠 되지 않은 날로 기억한다. 저녁 식사를 마치고
설거지를 하고 있는데 할머니가 못마땅하셨는지 "남자가 설거지하
는 거 아니다"라고 낮은 목소리로 말씀하셨다. 아내는 중간에서 난
처한 얼굴을 한 채 아무 소리도 못하고 있었다. 나는 할머니께 말씀
드렸다. "할머니, 옛날에는 할머니가 저를 보살펴주셨지만 지금은

저희가 할머니를 모시고 삽니다. 그러니 이제는 우리의 방식을 인정해주셔야 합니다. 그동안 제가 할머니한테 느꼈던 고마운 마음으로 할머니를 모실 테니까 우리더러 이래라저래라 간섭하지 마시고 저희의 뜻을 헤아려주셨으면 좋겠습니다." 지금 생각해보면 어린 손자의 무례가 할머니의 마음을 아프게 했을 것 같다는 생각이 든다.

얼마 전 나는 아내가 성당 친구들에게 할머니에 관해 하는 말을 옆에서 우연히 듣게 되었다. "5년 전에 돌아가셨지만 지금도 가끔씩 시할머니가 대단하게, 그리고 고맙게 느껴지는 게 있어요. 내가 동서랑 얘기를 나누든 남편이랑 얘기를 나누든 단 한 번도 우리의 이야기 중간에 끼어드는 법이 없으셨어요. 그냥 당신이 하시던 일을 하시면서 옆에서 묵묵히 듣기만 하셨어요. 이제는 내가 늙으면 그렇게 살아야지, 하고 생각하게 돼요."

사막을 건너는 낙타의 흔한 상징처럼
여자는 그 상징을 느낀다. 바라본다.
여자의 가슴에서 쏟아져 내리는 모래가 산을 이루고
여자의 발자국은 지워진다.
모래 바람이 분다.
등에 혹을 지니지 못한 여자의 꿈은
기름진 음식이 아니다.
모래바람을 적실 물이다.
가슴속 끓는 물은 조용한 노랫소리를 낸다.

싸우는 자들은 결코 물을 나눠 마시지 않는다.

서로 긴다는 자들이 나눠 마시는 한 잔의 물

문득 여자의 눈에도 맑은 물이 고인다.

그것은 우리를 살아내게 하는 힘.

정은숙 시인의 '낙타에게 길 묻기'다. 그동안 남자로서 내가 준비한 건 물과 기름이었다. 그것은 서로에게 상극일 뿐만 아니라 내 안에서도 달갑지 않은 소리를 만들었다. 싸우지 않으면서도 한 잔의 물을 나누어 마시지 못한다면, 한 잔의 물을 나누어 마시면서도 서로를 견딜 수 없다면, 그 한 잔의 물은 사막을 건너게 하는 힘이 아니라는 것을 체득하기까지도 세월이 걸렸다.

10

거짓된 **희망**을 포기한 자가 **자유**롭다

생각이 없고 고민하지 않는 사람은 자신에게 벌어지는 모든 일들이 시간이 갈수록 사라지게 내버려둔다. 어떤 것도 쥐고 있거나 보관하고 있지 않기 때문에 축복을 받은 기억은 없고 희망으로만 가득하며 현재를 무시하고 앞일만을 본다. 그러나 미래는 운명의 여신이 앗아갈 수 있는 반면 현재는 그럴 수 없다. 그럼에도 이런 사람들은 운명이 준 현재의 선물을 마치 자신과 상관없는 듯 제쳐놓고 미래와 미래의 불확실성을 꿈꾼다. 이것은 당연한 일이다. 이성과 교육을 통해 어떤 토대나 기초를 쌓기 이전에 물질적 축복을 축적하기 때문에 영혼의 채워지지 않는 욕구를 만족시킬 수 없는 것이다.

– 가이우스 마리우스 46절

플루타르코스는 사람들이 불확실한 미래를 꿈꾸는 이유는 '비현실적 낙관주의'와 이성과 교육이라는 토대가 없기 때문이라고 말한다. 그는 물질적 축복을 쌓는 것으로는 영혼의 욕망을 채울 수 없다고 단언한다. 이미 2천 년 전에 간파되었던 이 진실은 왜 우리 곁에서 나무로, 숲으로 크지 못했을까. '이성'은 왜 우리 교육에서 배제되었을까. 이성은 교양의 시작이기 때문에 반드시 포함되어야 하는데도 우리는 오히려 그런 이유로 교육에서 배제했다. 이는 국가권력이 이성적인 국민을 통치할 능력이 없음을 스스로 고백한 것이나 다름없다. 교양을 교육한다는 것은 개인으로 하여금 정신적 홀로서기를 통해 보편적 인간성을 발휘하도록 격려하는 것이다. 즉, 개인의 사사로운 관심에만 머물지 않고 주변 사회와 환경에 대해 이성적으로 판단하고 자신의 고유한 태도를 지니도록 돕는 것이다.

스탁데일의 역설 Stockdale paradox. 짐 콜린스가 《좋은 기업을 넘어 위대한 기업으로》에서 사용한 용어다. 스탁데일 장군은 수용소에 갇혀 있는 8년 동안 많은 고문을 당했다. 그런데 전쟁이 끝난 뒤 신기하게도 그의 휘하에 있던 포로들은 거의 죽지 않았고, 바로 옆에 있던 다른 수용소에서는 많은 사람이 죽었다.

포로들이 많이 죽은 수용소의 지도자는 매번 낙관적인 다짐을 했다. 그는 "이번 크리스마스에는 반드시 이곳을 나갈 수 있다"고 희망을 심어주며 부하들을 격려했다. 크리스마스가 지나면 "부활절까지는 나갈 거야" 하고 말했다. 부활절이 지나면 추수감사절, 그 다음에는 다시 크리스마스를 고대하게 만들었다. 그러나 이 약속들은 실현되지 않았고, 포로들은 크게 실망한 나머지 삶을 포기하거나 무리하게 탈주하다 사살되었다.

반면 스탁데일 장군은 포로들에게 거짓된 희망을 주지 않았다. 대신 "우리가 이곳에서 언제 나갈지는 모른다. 그러나 이곳을 나가는 그날까지 희망을 잃지 말고, 반드시 건강하게 살아서 버티자"고 말했다. 비현실적 낙관주의자는 거짓된 희망 때문에 죽었지만, 희망을 잃지 않는 동시에 눈앞에 닥친 현실 속 가장 냉혹한 사실을 직시한 현실적 낙관주의자는 살아남았다. "우리는 크리스마스 때까지는 나가지 못한다. 그에 대비하라."

교육이 냉혹한 현실 앞에서 희망이 되고 쓰러진 자를 일으키려면 이성과 병행하여 생각하는 힘을 길러주어야 한다. 그러기 위해서는 교육의 토대가 지금과는 근본적으로 다른 것이어야 한다. 이성의 토대 위에 굳건히 서 있는 나라들의 경우를 보면 우리와의 차이가 더욱 확연히 드러난다.

프랑스에서 대학에 진학하기 위해 치르는 시험, 바칼로레아 Baccalauréat. 나폴레옹 시절인 1808년에 만들어져 200년 넘게 프랑스 시민을 생각에 빠뜨리는 지적 축제이기도 하다. 우리의 수능과 다른 점은 아주 짧은 한두 문장으로 된 철학 시험이라는 것이다. 과목당 주어진 세 개의 질문 중 하나를 골라 네 시간 동안 자기 생각을 쓰는 시험이다. 다음은 교육 정보를 나누는 사이트에서 전하고 있는 2016년도 바칼로레아 시험에 나온 인문 분야 주제의 철학 문제다.

1. 우리의 윤리적 확신은 경험에서 비롯되었는가?
2. 욕망은 무한한 것인가?

3. 다음의 텍스트를 설명하시오.

의견 혹은 해석이 아닌 순수한 사실은 존재하는가? 역사학자들과 역사 철학자들은 수세대에 걸쳐 사실이란 순수한 사건들의 혼돈 속에서 선택된 일부에 불과하며(그리고 선택의 원칙은 물론 사실에서 주어진 것이 아니다), 그리고 원래 있었던 일과는 아무런 관련도 없는 특정한 관점하에서만 이야기될 수 있는 하나의 역사로 정리될 수 있으므로, 사실을 해석 없이 받아들이는 일이 불가능함을 보여주지 않았던가?

역사적 방법론에 따르는 이러한 어려움이 현실적이라는 점에는 의심의 여지가 없지만, 그렇다고 이들이 실제 사실이 존재하지 않았음을 증명하지는 않는다. 또한 이들은 사실 사이의 구별의 기준을 지우는 데 정당화의 도구로 사용될 수 없으며, 의견과 해석, 즉 역사가에 있어서 자신이 원하는 대로 사실을 조작하기 위한 변명의 구실이 되지 못한다. 만일 각 세대마다 자신들만의 역사를 쓸 수 있도록 허용한다 하더라도, 우리는 그들이 사실을 그들만의 관점으로 손질할 권리를 가진다는 점을 거부하며, 실제 사실을 훼손할 수 있는 권리는 인정하지 않는다.

이 지점을 설명하기 위해, 그리고 이 문제를 더 깊이 다루지 못함에 대한 변명으로: 1920년대, 클레망소(1차 세계대전 프랑스 전시 내각 총리, 1842~1929)는 죽음을 얼마 남기지 않고 바이마르 공화국(당시 독일 정부) 대표와의 친선 회담에서 제1차 세계대전의 발발 책임에 대한 이야기를 나눌 기회가 있었다. 사람들이 클레망소에게 물었다. "당신의 생각으로는 미래의 역사학자들이 이 복잡한 문제에 대해 어떻게 생각할 것이라고 보시나요?" 그는 대답했다. "그건 저도 몰라요. 하지만 저

는 그들이 벨기에가 독일을 침공했다고 하지는 않을 것이라는 점은 확
신합니다."

　　　　　　　　 — 한나 아렌트Hannah Arendt,《진실과 정치Vérité et politique》

'욕망은 무한한 것인가?'라는 질문에 주입식 교육을 받고 선다형
문제로 점수를 받는 학생은 써내려갈 생각조차 할 수 없을 것이다.
지문 속 한 문장에 주목해보자. '만일 각 세대마다 자신들만의 역사
를 쓸 수 있도록 허용한다 하더라도 우리는 그들이 사실을 그들만의
관점으로 손질할 권리를 가진다는 점을 거부하며, 실제 사실을 훼손
할 수 있는 권리는 인정하지 않는다.' 이 문장은 우리나라 교육환경
의 척도를 보여주는 '역사 교과서 국정화'의 문제를 떠올리게 함으로
써 부러움과 부끄러움을 동시에 안겨준다. 이런 글과 사유가 시험문
제로 나오고, 전 국민이 공유하는데 일부 세력이 역사를 왜곡하는 일
이 가능할까. 가당찮은 일임에 틀림없다.

　프랑스에 바칼로레아가 있다면 독일에는 아비투어Abitur가 있다.
아비투어는 바칼로레아보다 20년 앞선 1788년에 만들어져 오늘날까
지 이어지고 있다. 내가 독일에서 공부를 시작할 때 이상하게 느꼈
던 것 중 하나가 정치인들의 '이력'에 관한 것이었다. 그들은 분명 대
학을 다녔을 텐데도 졸업한 대학에 대한 설명이 없는 경우가 많았다.
하지만 '아비투어 시험 통과 연도'는 빠짐없이 적혀 있었다. 물론 그
무게는 독일에서 지내는 동안 생활 속에서 실감했다.

　아비투어 논술 시험을 위한 별도의 교육 과정은 없다. 다만 초등

학교 단계부터 읽고 요약하고 비판하는 훈련을 한다. 학생들이 포괄적 지식을 쌓아 자신의 생각을 토론할 수 있게 맞춰져 있다. 시험을 준비하는 과정에서 학생들은 자신의 능력을 돌아보고 상황을 판단하고 그에 맞는 전략을 세우는 등 하나의 커다란 '인생교육 과정'을 경험하게 된다.

독일의 어학 수업은 철저히 '말로 사용 가능한' 수준에 맞추는 것으로도 유명하다. 내가 독일어어학검증능력시험PNdS에 합격한 후 대학에서 보낸 첫 학기 때 나는 '고작' 두 과목을 선택할 수밖에 없었다. 전공이 슬라브어문학Slavistik이었던 나는 러시아어 기초를 우선적으로 선택했고 필수과목인 라틴어를 추가했다. 그게 전부였다. 왜냐하면 독일 대학에서는 모든 어학 과목 수업이 매일 두 시간씩 일주일 내내 있어서 한 과목당 수업시간이 주당 열 시간이었다. 우리나라 기준으로 하면 한 과목이 10학점짜리인 셈이다. 그 기준은 문서로만 남은 '죽은' 언어인 라틴어도 마찬가지였다.

말하자면 나는 두 과목을 신청했을 뿐인데 한국 대학 기준으로 보면 20학점 분량의 수업을 받게 된 것이다. 더구나 그 두 과목 모두 내게는 외국어인 독일어로 들어야 하는 상황이다 보니 예습과 복습 그리고 숙제가 쉬운 일은 아니었다. 어학 과목은 모두 '구두시험'을 치러야 한다. 한 사람씩 시간 약속을 잡고 시험을 본다. 차례가 되면 A4 용지 한 장 분량의 지문과 함께 20분 동안 준비한 다음 구술면접장 안으로 들어가 교수와 일대일로 묻고 답하는 시험을 치른다.

그에 반해 여전히 우리의 현실은 여전히 슬프다. 학생들과 함께 대한민국을 뒤흔든 게이트의 중심에서 사태를 목격한 이화여대 철학과 김혜숙 교수의 글은 그 우울을 확인해준다.

지난 몇 달간의 변화무쌍한 상황전개 속에서 교육 현장에 있는 나에게 가장 무겁게 다가온 물음은 '앞으로 무엇을 가르칠 것인가'였다. 학내 사태와 박근혜-최순실 사태를 지나면서 '도덕의 힘'에 관한 무력감이 철학 선생인 내게 엄습해왔다. '도덕'이 한갓 겉치장으로도 힘을 잃어가는 사회, 사람들이 도의적 책임을 느끼고 공직에서 물러나는 일이 희소해지는 사회, 증거를 내밀어도 법적으로 빠져나갈 수 있으면 부인하는 사회에서 부모들은 아이들을 어떻게 가르칠 것이며, 교수는 학생들을 어떻게 가르쳐야 할 것인가?

여전히 '받아쓰기'에 갇힌 우리 사회는 언제, 어디서, 어떻게 탈출할 수 있을까. 우리는 과연 탈출할 수 있을까. 우리에게 영혼의 욕망은 금단의 열매인가. 김중식의 '이탈한 자가 문득'이라는 시에서 이탈한 자가 자유롭다는 것을 보듯이, 청년들이여 이탈을 욕망하자.

우리는 어디로 갔다가 어디서 돌아왔느냐 자기의 꼬리를 물고 뱅뱅 돌았을 뿐이다 대낮보다 찬란한 태양도 궤도를 이탈하지 못한다 태양보다 냉철한 뭇별들도 궤도를 이탈하지 못하므로 가는 것만 가고 아는 것만 알 뿐이다 집도 절도 죽도 밥도 다 떨어져 빈 몸으로 돌아왔을 때 나는 보았다 단 한 번 궤도를 이탈함으로써 두 번 다시 궤도에 진입하

지 못할지라도 캄캄한 하늘에 획을 긋는 별. 그 똥. 짧지만. 그래도 획을

그을 수 있는. 포기한 자 그래서 이탈한 자가 문득 자유롭다는 것을

11

시민과 **공동체**를 지키는 것은 무엇인가

경찰이 쏜 물대포에 맞은 후 입원치료를 받다가 숨진 백남기 농민의 사인을 놓고 담당 의사는 사망진단서에 병사로 기록했다. 서울 광화문 광장에서 특별법 제정을 촉구하면서 단식하고 있는 세월호 농성장 앞에서 자칭 '보수' 회원들이 치킨, 맥주, 피자, 라면을 먹는 폭식 투쟁을 했다. 단식하며 진실을 요구하는 세월호 유족들에 대한 조롱 외에는 그 어떤 목적도 보이지 않는 행사에 사업가가 음식을 대고 젊은이들은 뻔뻔하게 먹어댔다. 고통당한 동료 시민에 대한 친절과 품위는 그 어디에도 없었다. 교과목으로서의 윤리가 아니라 시민으로서의 윤리가 결핍된 사회임이 분명하다.

30년쯤 전에 있었던 일인데도 내가 아직까지 또렷이 기억하는 장면이 있다. 미국인이었던 그는 나와 대화하던 중에 대한민국의 윤리 교과서는 'ethics'가 아니라 'Korean ethics'로 칭해야 한다고 말했던 순간이다. 줄기차게 이어진 우리의 교육은 산소가 부족한 고산지대에서도 이미 적응해버렸는지 숨을 몰아쉬지도 않는다. 우리는 이미 슈라이버Sargent Shriver가 "최선의 삶에 필요한 것을 교육이 만들어내지 못한다면 우리는 비민주적이고 견고한 신분제 사회를 만나게 된다"고 우려한 신분제 사회에 갇혀버린 걸까.

스테이시 아담스Stacy Adams의 공정성 이론에 따르면 우리는 쏟아부은 노력과 그 결과를 다른 사람과 비교해서 불공평하다고 느끼면 긴장을 경험하게 된다고 한다. 문제는 그 어떤 사회도 완벽한 공정을 이룰 수 없다는 데 있다. 우리 사회에서 공정성의 문제는 심각한 수준에 도달한 지 오래다. 민주화에 우선하는 산업화 과정을 거치면서 가진 자와 못 가진 자들이 '기울어진 운동장'에서 축구 경기를 하고 있다고 표현할 정도다. 높은 지대에 골문을 둔 선수들은 힘겹게 공을 차올려야 하는데, 그 공은 마치 시지프스의 바위처럼 자꾸만 굴러 내려온다. 반면 낮은 지대에 골문을 둔 선수들은 실점에 대한 아무런 염려 없이 공을 차기만 하면 상대의 골문 쪽으로 들어간다.

대한민국을 흔들고 전 세계의 조롱거리가 된 국정농단 사태는 국가가 국민에게 약속해야 마땅한 공정성과 형평성을 송두리째 짓밟아버리는 것을 넘어 국민의 자존심마저 송두리째 앗아가고 말았다. 애당초 공정사회를 구현할 능력이나 인격이 전무한 리더에게 우리의 미래를 맡겼다는 사실 앞에 국민은 아연실색했다.

일반 대중은 약할 수밖에 없고 따라서 더 많은 보호가 필요하다고 솔론은 생각했다.

그는 피해를 입은 사람을 대신해서 누구나 소송을 제기할 수 있도록 했다. 만약 어떤 사람이 맞거나 상처를 입었다면, 의지와 능력이 있는 사람이 그를 대신하여 제소할 수 있는 특권을 주었다. 시민 전체가 한 집단의 구성원이라는 생각을 갖게 하고, 또한 남의 불행에 대하여 안타깝게 여기도록 하려는 게 그의 생각이었다. 어떤 도시가 가장 살기 좋은 도시냐고 물었을 때 그는 대답했다.

"피해를 입지 않은 사람이 피해자와 합심하여 가해자를 처벌하려고 노력하는 도시다."

— 솔론 18절

솔론, 그는 아테네 민주정치의 초석을 세우고 체제를 정비한 입법자다. 시민 전체가 한 집단의 구성원이라는 생각을 갖게 하고, 또한 남의 불행에 대하여 안타깝게 여기는 '양심의 연대'를 목표로 하는 사회에 어울리는 인물임에 분명하다. 솔론이 활동하던 기원전 600년 무렵 아테네는 농민계급의 몰락이 시작되고 있었다. 빚을 진 농민들은 채권자에게 토지를 저당잡히고 연간 20%에 가까운 이자를 물어야 했다. 빚을 갚지 못하면 노예로 귀속되었다. 아테네는 대다수의 자유농민이 사라지자 빈부격차가 심해져 위기를 맞았다. 솔론은 먼저 경제개혁을 단행했다. 인신 저당으로 노예가 된 시민에게 자유를 선언했고 빚 때문에 토지를 빼앗긴 경우 빚을 탕감하고 이전 상태로 환원시켰다.

그는 "재물을 갖고 싶다. 그러나 부당하게 얻는 것은 싫다"고 솔직하게 말했다. 시대는 솔론에게 절대권력을 주었고, 시민들도 그에게 재물을 가져도 좋다고 동의했지만 그는 거부했다. 그리고 그는 자신이 거절했다는 사실을 자랑스러워했다. 한마디로 그는 자신을 누구보다 사랑했고, 자신을 흔들림 없이 믿었다. 그것도 오늘날 우리 사회에서 상상할 수 없을 만큼!

솔론의 치적 중에 가장 빛나는 것은 바로 시민들의 빚을 탕감해준 일이다. 그는 가난한 자들이 자유를 누리지 못하고 부자들의 뜻을 따라야 하는 건 부당하다고 믿었다. 그는 법정이나 나라의 관료, 공공 의회 등이 부자들의 명령을 받고 그들을 위해 봉사한다고 생각했다. 이러한 생각이 지금부터 2,600년 전 지도자의 머릿속에서 나온 것이라면 어떤 생각이 드는가. 사회적 약자인 시민이 정의를 외치기는 쉽다. 그러나 권력자 솔론은 모두에게 공평한 운동장을 만들어주고 거기에서 나오는 결과에 대해서는 스스로 책임지라고 당당히 말했다. 시민들이 피해자를 도와 가해자를 엄벌하라는 주문마저 명령했을 정도다.

그가 제정한 법 가운데 특이하고 놀라운 것이 하나 더 있다. 파벌이 형성된 때에 그 어느 편도 들지 않는 사람으로부터 시민권을 박탈할 것을 규정한 법이다. 아마도 공공의 복리에 무감각하거나 무관심한 채 개인의 일만 챙기거나 나라와 관계되는 고민이나 어려움을 나누지 않으려는 의식을 차단하려는 의도였을 것이다. 상식적이고 합리적인 시민이라면 더 좋은 주장, 더 정의로운 주장을 지지하고 그에 따른 위험을 함께 감수하면서 도움을 주어야지 가만히 팔짱 끼고 앉아서 어느 주장이 이기는지 지켜보아서는 안 된다고 생각한 것이다. 그로부터 약 200년 후 이런 솔론의 생각을 넘겨받은 플라톤은 《국가》에서 시민들에게 민주주의에 참여할 것을 촉구하기에 이른다.

> 선량한 사람은 돈이나 명예에 아랑곳하지 않고 통치하지 않으려 한
> 다. 통치를 거부한 이들이 치르는 가장 큰 대가는 자신보다 저열한 사
> 람에게 지배당하는 것이다.

그러나 솔론이 시민들에게 말하고자 한 것은 부패하고 무능한 리
더의 등장이 아니고 그 리더의 부패와 무능을 단죄하는 시민의 권리
다. 솔론은 또한 고의로 법조문을 애매하게 만들어 실제로는 여러 가
지 해석이 가능하게 했다. 배심원의 권한을 더 크게 하려는 뜻이었
다. 그가 시민들의 이성과 상식을 믿고 그들의 참여를 당연시했기에
가능한 일이다.

솔론이 사귄 친구 중에 철학자 아나카르시스Anacharsis가 있었다.
솔론이 시민들의 불의와 탐욕을 성문법으로 통제할 수 있다는 믿음
을 가지고 법률을 편찬하고 있을 때였다. 이 모습을 지켜본 아나카르
시스는 코웃음을 쳤다. 그는, 성문법은 마치 거미줄과 같아서 약하고
작은 것이 걸려들면 붙잡을 수 있어도, 힘 있고 돈 있는 자가 걸려들
면 갈기갈기 찢어질 뿐이라고 말했다. 결과는 솔론의 이상과는 거리
가 멀었고, 아나카르시스의 현실론이 옳았다. 법망이라는 개념은 우
리에게 '유전무죄 무전유죄'로 익숙하다. 아나카르시스는 그리스에서
는 현명한 이들이 정치를 논하지만 결정은 무식한 사람들이 내린다
고 촌평했다. 민주주의의 약점을 정확하게 지적한 것이다.

내가 《군주론》을 읽으며 놀란 것 중 하나는 니콜로 마키아벨리 1469~1527 시대에 이미 프랑스의 정치질서가 모든 계급을 보호하는 정책을 펴고 있다는 그의 언급에 대한 내용이었다.

질서가 잡힌 국가와 현명한 군주는 귀족들이 분노하지 않도록, 또 인민이 만족하도록 항상 세심한 주의를 기울여왔습니다. 이것이야말로 모든 군주가 해야 할 가장 중요한 일 중 하나입니다. 프랑스는 근래에 가장 질서가 잘 잡히고 잘 통치되는 왕국들 중의 하나입니다.

물론 마키아벨리는 군주의 자유와 안전의 관점에서, 군주와 왕국을 강화하는 관점에서 프랑스 정치를 분석한 것이 분명하다. 프랑스 왕은 인민들에게 호의를 가졌다는 이유로 귀족들에게 미움을 사거나, 귀족들에게 호의를 가졌다는 이유로 인민들에게 미움 받는 것을 원하지 않았을 것이다. 따라서 왕은 직접 적개심을 불러일으킬 필요가 없는 중립적인 제3의 심판기관인 고등법원을 내세워 귀족들을 견제하고 인민들을 보호하려 했을 것이다. 마키아벨리가 이를 두고 현명한 리더의 신중하고 적절한 이이제이 以夷制夷 정책이라고 판단했던 이유도 수긍이 간다.

이미 오래전에 이처럼 성공을 거둔 전통이 있기에 지금도 프랑스인들이 노동자들의 파업에 관대하고, 그에 따른 불편을 기꺼이 감수하며, 그들과 연대의식을 나누고 있는지도 모르겠다. 우리 사회도 이런 황금률의 삼각형 모형이라면 얼마나 좋을까. 아테네 최초의 시인

이기도 했던 솔론의 시는 어두운 터널을 지나온 우리의 지난날처럼
처연하게 들린다.

지금 스스로의 비겁함으로 고통을 받고 있다면
신들께 분풀이하지 말라.
그대들 스스로 호위병을 내주고 힘을 키운 것이니.
그리하여 지금 그 비참한 처지에 빠진 것이니.

3부
나라답게

1

인문주의 정신이 훌륭한 인격을 만든다

우리가 권력과 지혜, 정의를 겸비한 행운의 지도자를 갈망하는 나라에 살고 있다는 사실은 도덕성의 기준이 지극히 낮은 사회에 살고 있다는 뜻과 다름없다. 고위 공직자를 검증하는 인사청문회 제도의 변천사 하나만으로도 그 추세를 알 수 있다.

2000년부터 시작된 총리 후보에 대한 인사청문회는 2005년 그 대상자를 장관 후보자까지 포함시켰다. 십여 년이 지난 지금은 어느 정도 자리 잡았을 법도 하지만 이 제도는 현재 두 가지 때문에 몸살을 앓고 있다. 우선, 고위 공직자들의 잇단 추문으로 사전 검증 절차를 강화하는 차원에서 확대된 인사청문회지만 도덕성의 기준은 오히려 하향 조정되는 추세를 면치 못하고 있다. 초창기 국무총리의 낙마 사유였던 위장전입은 대체로 용인되고 있고, 심지어 부동산 투기, 병역 면탈, 세금 탈루나 논문 표절까지 그 기준이 유명무실할 정도다. 여기에 더해 정부는 각료 임명과 관련해 야당이나 국민들이 부당함을 지적해도 일방적으로 임명을 강행해버린다. 인사청문회 제도의 무용론이 거론될 정도다. 음주운전으로 교통사고를 내고 신분을 속인 경찰청장 후보도, 3년 6개월 동안 생활비로 18억 원을 썼다고 소명하는 장관 후보도 임명을 강행했다. 고위 공직자의 자질을 검증하고 정부를 견제하는 인사청문회 제도를 대통령이 앞장서서 무력화하고 있는 것이다.

논란을 더하기는 언론도 마찬가지다. 언론 본연의 사명을 생각해서라도 인사청문회의 엄격성을 요구하고 동일한 잣대로 모든 후보를 앞장서 검증해야 할 언론이 정부와 거래를 하듯 동일한 사안에 대해서도 논조를 180도 바꿔버린다. 전임 정부의 인사청문회 후보자를 두고 '고위 공직 맡기에 부적절한 치부'라고 공격하던 동일한 사안에 대해 후임 정부의 후보자를 평하는 사설에서는 '중요한 건 업무능력'이라고 주장하는 식이다. '위장전입, 어물쩍 못 넘어가'로 뽑던 제목은 '흠 없는 사람 찾기 어렵다'로 바뀌고, '약간의 흠도 무겁다'는 엄격함은 '도덕성에 매몰되면 안 돼'라는 관대함으로 돌변한다.

국민이 공감하는 수준으로 인사청문회를 개선할 필요가 있다. 독립된 기구에서 탈세나 병역 문제 등과 같은 기본 자료를 확보한 것을 바탕으로 최종 임명권자가 다시 한 번 검증하는 과정을 통해 후보자를 지명할 수 있도록 이원화된 시스템을 갖추는 것이다. 기본적인 자료 제출을 두고 싸울 필요가 없게 만드는 것이다. 이런 사전 조치가 잘 이루어진 상태라면 후보자 지명 후에 열리는 인사청문회에서는 후보자의 전문성, 정책비전을 평가하기가 수월해진다. 고위 공직으로 들어가기 위해 모든 이가 반드시 통과해야 하는 '도덕적 진입장벽 시스템'을 제대로 작동하게 만든다면 민간 영역에 있던 이들도 공직으로 나갈 때 그 기준을 생각할 것이고 신경을 쓸 수밖에 없다. 이런 체계가 잡히고 제대로 작동된다면 이는 일반 국민의 도덕 기준도 상향시키고 공직자에 대한 신뢰로 이어지면서 국가와 국민 사이의 일치감도 높여줄 것이다.

또한 인사청문회에서 검증에 참여하는 의원에 대한 자격 기준도 마련할 필요가 있다. 후보자에게 적용하는 기본적인 검증 기준을 통과한 의원으로 자격을 한정해 청문 절차에 참여하고 보고서를 채택한다면 국민의 신뢰도는 그만큼 높아질 것이다. 이 정도의 기준만 지켜져도 총리 후보자 아들의 병역면제를 추궁하던 의원이 아들의 병역면제 사실이 드러나 여론의 역풍을 맞는 희극은 펼쳐지지 않는다.

또 하나 생각해볼 것은 권력의 범위다. 대통령에게 권력이 주어진 것은 맞지만 그것은 무제한의 제왕적 권력이 아니다. 따라서 대통령은 인사 검증에서 문제가 되는 인사는 아예 후보자로 지명할 생각을 말아야 한다. 국민들은, 대통령이 부도덕한 인물을 선정할 경우 대통령의 자질 부족을 비판하는 사고를 가져야 한다. 대한민국 국회의 인사청문회 대상자는 미국의 1/10에 불과하다. 우리나라의 청문회 대상자가 적다는 것은 그만큼 청와대가 백악관보다 더 많은 제왕적 권한을 행사하면서도 견제나 감시를 받지 않는 무한권력을 누린다는 뜻이다.

법무관이나 총독으로 파견된 사람들은 몰래 하는 도둑질이 저속한 것은 알았는지 드러내놓고 약탈을 일삼았다. 따라서 남의 재산을 가로채는 것은 괘씸하게 여겨지지 않았고 오히려 적게 가로채는 사람을 우러러보는 분위기였다. 반면 키케로는 재물을 경멸하는 태도를 보여주었고 선의와 인정도 여러 차례 드러냈다. 그리고 로마에서 집정관에 올랐을 때에는 최고 지배자로서 영향력을 행사할 수 있었음에도 몸소 플라톤의 예언이 진실이었음을 보여주었다. 한 사람 안에서 권력과 지혜가 정의와 결합하는 행운이 찾아온다면 나라가 악으로부터 잠시나마 벗어날 수 있다는 플라톤의 예언을 키케로가 입증한 것이다.

– 데모스테네스와 키케로 비교 3절

그렇다면 이러한 문제의 해결점은 어디에서 찾아야 할까. 오늘날 대한민국 국민은 정치인을 바라볼 때 오히려 적게 가로채는 사람을 우러러보는 분위기인데, 2천 년 전 로마의 시민들에게는 행복하게도 키케로BC 106~43가 있었다. 플루타르코스가 플라톤이 말한 권력과 지혜, 정의를 겸비한 지도자의 예로 주저하지 않고 꼽았던 바로 그 키케로였다. 플루타르코스가 그에 대해 남긴 평가도 특별하다. 훌륭한 말솜씨가 옳은 일을 훨씬 더 매력 있게 보이도록 만든다는 점, 말로써 제대로 표현된 정의에는 대적할 수 없다는 점을 로마 사람들에게 그 누구보다 확실하게 보여준 사람이 바로 키케로였다. 신중한 정치가는 상대방을 기분 좋게 만드는 일보다 옳은 일을 택해야 하며, 말을 할 때는 유익한 말만 하고 비위를 거스르는 요소는 제거해야 한다는 점을 일깨워준 이도 키케로였다.

대한민국이 누리지 못한 행운을 고대 로마는 누리고 있었다. 그렇다면 키케로는 훌륭한 로마 교육제도의 산물이었을까? 얼핏 그렇게 생각하기 쉽지만 사실 키케로를 완성된 인격체로 만든 것은 그 자신이 스스로 형성한 인문학적 소양이었지 제도적 교육의 결과는 아니었다. 그는 인문주의 정신에 힘입어 당대의 '주입식, 기술적' 교육풍토를 비판하는 입장에 섰다. 왜냐하면 당시 로마의 교육현실은 지금의 대한민국과 비슷했기 때문이다. 오늘날의 '로스쿨'에 해당하는 수사학 학교만 해도 학생들을 공동체 정신의 수호자가 아니라, 큰돈을 벌 수 있는 변호 기술자로 만드는 것을 목표로 삼고 있었다. 키케로가 '휴머니즘 중심'의 로마 공동체 정신이 무너진다고 우려할 만한 상황이었다.

그가 중요시한 것은 바로 '인간답게 사는 것 그리고 그 방법'이었다. 그러한 정신은 그리스 시인 아르키아스가 로마 시민권을 받을 자격이 없다는 비난에 맞서 키케로가 한 변론에서도 잘 드러난다.

인간을 인간답게 해주는 목적에 봉사하는 모든 학문들은 서로가 서로를 묶는 공통의 연결고리를 가지고 있고, 마치 혈연에 의해 연결된 것인 양, 서로 결속되어 있다.

이 말은 인기가 없다고 인문학과를 통폐합하고 그 종사자들을 무시하는 오늘날 우리의 교육방식에 대한 비판으로까지 들린다. 키케로는 문법학, 논리학, 수사학 등 '나 혼자' 잘 사는 데 필요한 교육은 사적 영역에 속하는 기술 지식이지만, '모두'가 잘 사는 데 필요한 것은 인간을 인간답게 해주는 '인간적인' 교육이라고 생각했다. 예를 들면 '덕을 키우거나 신을 섬기거나, 부모를 모시거나, 친구를 위하거나, 대접해야 할 손님에 대한 예의와 연관된 노력과 공부'가 있다. 모든 일은 시스템과 논리를 필요로 하지만 그 운영을 사람들에게 맡길 수밖에 없다. 세상과 교육이 분리되어서는 안 되는 이유다. 사람들은 어떤 방식의 교육을 받는가에 따라 정의를 실천하는 일을 당연한 것으로 여기기도 하고, 불법과 탈법을 선택하면서도 양심의 가책을 덜 받기도 한다. 자신과 타인과의 상호 관계를 정확하게 이해하고 행동하는 공동체를 튼튼하다고 말하는 근거다.

키케로는 공동체 사회를 지켜내기 위해 자신의 목숨을 걸었다. 그는 안토니우스의 독재와 폭력정치를 비난하며 열네 번의 탄핵 연설을 하면서 가족, 지인들과 함께 안토니우스의 살생부 명단에 올랐고, 결국 안토니우스의 군대에 암살당했다. 그의 죽음만으로는 분을 삭이지 못했는지 안토니우스는 키케로의 목과 '탄핵 연설을 작성했던' 손을 잘라 오라고 명령하여 그가 연설하던 광장의 연단 위에 공개적으로 전시했다. 로마 공화정이 영원히 문을 닫는 순간이었다. 안토니우스는 심지어 식사하는 테이블 위에 키케로의 머리를 놓아두고 지겨워질 때까지 쳐다보았다고 한다.

헌법의 소중함을 새삼 알게 된 지금 우리는 교육 과정 속에 민주주의에 대한 교육을 강화하고 건강한 시민으로 자랄 수 있는 여건을 마련해야 한다. 지금 우리의 교육은 2천 년 전 세네카 BC 4~AD 65가

영혼의 위대함을 논하는 중에 비판했던 바로 그 교육에 해당하기 때문이다. 키케로가 이미 한 세대 전에 비판하며 개선을 촉구했던 그 괴물이 여전히 죽지 않고 있었음을 알 수 있다. 세네카의 자유로운 학문은 우리가 이해하는 교양이었다.

자유로운 학문에 대해 내가 어떻게 생각하고 있는지 알고 싶다고 했나? 돈벌이를 지향하는 학문은 어떠한 것도 나는 존중하지도 않고 선한 것으로 치지도 않네. 그것은 공리적인 기술로서 재능을 기르는 데는 도움이 될지 몰라도, 재능을 지탱하는 의지처가 되지는 않는다네. 실제로 그러한 기술적인 학습을 계속하는 것은, 영혼이 그 이상 큰일은 아무것도 할 수 없을 때에 한해야 하네. 그것은 우리의 초보적 훈련일 뿐 어엿한 한 사람 몫의 일은 아니라네. 왜 자유로운 학문이라고 하는지는 알고 있겠지. 자유로운 인간에게 어울리기 때문이네.

그는 우리가 이미 다 배웠어야 할 미덕을 교양이라고 말하고 있다. 교육이 미덕을 가르치지 않는다면, 다른 것을 아무리 가르치고 배워도 헛일이라고 그는 경고한다.

그러므로 우리는 무엇이 호메로스를 현자로 만들었는지 배워야 하지 않겠나. (……) 자네는 파트로클로스와 아킬레우스의 나이를 따지는 것이 중요한 문제와 무슨 관계가 있다고 생각하는가. 자네는 오디세우스가 어디를 방황하고 있었는지에 집착하는 것인가. 그보다는 우리가 언제까지나 방황하지 않아도 되는 방도를 강구해야 하는 게 아닐까? (······) 우리 영혼의 폭풍이야말로 날마다 우리를 시련에 빠뜨리고 있고, 그 사악함은 오디세우스가 경험한 모든 재앙 속으로 우리를 몰아넣고 있네. (······) 내가 배우고 싶은 것은 이런 것이라네. - 어떻게 조국을 사랑해야 하는가, 어떻게 아내를, 어떻게 아버지를 사랑해야 하는가, 이렇게도 고귀한 목표를 향해, 설령 난파한 뒤에도 항해를 계속하려면 어떻게 해야 하는가.

민주주의는 각성에서 시작해 교육으로 지속된다. 우리의 정치가 주입식 교육을 고집하는 이유는 오직 하나다. '순응하는' 국민을 이끌고 '어디론가' 데리고 가고 싶은 것이다. 키케로처럼 지혜와 정의를 겸비한 자라면 결코 가지 않을 그 '어디쯤'으로 추측되는 곳 말이다. 키케로는 정치를 구체적으로 이해했으며, 정치와 철학의 결합을 꿈꾸던 철학자였다. 그는 인간적 소양이 풍부했으며 그의 연설은 로마 시민과 원로원의 마음을 사로잡고도 남았다. 인사청문회의 자리에 앉아 우리와 두 눈을 마주하기를 바라는, 우리가 꿈꾸는 리더의 속성을 '지혜와 정의'로 좁혀도 좋을 듯하다. 권혁소의 시 '곰배령'에서만 감탄한다면 우리의 일상은 불행하다.

점봉산 가는 길

오늘은 곰배령까지만 간다 거기

지천으로 피었다 동자꽃

동자꽃 안주하여 술 한잔 마신다

나도 마시고 안개도 마신다

물봉선도 취하고 노루귀도 취하고

바람꽃도 취한다

묻는다. 세상은 왜

감탄만으로 살 수 없는 것이냐고

없는 것이냐고

마을로 내려와 안개를 토했다

2

나답게 **산다는것**은 무엇인가

상대의 게릴라 전술 때문에 시원하게 싸워볼 수 없었던 메텔루스는 패배한 자들이 흔히 겪는 온갖 어려움을 겪었다. 반면 세르토리우스는 도주하는 것처럼 보였지만 실은 추격하는 것처럼 행동했다. 적의 물 공급을 끊고 식량 채집을 방해했다. 로마군이 진군을 하면 몸을 숨겼다가 한 곳에 진영을 치면 괴롭혔다. 로마군이 한 곳을 포위 공격하면 세르토리우스는 가까이 다가와 물자를 차단함으로써 오히려 로마군이 포위를 당하는 상황을 만들었다.

마침내 로마군은 절망에 빠졌다. 세르토리우스는 메텔루스에게 전령을 보내 결투를 제의했다. 이러한 제의에 로마군은 크게 찬성했지만 도전을 받은 메텔루스는 거절했다. 로마군은 메텔루스의 행동을 비난하고 나섰다. 그러나 메텔루스는 오히려 비난을 아무렇지도 않게 생각했다. 그의 생각은 올바른 것이었다. 테오프라스토스가 말한 것처럼 장군은 장군답게 죽어야 하며 결코 일반 병사처럼 죽어서는 안 되기 때문이다.

– 세르토리우스 13절

'군인의 길은 죽음의 길이다'라는 말이 있다. 군인은 군인에 어울리는 죽음을 찾아야 한다는 뜻이리라. 그만큼 군인의 삶은 죽음을 위해 끊임없이 단련하는 과정인지도 모른다. 하지만 그 '부끄럽지 않은' 죽음을 선택하는 것은 오롯이 개인의 몫이기도 하기에 개인의 철학을 반영한다. 대한민국에서 군인으로 살아온 사람들의 길을 들여다보자.

세월호 청문회에 증인으로 나온 김장수는 참사 당시 국가안보실장이었다. 304명의 꽃다운 아이들이 수장된 현실을 알고서도 왜 아무런 조치를 취하지 않았느냐는 질문에 그는 이렇게 답변했다. "그날 오후 두 시 이후부터는 세월호 문제에 대해선 관심을 끄고 안보에만 전념했다." 나는 대한민국 국가안보실장이 걸었던 권력의 길이 아니라 어느 무명 검객이 선택한 죽음의 길에 꽃 한 송이를 보태고 싶다.

그 검객의 사연은 그가 일곱 살 어린 나이에 산속으로 들어가는 것으로 시작한다. 그는 부모를 죽인 원수에게 복수하기 위해 산속에서 20년간 검술을 갈고닦아 마침내 고수가 되었다. 드디어 원수를 만나기 위해 산을 내려가는 날이었다. 산 밑 계곡에 이르렀을 때 그는 한 소년이 물에 빠져 허우적거리고 있는 것을 보게 되었다. 그는 곧바로 물에 뛰어들어 그 소년을 구해주었다. 그러나 불행히도 그 고수는 수영을 할 줄 몰랐다. 결국 그는 원수를 향해 칼 한 번 휘두르지 못하고 죽고 말았다. 그는 물속에서 죽어가면서도 원수의 목숨을 빼앗기보다 당장 물에 빠진 소년의 목숨을 살리는 것이 자신의 길, 검객의 길이라고 믿었을 것이다.

2006년 윤광웅 국방 장관은 국회 국방위 오전 회의에서 "(전시 작전통제권을 주한 미군 사령관이 갖고 있는) 한미연합사 체제가 우리의 군사주권을 침해하는 것이냐?"는 한 의원의 질문에 "침해에 가깝다"고 답했다. 이어 국방위원장이 "(자주권) 침해보다는 제한쯤이 아니냐?"고 질문하자 "자주권 제한이라고 정정하겠다"고 말했다. 윤 장관은 오후 들어 야당 의원이 다시 "정확한 생각이 뭐냐?"고 묻자 "자주권 침해라고 절대로 생각하지 않는다"고 했다가 다른 야당 의원이 "그럼 대통령이 작전권을 찾아와 주권을 바로 세우겠다고 한 것은 틀린 말이냐?"고 하자 "그렇지 않다. 대통령 말은 말 그대로다"라고 말했다. 일국의 국방 장관이 전시작전권 단독 행사가 주권 침해냐의 문제를 놓고 몇 시간 사이에 '침해다, 제한이다, 침해가 아니다, (주권 문제라는) 대통령 말이 맞다'고 말을 바꾸며 오락가락한 것이다. 저런 군인의 길은 도대체 어떤 길인지 더 이상 궁금하지도 않다. 권력의 '순간'을 맛보기보다 양심의 '울림'에 귀 기울인 타국의 장관을 보며 위안을 삼을 뿐이다.

트럼프가 대통령에 취임하면서 내린 '반이민 행정명령'에 대해 샐리 예이츠Sally Caroline Quillian Yates 법무 장관 대행은 법무부 소속 법조인들에게 트럼프 대통령의 7개 이슬람 국가 입국금지 행정명령에 관한 소송에서 정부와 행정명령을 변호하지 말라는 지시를 내렸다. 그는 "나의 의무는 법무부의 입장이 정의를 추구하고 모든 사실을 감안해 올바른 것을 대변해야 하는 것이지만, 이번 행정명령이 합법적인지에 대한 확신이 없을 뿐만 아니라 이를 변호하는 것은 (법무부

시민의 품격, 국가의 품격

의) 책임과 일치하지 않다고 생각한다"고 그 이유를 밝혔다. 물론 트럼프는 곧바로 그를 경질했다.

박근혜 '대통령'은 문화관광체육부의 '국장'과 '과장'을 지목해 "나쁜 사람"이라는 한마디로 한직으로 밀어냈다. 그로부터 3년 후 "이 사람이 아직도 있어요?"라는 그녀의 추가 물음에 신분이 보장되었던 한 공무원의 공직생활이 마감됐다. 대한민국 대통령이 언제부터 일개 국장과 과장을 신경 쓸 정도로 한가한 존재였던가. 하지만 이를 통해 우리는 그녀의 '놀이' 수준도 알 수 있었다.

공자는 "내가 군주가 되어 다른 즐거움은 없고, 다만 내가 말을 하면 아무도 어기는 사람이 없다"고 말했다. 이것이 공자가 말한 군주의 즐거움이다. 그러나 공자는 군주가 그 말을 하는 즐거움에 빠지게 되면 나라가 망한다고 경고했다. 선거기간에 국민에게 '봉사하겠다고 목이 쉬도록 내뱉었던 마음은 온데간데없고 대통령으로서 군림하려는 욕망이 온몸에 독처럼 퍼지고 있다면 그 나라는 곧 망한다는 뜻이다. '1인자의 즐거움'을 누려온 사람의 사고는 충성 아니면 배신으로 이분되어 있고, 그런 상황은 쾌감을 안겨주는 놀이가 될지도 모른다. 그러나 공자는 군주의 말이 불선不善한데도 아무도 어기지 않는다면 나라를 망하게 할 수 있다고 경고한다.

미국의 저널리스트 에릭 펠턴Eric Felton은 《위험한 충성》에서 정치적 충성은 과대평가된 덕목일 뿐만 아니라 그 자체로 악덕이라고 말한다. 그 위험한 충성은 대통령의 국정농단과 탄핵으로 이어졌고, 국민은 등을 돌렸다. 위험한 충성에 기댄 대통령과 호시탐탐 기회를 노리던 배신의 종착역이었다. 부하들의 충성에 집착하는 대통령은 업무 능력이 현저하게 떨어질 수밖에 없다. 그런 대통령은 고립될 뿐 아니라 피해망상에 젖어 조폭과 다름없는 패거리 관점에서 정치를 바라보고 결국 권력을 남용하는 '권력의 탈선'으로 이어지기 때문이다.

권력자로서 선한 영향력을 발휘하고자 했던 대통령이 걸어간 길은 너무도 달랐다. 2017년 퇴임한 버락 오바마 대통령의 논문 「미국의 보건의료 개혁: 진척 현황과 다음 단계」는 '2016년 100대 인기 과학 논문' 1위를 차지했다. 퇴임을 얼마 앞둔 1월, 그는 며칠 간격으로 '사법 정의의 진보적 개혁에 있어서 대통령의 철학', '오바마 케어의 폐기가 미국 보건의료에 미치는 위험', '거스를 수 없는 청정 에너지의 추세'라는 제목의 논문 세 편을 게재됐다. 이보다 더 아름다운 마무리가 있을 수 있을까.

플라톤의 가르침을 받은 고결한 디온이 스스로 참주독재자라고 공언하는 디오뉘시오스에게 조언하는 말을 들어보자.

정말로 나라를 잘 이끌어가는 길은 공포나 억압의 방법이 아닙니다. 너그러운 정치와 사랑으로 민중의 마음속에 있는 충성심을 이끌어내는 것이 진정한 정치입니다. 얼핏 보기에는 약한 것 같지만, 사실은 왕권을 다지는 가장 튼튼한 기둥이 됩니다. 만약 나라를 다스리는 사람이 화려한 옷을 입고 사치스러운 궁전에서 살면서도 평민들보다 더 어리석고 조리가 없는 말을 한다면 그것은 정신의 궁전이 초라하다는 증거이며, 참으로 부끄러운 일입니다.

– 디온 10절

시나브로 우리 사회에서 '답게'가 사라졌다. 당연히 그 빈자리에는 불신이 자리를 잡았다. 우리는 서로가 서로에게 두려운 그림자를 드리우는 존재가 되어버렸다. 심지어 자신의 정체성마저 조심스럽게 꺼내 의심할 정도다. '나답게' 산다는 것은 무엇일까. 부모답게, 어른답게, 학생답게, 시민답게, 지도자답게, 나라답게……. '답게'라는 접시저울은 한쪽에는 자신이 치러야 할 의무를, 다른 한쪽에는 남들에게서 오는 기대치를 같은 무게로 담고 있을 때 균형이 이루어진다. 자신의 의무를 치워버리면 반대쪽의 평범한 기대치는 갑자기 무거운 돌덩이처럼 아래로 고꾸라지고 만다. 균형을 잡기 위해서는 기대치를 도려내는 수밖에 없다. 악순환이다.

토종들풀 종자은행을 만든 강병화 교수는 말한다. "엄밀한 의미에서 잡초는 없습니다. 밀밭에 벼가 나면 잡초고, 보리밭에 밀이 나면 또한 잡초입니다. 상황에 따라 잡초가 되는 것이죠. 산삼도 원래 잡초였을 겁니다." 자기가 원래 있어야 할 자리가 아닌 곳을 탐하는 순간 우리는 잡초가 된다.

내 너무 별을 쳐다보아
별들은 더럽혀지지 않았을까

내 너무 하늘을 쳐다보아
하늘은 더럽혀지지 않았을까

별아, 어찌하랴

이 세상 무엇을 처다보리

흔들리며 흔들리며 걸어가던 거리

엉망으로 술에 취해 쓰러지던 골목에서

바라보던 너 눈물 같은 빛남

가슴 어지러움 황홀히 행구어 비치는

이 찬란함마저 가질 수 없다면

나는 무엇으로 가난하랴

　오늘도 나는 흔들리며, 흔들리며 걸어간다. 오늘도 나는 '별을 보며' 걸어가던 이성선 시인처럼 부끄러운 고백만 반복한다. 꿈으로 피어난 별 체 게바라Che Guevara와 꿈을 노래하는 별 메르세데스 소사Mercedes Sosa를 사랑한다고.

3

과거사, 우리는 치욕 없는 진실을 원할 뿐

　파출소에서 사환으로 일하던 어느 날 나는 서류를 보관한 캐비닛을 청소하다가 '4·3사건'에 관한 서류철을 보게 되었다. 할아버지의 죽음과 관련이 있겠다 싶은 생각에 넘겨보았더니 아니나 다를까 할아버지의 이름이 거기에 있었다. 할아버지와 내가 처음 만나는 순간이었다. 그때까지 나는 할머니나 아버지 그 어느 누구에게도 할아버지의 죽음에 관해 상세한 이야기를 들어본 적이 없었다.

　그로부터 시간이 한참 흐른 어느 날, 나는 손녀를 안고 계신 할머니한테서 할아버지의 죽음과 관련한 이야기를 듣게 되었다. 할아버지는 '그날 밤' 갑자기 영문도 모른 채 끌려가서는 3일 만에 총살을 당했다고 한다. 할머니는 필경 할아버지한테 돈을 빌려간 '그 순사'의 짓일 거라고 담담하게 들려주셨다. 할아버지와 나의 두 번째 만남은 할머니가 돌아가신 후 4·3 평화공원에서 이루어졌다. 평화공원에서 할아버지는 그 많은 희생자들과 함께 따스한 햇살을 받고 계셨다. 할아버지는 남로당 무장대원으로 자신의 신념을 지키기 위해 싸운 것도 아니었다. 단지 자신에게 주어진 삶을 살던 중 국가에 의해 강제로 삶의 문이 닫혔다는 게 유일한 진실일 것이다.

> 청원은 패자에게 어울리는 것이고 자비를 구하는 것은 잘못을 범한 사람에게 어울리는 것입니다. 나 자신은 평생 패배한 적이 없고 내가 선택하는 한, 이 순간에도 승리일 수 있으며 명예와 정의를 겨루는 경쟁에서 카이사르를 눌렀습니다. 카이사르야말로 패자이며 포로입니다. 그가 오랫동안 부정해온 나라에 대한 적대적인 행위가 이제 밝혀지고 입증되었으니 말입니다.
>
> — 카토(Cato the Younger) 64절

"죽은 이의 부릅뜬 눈은 정의가 이루어진 후에야 감길 수 있을 것이다. 하지만 언제 그날이 올 것인가?" 과테말라 출신 노벨 문학상 수상자인 미겔 앙헬 아스투리아스Miguel Angel Asturias가 한 말이다. 과테말라 역시 30년 넘게 내전을 치르면서 20여만 명의 민간인이 학살되었는데, 그 가운데 80%가량이 인디오 원주민이었다. 이는 과거사와 관련하여 진실을 규명한다는 것이 얼마나 어려운지를 단적으로 보여준다.

우리는 가해자가 용서를 구하는 첫 번째 단추를 꿰는 것 자체가 어려운 현실을 살고 있다. 가해자들은 감추어졌던 진실이 드러나고 나서야 책임을 모면하기 위해 일시적이고 즉흥적인 사과를 내놓지만, 그 후에는 진실을 왜곡하고 자신이 했던 사과마저 거두어버리는 뻔뻔함으로 피해자들을 힘들게 한다. 이런 과정을 거치면서 과거사 청산은 높은 산이 되어버리고, 우리는 도무지 올라갈 수 없는 산을 절망한 채 쳐다본다.

과거사 청산과 관련하여 귀화한 연구자의 조언까지 들어야 하는 나라라면 우리의 역사 인식은 정말 문제투성이 그 자체인지 모른다. 박노자가 《당신들의 대한민국》에서 역대 권력이 정해놓은 금기의 영역에 관해 내놓은 발언을 듣고 있자면 애증이 교차한다. 과거사 청산의 문제가 권력자의 친미, 친일에 따른 사대주의와 관련되어 해결이 되지 않는다고 지적하고 있기 때문이다.

'노근리 학살'은 그 전형이다. 그동안 미국은 우리에게 오로지 은혜를 베푼 나라였고, 그 반대의 생각은 금기였다. 따라서 6·25 당시 미군의 초토화 전쟁 방식을 실행하는 과정에서 발생한 노근리 주민의 피해도 학살의 문제로 따질 엄두를 내지 못했었다. 그러다 '높은 나라' 미국의 언론이 앞장서고, 국내 언론이 뒤따르자 그제야 피해로 보는 것이 가능했다는 지적에 우리가 무슨 반론을 할 수 있겠는가.

고려인 강제 이주는 또 어떠한가. 1937년 소련이 고려인소비에트연방 거주 동포 20만 명을 일본에 부역했다는 간첩 혐의까지 씌워가며 중앙아시아로 강제 이주시키는 과정에서 3만 명에 가까운 사람들이 희생되었다. 문제는 우리나라의 역대 그 어느 정권도 이 반인륜적 범죄를 한 번도 추궁한 적이 없었다는 점이다. 그는 지금껏 공식석상에서 언급한 적도 없었을 거라고 직격탄을 날린다. 지금까지 러시아가 이

일에 대해 반성을 표한 바가 없다는 것을 탓하지 못하는 이유다. 소련과의 수교 즈음 한국 정부는 한국 국적 취득 대상자에서 고려인을 제외시켰다. 자국민 보호라는 주권국가로서의 의무를 내팽개친 것이다. 당시의 집권세력들에게는 동족의 아픔보다는 주변 4강과의 관계가 더 중요했을 뿐이다.

과거사 청산 문제와 관련해 우리가 모범 국가로 맨 먼저 떠올리는 나라가 프랑스와 독일일 것이다. 프랑스는 조국을 배반하고 나치에 협력한 부역자들을 엄격하게 처벌함으로써 조국의 치욕스러운 역사를 바로잡았고, 독일은 자국의 반인류적 범죄를 반성하는 데 모범을 보였기에 우리가 일본의 범죄행위에 대한 책임을 묻고 그들의 반성을 요구하는 심리적 기준이 되기 때문이다.

프랑스는 1944년 8월 나치에서 해방된 후 곧바로 과거 청산에 들어가 2년여에 걸쳐 부역자 약 1만여 명을 처형했다. 그 과정에서 지식인들은 나치 부역자들에 대한 숙청을 놓고 치열한 논쟁을 벌였다. 다시 '국민통합을 위해 용서하고 자비를 베풀어야 한다'는 보수진영의 프랑수아 모리아크François Mauriac, 1952년 노벨 문학상 수상와 '어제의 죄를 처벌하지 않는 것은 곧 내일의 범죄를 조장하는 것과 다름없다'고 주장한 레지스탕스 진영의 알베르 카뮈Albert Camus, 1957년 노벨 문학상 수상의 논쟁은 유명하다. 다음은 카뮈가 레지스탕스 지하신문《꽁바Combat》에 발표한 '정의와 자비'라는 논설의 일부다.

내가 숙청에 대해 말하면서 정의를 외친 때마다 모리악은 자비를 말한다. 내가 정의를 부르짖는 것이 마치 증오를 대변하고 있는 것처럼 이야기하면서, 모리아은 우리가 예수의 사랑과 인간의 증오 가운데서 하나를 택해야 하는 것처럼 말한다. 우리는 다만 치욕 없는 진실을 원할 뿐이다. 바로 이런 이유 때문에 자비가 차지할 자리가 없다는 것을 지적하는 것이다. 내가 모리아에게 말하고 싶은 것은, 조국을 죽음으로 이끄는 두 개의 길이 있는데, 증오와 용서의 길이라는 것이다. 나는 증오에 대해서는 조금의 애착도 없다. '인간'으로서의 나는 반역자를 사랑할 줄 아는 모리악을 존경하지만, '시민'으로서의 나는 모리악을 불쌍하게 여긴다. 왜냐하면 이러한 사랑은 우리에게 반역자와 졸개들의 나라를, 우리가 원하지 않는 사회를 안겨줄 것이기 때문이다. 이 점에서 나는 분명하게 말하고자 한다. 우리는 마지막 순간까지 정의를 좌절시키는 자비를 거절할 것이다.

카뮈는 루소 Jean-Jacques Rousseau 의 '자연인'과 '시민'을 대비시키며 자신의 의무를 설파하고 있다. 그는, 루소의 정의에 따르면 시민이란 공통분모에 의해 가치가 결정되는 분자지만 시민의 가치는 사회나 국가와 관련해 결정된다고 말한다. 곧 자연인의 신분에서 사회적 시민의 신분으로 나아가 합리적인 정치를 구현하는 것이 민주주의의 참뜻이므로 진실이 밝혀지고 '인간의 정의'가 승리해야 한다는 것이다. 그래야 내일, 증오가 아니라 '기억에 근거한 정의'가 말하게 될 것이라고 주장한다. 또 하나 우리가 주목해야 할 것은 프랑스의 지식인 사회나 일반 국민들이 지식인에게 더 많은 책임을 묻는 것을 당연하게 보았다는 점이다.

나는 1989년에 슬라브어문학 Slavistik 을 공부하기 위해 정부에서 요구하는 '유학고사'를 거쳐 '서독'으로 건너갔다. 당시 독일은 우리처럼 분단되어 있었고, 전 세계 역시 미국과 소비에트연방을 두 개의 축으로 삼아 냉전체제를 유지하고 있었다. 나는 독일어를 배우기 위해 대학에서 운영하는 어학코스부터 시작했다. 첫 학기 마지막으로 수업하는 날이었다. 선생님이 학생들에게 영화 한 편을 보여주셨다. 'Holocaust 대학살 '라는 제목의 다큐멘터리 필름이었던 것으로 기억한다.

영화가 끝나고 여러 나라에서 온 학생들이 먹먹한 마음에 아무 말도 못하고 눈물을 훔치고 있는데 선생님이 말씀하셨다. "여러분이 지금 보신 이 영화는 바로 여기 독일에서 우리 독일인들이 저지른 유대인 학살과 관련되어 있습니다. 여러분은 독일이 단지 잘 사는 나라 중 하나여서 이곳으로 공부하러 왔을 수도 있습니다. 그래서 독일에 대해 마냥 긍정적으로 생각하고 있을지도 모릅니다. 하지만 여러분은 독일인들이 이 잔인한 학살을 행했다는 것을 알고 독일을 바라볼 필요가 있습니다. 결코 단순한 과거로 덮어둘 일이 아니기 때문입니다."

나는 영화의 참혹함보다 선생님이 우리에게 해주신 그 말에 더 큰 충격을 받았다. 미안해하면서도 결연한 표정으로 외국 학생들에게 자국의 범죄행위를 고해성사하는 듯한 그의 발언 하나하나가 가슴에 애잔하게 박혔다. 그리고 그곳에서 생활하면서 그들이 겪는 정체성 문제도 이해할 수 있었다. 독일인 상당수는 성서에서 말하는 '원죄'가 자신들을 겨냥한 단어라고 생각할 만큼 정신적인 압박이 많다고 한다. 통계에 따르면 독일인들은 깨어 있는 동안 매 20분마다 한 번씩 '나치', '유대인', '대학살' 등 자신의 어두운 과거와 관련된 영상이나 소리를 보고 듣는 환경 속에서 살아간다고 한다.

독일이 이스라엘을 비롯해 자국이 피해를 입힌 나라들에 배상한 내역을 알게 되면서 나는 더 이상 일본을 내 마음속에 받아들일 수 없게 되었다. 독일은 지금까지 세계 각국 정부와 유태인, 나치 강제노역자들에게 640억 유로약 80조 원를 배상했다. 70년대에는 폴란드에 14억 마르크를 배상했으며, 1952년에는 이스라엘과 조약을 체결하고 이스라엘 정부에 30억 마르크를, '유태인 배상요구연합회'에 는 4억 5,000만 마르크를 배상할 것을 약속했다. 이스라엘은 이 배상금을 발판으로 급속하게 성장할 수 있었다.

2000년에 설립된 '기념, 책임과 미래 기금회'에 속한 독일 기업 6,500곳에서 51억 마르크를 나치에 의한 강제노역자들에게 기부했다. 놀라운 것은, 그 대부분의 기업들이 2차 대전 후에 설립되었기 때문에 나치의 강제노역과는 전혀 상관이 없었음에도 배상 책임을 국가와 함께했다는 사실이다. 물론 이런 배상이 이루어진 것은 독일의 참회정신도 있었겠지만 이스라엘을 비롯한 피해국들이 끈질기게 배상을 요구했다는 사실도 무시할 수 없을 것이다.

야당의원: "아베 총리, 위안부 피해자 할머니들에게 사죄 편지를 보

낼 생각은 없습니까?"

아베: "우리는 털끝만큼도 생각하지 않고 있습니다."

2016년 12월 일본 중의원 예산위원회에서 한 의원이 질의한 데 따른 일본 총리의 답변이다. 실종된 '사과', 그리고 바닥에 떨어진 '돈'의 그림이 저절로 떠오른다. 일본으로부터 10억 엔을 받고, 보수정부가 밀어붙인 대로 '최종적, 불가역적 해결'을 이룬 위안부 피해자 문제에 대한 합의는 이렇게 '털끝만큼도' 고려의 대상이 되지 않는 문제로 내동댕이쳐졌다. 그리고 그 협의 과정은 오직 일본과의 외교적 신뢰관계만을 염두에 둔 채 비공개로 진행되었다. 민변의 정보공개 소송에서 행정법원은 '위안부 강제연행' 문제와 관련해 협의한 문서를 공개하라는 판결을 내렸다. 오죽하면 법원이 '대한민국 국민들은 일본군 위안부 피해자를 지키지 못한 데 대한 채무의식을 갖고 있다. 대한민국 국민은 일본 정부가 어떤 이유로 사죄 및 지원을 하는지 등을 알아야 할 필요성이 크다'는 판결 이유를 밝혔겠는가. 법원의 이 같은 판결에도 외교부는 정보 공개를 거부하고 있다. 그 이유가 과연 이면 합의 때문일까.

신경림이 '달빛' 아래서 지난 얘기를 하듯 우리는 밤새도록 빈 얘기만 하고 있는 걸까.

밤새도록 우리는 지난 얘기만 한다
산골 어위숲은 눈 광산이 가까운데

시민의 품격, 국가의 품격

마당에는 대낮처럼 달빛이 환해

달빛에도 부끄러워 얼굴들을 돌리고

밤 깊도록 우리는 옛날 애기만 한다

누가 속고 누가 속였는가 따지지 않는다

산비탈엔 달빛 아래 산국화가 하얗고

비겁하게 사느라고 야윈 어깨로

밤새도록 우리는 빈 애기만 한다

4

독립운동가 자손들의 슬픈 초상, 정의는 있는가

아라토스는 성공할 경우 두 사내에게 60달란트를 주기로 약속했고 실패할 경우 무

사히 달아날 수만 있다면 각각 1달란트와 집 한 채를 주기로 약속했다. 이를 위해 담

보로 60달란트를 맡겨야 했던 아라토스는 그만 한 돈을 가지고 있지 않았고 남에게

빌렸다가 괜한 의심을 사고 싶지도 않아서 집안의 식기와 아내의 황금 장신구 등을

돈 대신 맡겼다.

그는 무슨 일이 벌어지는지도 모르고 있을 모든 시민을 위해 홀로 목숨을 걸면서 은

밀히 자기 재산으로 선금까지 지급했다. 그토록 비싼 값을 치르고 그토록 커다란 위험

을 사들인 사람의 도량을 존경하지 않고 지금이라도 도움의 손길을 건네지 않을 사람

이 어디 있겠는가? 아라토스는 밤사이 적진으로 들어가 목숨을 걸고 싸울 수 있게 하

기 위해 가장 값나가는 재산을 저당잡혔으나 동포들로부터는 고귀한 업적을 이룰 기

회를 제외한 그 어느 것도 담보로 받지 않았다.

─ 아라토스 19절

아라토스가 대원 40여 명을 대원들을 데리고 독재자의 횡포에 시달리는 동포를 구하고 자유를 되찾기 위해 시퀴온의 성 안으로 잠입하는 작전을 감행하기 직전까지의 상황을 살펴보자.

알렉산드로스 왕이 죽고 나서 그의 영향이 미치던 지역은 사분오열되어 혼란의 시기를 맞고 있었다. 당시 헬라스그리스는 알렉산드로스의 고향인 마케도니아 출신 왕들이 막대한 영향을 끼치고 있었다. 아라토스의 고향인 시퀴온은 이제 겨우 혼란에서 벗어나 질서를 되찾고 있었다. 그러나 참주를 꿈꾸는 세력이 나타나 아라토스의 아버지를 죽이고 그 친척과 친구들을 추방했다. 그때 당시 일곱 살이었던 아라토스는 다행히 탈출에 성공했다. 망명지 아르고스에서 장성한 아라토스는 시퀴온에서 추방된 많은 인사들에게 존경을 받는 위치에 올라섰고, 아라토스의 계획에 동참하려는 사람들이 속속 그의 주변으로 모여들기 시작했다.

독립을 위해 애쓴 투사나 불의에 저항한 운동가들의 삶은 아라토스의 헌신과 닮았다. 그들은 몸의 일부가 아닌 자신의 전부를 던졌다. 영혼의 심지에서 타오르는 작은 불꽃으로 자신의 삶을 거룩한 제단에 바친 것이다. 그들은 혁명의 제단 위로, 신앙의 제단 위로 두려움 없이 자신이 가진 모든 것을 내놓았다.

체 게바라. 그는 1928년에 태어나 1967년에 짧지만 열정적이었던 삶을 마감한다. 그는 아르헨티나 중산층 가정에서 태어나 의사가 되었으나 불합리한 체제에 저항했고 이상적인 사회를 꿈꾸다 혁명가로 죽음을 맞았다. 그는 피델 카스트로와 쿠바 혁명을 성공시킨 공로로 기득권 세력의 수장으로서의 지위를 누리고 부와 명예를 좇을 수 있었지만 또 다른 혁명을 꿈꾸며 죽음 속으로 들어갔다. 그는 말한다. "우리 모두 리얼리스트가 됩시다. 그러나 우리의 가슴속에 불가능한 꿈을 가집시다.", "내 생각에 당신과 내가 가까운 친척인 것 같지는 않습니다. 하지만 만일 당신이 이 세상에서 불의가 저질러질 때마다 분노로 떨 수 있다면 우리는 동지입니다. 이 점이 무엇보다 중요합니다."

디트리히 본회퍼Dietrich Bonhoeffer, 1906~1945는 나치 정권에 저항한 죄로 체포되어 수감되었다. 그는 "미친 사람이 모는 차에 희생되는 많은 사람들을 돌보는 것만이 나의 과제가 아닙니다. 이 미친 사람의 운전을 중단시키는 것이 나의 과제입니다"라고 말했다. 그는 나치 저항운동에 이어 히틀러 암살계획에 가담했다가 붙잡혀 사형 집행을 기다리고 있었다. 제2차 세계대전 종전을 얼마 앞둔 1945년 4월 8일, 그는 감옥에서 다른 수감자들을 위한 예배를 인도했다. 마지막 기도가 끝난 직후, 간수 두 명이 들어와서 말했다. "본회퍼, 나를 따르라." 모두가 그 말이 사형을 의미한다는 걸 알고 있었다. 죄수들이 그에게 서둘러 작별 인사를 하자 본회퍼는 미소를 지으며 평화로운 얼굴로 말했다. "이제 마지막이겠지. 하지만 나한테는 이게 삶의 시작이지." 바로 다음 날 그는 교수형에 처해졌는데, 마지막까지 용감하고 차분하며 경건한 자세로 죽음을 맞았다.

애국을 실천하는 일은 그와 이웃하며 함께 살아가는 사람들에게 꽃을 피우고, 열매는 시간을 두고 그의 가족이나 후대에 맺히는 게 일반적이다. 그런데 애국을 실천했음에도 불구하고 그의 가족이나 후손이 그 열매를 맛보지 못한다면 그 사회 전체의 도덕적 기준에 문제가 있다고 할 수밖에 없다.

독립운동 명문가인 이시영의 경우를 보자. 당시 신라, 고려, 조선을 아우르는 문벌 집안인 삼한갑족三韓甲族의 자제였던 이들 6형제는 1905년 을사조약이 체결되자 만주에 무력항쟁 기지를 설립할 것을 계획하고 전 재산을 처분한 다음 1910년 12월, 60명의 대가족을 마차에 나누어 태우고 만주로 향했다. 그가 서울 명동을 떠나면서 처분했던 재산 총액은 요즘 가치로 환산하면 약 1,000억 원 정도였다. 이 돈으로 그는 만주에 신흥무관학교를 세웠고, 여기에서 배출된 졸업생들이 청산리 전투에서 일본 정규군을 상대로 승리하며 서서히 열매를 맺기 시작했다.

다양한 형태의 독립운동에 헌신하던 이회영은 1932년 일본군 사령관을 암살할 목적으로 다롄으로 가던 도중 일본 경찰에 체포되어 고문 끝에 옥사했다. 그의 6형제 중 다섯 명은 고국으로 돌아가지 못하고, 조국의 해방도 보지 못한 채 이역만리 타국에서 쓸쓸히 생을 마감했다. 또한 그의 가족 대부분이 굶주림과 질병과 고문에 시달리다 죽음을 맞았고, 다섯째인 이시영만이 유일하게 살아서 귀국할 수 있었다.

이 후손의 삶에는 얼마나 큰 열매가 맺혔을까. 이시영의 묘소에서 조금 떨어진 북한산 국립공원 내 14평 남짓한 낡은 집에서 선생의 며느리가 건강이 악화된 셋째 아들과 소아마비를 앓고 있는 막내딸과 함께 살고 있다고 한다. 치매로 고생하는 100세를 넘긴 며느리가 묘소를 지키는 나라. 열매는 고사하고 '송곳 하나 꽂을 땅도 남겨주지 않았다'는 후손들의 탄식만이 들리는 나라에 우리는 살고 있다.

이러한 현실을 모르고 있지 않을 국가보훈처가 제 역할을 하려면 안중근 의사의 조카인 안민생의 울분을 들어야 한다. "과거, 우리는 안중근의 집안이라는 이유로 왜놈에게 죽어야 했는데, 광복 뒤에는 왜놈의 앞잡이 노릇을 한 주구走狗가 권력을 잡음으로써 애국자의 피해는 여전하다." 모든 것을 버리고 독립운동에 나섰던 집안의 후손들은 뿔뿔이 흩어지면서 몰락했고 변변찮은 재산마저 빼앗겼다. 그들의 가문에는 교육이 끊겼고 가난이 이어졌다.

전체 독립유공자 1만 3,774명 중 국립묘지에 안장된 유공자는 3,514명뿐이고, 국가보훈처는 독립유공자들의 묘소 현황조차 제대로 파악하지 못하고 있다. 심지어 '사회주의 계열'의 독립운동가는 인정조차 받지 못하고 있다. 대한민국은 일제강점기에 그토록 치열하게 일제에 투쟁했던 그들에게 이념이라는 기준을 적용해 역사 속에서 지우고 있다. 당연히 그 배후는 친일 부역자들이다. 친일 부역자는 자자손손 떵떵거리고, 독립운동가의 후손들은 3대가 어렵게 살고, 사회주의 독립운동가는 역사에서 사라지는 이곳이 우리가 숨 쉬고 있는 대한민국이다.

일본 제국주의가 만든 호적에 이름을 올릴 수 없다는 이유로 신고를 거부하고 1912년 망명길에 올랐던 단재 신채호. 그의 대한민국 국적은 아직도 회복되지 않아 해방된 나라에서도 비국민 취급을 당하며 무국적자 신세를 면치 못하고 있다. 단재의 유골은 충북 청주로 귀향했지만 무국적자라는 이유로 매장 허가조차 나지 않았다. 면장으로 있던 종친 덕에 '공개적인 암장暗葬'이 이루어졌지만, 면장은 이로 인해 파면 조치를 받았다. 선생의 며느리는 말한다. "독립을 위해 목숨 바쳤던 독립운동가의 후손이 이 땅에서 자부심을 갖는 것은 사치다."

독립운동가와 그 후손들의 삶을 보면서 떠오른 단어가 있다. 디아스포라Diaspora. 민족의 정체성을 공유하는 주민들이 고향을 자발적으로 혹은 강제로 떠나 멀리 떨어진 지역에서 거주하는 사람들을 뜻한다. 대한민국의 국민임에도 불구하고 디아스포라로 살아가는 그들과, 그들에게 연민을 느낄 수밖에 없는 우리는 스스로를 설득할 만한 충분한 이유를 아직까지도 찾지 못했다. 문득 뒤돌아본 어느 날, 그냥 그렇게 되어 있음을 알게 되었을 뿐이다.

슬프다

내가 사랑했던 자리마다

모두 폐허다

완전히 망가지면서
완전히 망가뜨려놓고 가는 것: 그 징표 없이는

진실로 사랑했다 말할 수 없는 건지

나에게 왔던 사람들,

어딘가 몇 군데는 부서진 채

모두 떠났다

내 가슴속엔 언제나 부우옇게 이동하는 사막 신전:

바람의 기둥이 세운 내실에까지 모래가 몰려와 있고

뿌리째 굴러가고 있는 갈퀴나무, 그리고

말라가는 죽은 짐승 귀에 모래 서걱거린다

어떤 연애로도 어떤 광기로도

이 무시무시한 곳에까지 함께 들어오지는

못했다. 내 꿈틀거리는 사막이,

끝내 자아를 버리지 못하는 그 고열의

神像이 벌겋게 달아올라 신음했으므로

내 사랑의 자리는 모두 폐허가 되어 있다

아무도 사랑해본 적이 없다는 거:

언제 다시 올지 모를 이 세상을 지나가면서

내 뼈아픈 후회는 바로 그거다

그 누구를 위해 그 누구를

한번도 사랑하지 않았다는 거

젊은 시절, 내가 □讀한 고난도
그 누구를 위한 헌신은 아니었다
나를 위한 헌신, 한낱 도덕이 시킨 경쟁심;
그것도 파워랄까, 그것마저 없는 자들에겐
희생은 또 얼마나 화려한 것이었겠는가

그러므로 나는 아무도 사랑하지 않았다
그 누구도 길이 들어온 적 없는 나의 폐허;
다만 죽은 짐승 귀에 모래의 말을 넣어주는 바람이
떠돌다 지나갈 뿐
나는 이제 아무도 기다리지 않는다
그 누구도 나를 믿지 않으며 기대하지 않는다

　　황지우의 '뼈아픈 후회'는 누군가의 후회를 닮았다. 슬프다. 발길
끊긴 좁은 오솔길 위로 안개 더욱 짙게 내리고, 힘없이 굽은 등 뒤에
서 타오르는 석양은 절벽처럼 끊긴 길을 묻는다.

5

동상은 **시민**들의 **마음**속에 세우는 것

사람들이 왕이나 유력자에게 가진 호의를 입증하는 가장 형편없는 증거가 바로 아낌

없는 영예를 수여하는 것이다. 영예란 그것을 내리는 사람의 의도에 따라 그 값어치가

결정되고 공포는 그 가치를 떨어뜨린다. 동일한 법이 호의로 인해 통과될 수도 있고

공포로 인해 통과될 수도 있다. 따라서 분별 있는 사람은 먼저 자신의 행위와 업적을

돌아보고 그런 다음 자신에게 헌정된 조각이나 그림, 자신을 신격화하는 행위의 가치

를 따져본다. 그 결과 진정한 영예라고 판단되면 신뢰하고 만약 강요된 영예라면 거부

한다. 영예를 내리는 사람은 영예를 받을 때 겸손할 줄 모르고 자랑스럽게 받는 사람,

마지못해 주는 영예를 받아드는 사람을 가장 멸시하기 마련이다.

— 데메트리오스 30절

박정희대통령기념재단은 2017년 박정희 대통령 탄생 100주년을
맞아 서울 광화문 광장에 박정희의 동상을 세우겠다는 계획을 발표

했다. 경북 구미에 새마을운동 테마공원 조성을, 5·16쿠데타를 모의한 가옥 주변에 기념공원 건립을 추진하는 등 각 지자체가 추진하는 박정희기념사업의 예산 소요액은 무려 1,800억 원에 이른다. 박정희 생일 기념행사 때마다 '돌아보면 돌아볼수록 반신반인(), 아버지 대통령 각하'라고 극진히 칭송했던 남유진이 시장으로 있는 '박정희의 고향' 경북 구미시의 예산 씀씀이를 보면 그저 놀라울 따름이다. 박정희 기념사업과 새마을운동 사업을 확대하면서 기업 지원이나 복지 등 주민생활 관련 예산이 줄면서 불편을 호소하는 뉴스가 올라오고 있다. 구미종합버스터미널 화장실에는 '구미시청 지원금이 없어 휴지가 없음. 구미시청 교통행정과에 문의하라'는 안내문이 붙었을 정도다.

1956년 8월 15일, 서울 남산에 이승만 대통령의 동상이 들어섰다. 이 동상은 당시 '동양 최대'니 '세계 최대'니 하는 얘기를 들었다. 파고다공원탑골공원에도 그의 동상이 들어섰다. 서울에는 우남회관지금의 세종문화회관 자리, 우남송덕관뚝섬, 우남정남산 팔각정 자리, 부산에는 우남공원지금의 용두산공원이 만들어졌다. 지폐와 동전에는 이승만 대통령의 초상화가 들어갔다.

1960년 4·19의 성난 군중은 파고다공원에 있던 이승만 동상을 쓰러뜨려 새끼줄을 목에 묶어서 끌고 다녔다. 남산에 있던 동상도 그해 8월 철거되었다. 이승만 동상이 철거된 후 그 자리에는 백범 김구 동상이 세워졌다. 1960년 4월 혁명이 일어나고 시인 김수영은 새로운 시대에 대한 소망을 어제와의 결별로 노래했다. "우선 그놈의 사진을 떼어서 밑씻개로 하자/ 그 지긋지긋한 놈의 사진을 떼어서 조용히 개굴창에 넣고/ 썩어진 어제와 결별하자."

알렉산드로스의 후계자인 마케도니아의 페르세우스 왕은 패배와 함께 로마 해군의 포로가 되었다. 탈출을 돕기로 했던 뱃사공은 재물만 챙겨 떠나버렸다. 페르세우스가 가장 아끼던 신하는 요새를 탈출하는 왕을 돕기는커녕 배신자가 되어 적의 편에 서서 섬기던 군주의 항복을 기다리고 있었다. 명예보다 생에 대한 애착의 노예가 된 페르세우스는 제국의 후예다운 위엄은 온데간데없고 로마 공화국의 집정관 파울루스 앞에 머리를 조아리고 살려달라고 애원했다. 파울루스가 참을 수도, 들어줄 수도 없을 만큼 수치스러운 광경이었다. 권세를 누렸던 자의 비겁하고 불명예스러운 광경을 보고 파울루스는 로마의 젊은 장군들에게 훈계를 한마디 남긴다.

사람이 행운을 입어 도시나 왕국을 정복해놓고도 자기 스스로가 잘나서 그렇다고 생각하며 행동한다면 어리석은 일이다. 오늘 있었던 일을 보고 우리는 인간의 처지는 늘 변할 수 있고, 영원히 누릴 수 있는 것은 하나도 없다는 것을 알았을 것이다. 그래서 승리에 마음이 들떠 있다가도 내일 우리가 어떻게 달라질지를 생각하면 기쁨조차 모두 사라지는 법이다. 세상 모든 일의 법칙을 조금이라도 깊이 생각해본다면, 모든 것이 돌고 돌 듯, 인간의 처지도 변한다는 것을 깨닫게 되면, 기쁜 순간도 슬퍼지기 마련이다.

알렉산드로스 대왕의 후계자가 되어 가장 큰 권세를 누리던 사람이 하루아침에 짓밟히는 것을 그대들이 보았다면, 또 어제까지 수천수만 군대의 호위를 받고 있던 왕이 적의 손에 잡혀 그날그날 먹을 것을 받아먹는 꼴을 보았다면, 우리는 지금 우리의 승리가 영원히 계속될 것이라는 어리석은 믿음을 갖지 말아야 할 것이다. 그리고 우리들에게 내린 이 행운의 값으로 신께서 내일은 우리에게 무엇을 요구할지 미리 대비해야 할 것이다.

– 아이밀리우스 파울루스 27절

동상은 그 사회의 분위기를 내포하기 때문에 사회적 논란이 뒤따른다. 획일화된 가치를 강요하고 특정 인물에 대한 숭배의식을 부추기기 위해 특정 지배세력이나 국가가 움직이기 때문이다. 한번 건립된 동상은 좀처럼 해체되기 어렵기 때문에 신중할 필요가 있는데, 사회적 합의나 국민의 지지를 얻는 과정을 귀찮게 생각하고 속전속결로 처리하다 보면 문제가 생긴다.

이순신 장군이야말로 논란의 여지가 없는 구국의 영웅이지만, 그의 업적을 정권의 의도에 맞춰서 가공했을 때는 문제가 생긴다. 1968년에 건립한 이순신 동상 역시 당시 권력의 이데올로기를 내포한다. 즉, 제국주의의 모방이며, 상무주의尚武主義 의 흔적이다. 모든 나랏일은 '군관민軍官民 의 순서로' 이루어져야 한다는 것이다. 전 세계가 군국주의를 반대하는 평화주의 운동의 해로 기억하는 1968년, 이순신 동상은 분명 시대의 역행이었다. 청와대를 습격한 북한 무장 공비사건으로 국내 정세는 벌집을 쑤셔놓은 듯 아수라장이 되었고, 박정희 정권은 미국의 전쟁을 지원하기 위해 한국군을 베트남에 파병했다. 이런 와중에 세워진 이순신 장군의 동상을 보면 어느 정도

'정답'이 나와 있다. 그는 군복 위에 훈장을 달 듯 이 땅에 휘황찬란한 무인정신을 심고 싶었을 것이다.

2016년 90세의 나이로 숨진 피델 카스트로는 자신을 숭배하는 어떤 표현도 거부했다. 그는 생이 다하는 마지막 날까지 자신의 이름과 이미지를 기관이나 광장, 공원, 거리 등 공공시설의 이름으로 사용하지 말라고 강조했다. 그의 뜻에 따라 어떤 기념물이나 흉상, 동상을 세우지 않을 거라고 밝힌 (심지어 그의 동생이 이끄는) 쿠바 정부 또한 얼마나 멋진가. 나는 이것이야말로 리더의 지혜이고 시민의 수준이라고 생각한다. 동상 문제와 관련해 가장 적절한 고대 시민은 마르쿠스 카토BC 234~149인 듯하다. 로마 민중은 감찰관직을 훌륭하게 수행한 마르쿠스 카토를 열렬히 지지했다. 그들은 즐거운 마음으로 신전에 카토의 동상을 세운 뒤 그를 기리는 기념 문구에 카토의 군사 지도력이나 전쟁에서의 승리에 대해 적는 대신 다음과 같이 적었다고 한다.

로마가 휘청거릴 때 감찰관으로 선출되었고, 유익한 지도력을 보이며 지혜로운 방법으로 규제하고 건전하게 타일러 로마를 바로 세웠다.

그러나 이 일은 카토가 원했던 것도 아니거니와, 이 일이 있기 전에도 카토는 줄곧 자신의 모습이 동상으로 만들어졌다고 좋아하는 사람들을 비웃었다. 동상의 명예는 단지 조각가와 화가의 능력에 달려 있는 것이고, 자신의 가장 아름다운 형상은 동료 시민들의 가슴속에 들어 있다고 믿었기 때문이다. 또한 그는 명성이 없는 자들의 동상이 널려 있는 반면 카토의 것이 없다는 사실에 놀라움을 표하는 사람들에게 이렇게 말했다. "사람들이 나의 동상이 없는 이유를 묻는 것이, 나의 동상이 있는 이유를 묻는 것보다 낫습니다." 이것이 카토의 진면목이었다. 원로원은 국가에 극심한 위기가 닥쳤을 때마다 뱃사람이 키잡이를 찾듯 그를 찾았고, 그가 없으면 중대한 결정을 미룰 정도였다. 그의 삶과 말, 연륜은 로마에서 막대한 권위를 갖고 있었지만 그는 시민들의 숭배에는 무심하게 살았다.

메리 엘리자베스 프라이Mary Elizabeth Frye는 "내 무덤가에 서서 울지 마세요"라고 부탁했지만 나는 안다. 그를 향한 우리의 그리움이 꽃으로 핀다면 절정의 목련처럼 새하얗게, 울짱을 두른 개나리의 샛노랑으로 피어날 것임을.

내 무덤가에 서서 울지 마세요.

나는 거기 없고, 잠들지 않았습니다.

나는 이리저리 부는 바람이며

금강석처럼 반짝이는 눈이며

무르익은 곡식을 비추는 햇빛이며

촉촉이 내리는 가을비입니다.

당신이 숨죽인 듯 고요한 아침에 깨면

나는 원을 그리며 포르르

날아오르는 말없는 새이며

밤에 부드럽게 빛나는 별입니다.

내 무덤가에 서서 울지 마세요.

나는 거기 없습니다. 죽지 않았으니까요.

6

전쟁과 평화, 과연 통일은 가능할까

휘페레이데스는 포키온에게 물었다.

"그러면 아테네는 언제 전쟁을 벌여야 합니까?"

"젊은이가 기꺼이 전열 속에 서고, 부유한 자들이 기부를 하고, 손버릇 나쁜 연설가들
이 더 이상 공금을 탐하지 않을 때."

— 포키온 22절

정부는 병역기피자인 유승준의 입국 거부를 통해 병역의무와 관
련된 문제에 대해 아주 단호한 의지를 보이고 있다고 과시하고 싶겠
지만 통계로 드러난 실상은 정반대다. 국회의원들과 임명되는 국무
위원들의 병역면제 비율이 일반 국민에 비해 항상 높기 때문이다. 노
블레스 오블리주를 생활화한다고 주장하는 사람들이라면 그 반대가
정상인데도 말이다. 일반 국민들은 아들을 군대에 보내놓고 제발 무

사히 제대하기만을 기도하고, 정치·경제계의 지도자들과 그 아들들은 병역의무에서 벗어나 '신의 아들', '장군의 아들'이라는 훈장을 자랑한다. 우리에게 전쟁은 무엇일까?

소크라테스가 젊은 정치 지망생인 메넥세노스에게 들려준 추도 연설 중 유족을 위로하는 마지막 대목을 들어보자. 지도자가 마음에서 우러나는 이런 연설을 할 수 있다면 젊은이들은 기꺼이 전열 속에 설 것이다.

전몰자의 자식들 그리고 부모님들이시어.

나 자신 그들을 대신하여 바라건대, 자식들은 자신들의 부모들을 본받기 바라며, 부모들께서도 스스로를 위해 힘을 내십시오. 왜냐하면 우리는 사적으로든 공적으로든 우리 각자가 여러분의 가족들을 어디에서 만나든 간에 당신들의 노후를 맡아 돌볼 것이기 때문입니다.

국가는 직접 자식들의 양육에 동참하고 있습니다. 국가는 아직 어린 그들에 대해 아버지의 역할을 다하며, 그들이 고아임을 못 느끼도록 최대한 애쓰고 있으며, 아이가 성인 남자로 성장하게 되면 그들을 자신의 집으로 돌려보내고 있습니다. 또 국가는 전몰자들을 추앙하는 일에 결코 소홀하지 않을 것입니다. 국가는 전몰자들에 대해서는 상속인과 아들의 몫을 맡아 하며, 그들 자식에 대해서는 부친의 역할을, 또 그들의 부모에 대해서는 보호자의 역할을 맡아 모든 보살핌을 시종일관 끊임없이 행할 것입니다.

언론기관 등에서 추정한 자료에 따르면 뇌물을 써서 면제받는 장정이 매년 5천 명 정도라고 한다. 병역을 면제받는 대가로 그 부모가 지불하는 평균 뇌물액은 4,500만 원으로 병역면제로 인해 형성되는 시장 규모가 연간 약 2,250억 원에 이른다. 군대 내에서 1년에 사망하는 장병은 평균 300명으로 이 중 100명이 자살, 200명이 총기사고, 훈련사고 등의 이유로 사망한다는 통계가 있다. 군대 내에서 치유할 수 없는 장애를 얻어 군생활을 유지할 수 없다고 판명된 사람이 연평균 5천 명으로 이들은 의병 제대를 한다. 병영생활을 견디지 못해 탈영하는 군인이 연평균 2천 명이다. 우리에게 전쟁은 무엇일까?

지난 2009년 김영수 전 해군 소령은 9억 4천만 원에 달하는 계룡대 군납비리 의혹 문제를 고발했다. 한국군 역사에서 영관급 고위 장교가 처음으로 군 내부의 비리 의혹에 대해 양심선언을 한 것이었다. 그 여파로 국방부는 사건을 재조사하고 비리 군인 서른한 명을 형사 처벌했다. 그러나 개혁은 여기서 멈췄고, 김 소령은 그 후 진급 등에서 번번이 불이익을 받다가 전역을 해야 했다.

2013년 11월 국회 정보위원회의 국방정보본부 국정감사에서 "남한과 북한이 싸우면 누가 이기느냐?"는 한 의원의 질의에 조보근 당시 국방정보본부장 중장은 "한·미가 합쳐 싸우면 월등하게 이기나 남한과 북한이 일대일로 붙으면 (우리가) 진다"고 답변했다. "국방비를 우리가 (북한에 비해) 몇 배나 더 쓰느냐?"는 질문에 조 본부장은 "마흔네 배"라고 답변했다. 또한 김관진 국방 장관은 "우리나라의 전력은 북한의 80% 수준"이라고 밝혔다. 대한민국은 세계 13위의 경제대국이고 북한보다 국방비를 마흔네 배를 더 쓴다면 적어도 20년 동안 우리는 북한보다 국방비를 수백 배는 더 지출했을 것이다. 남북한의 군사력은 1980년부터 남한이 북한을 추월한 후 그 격차가 계속 벌어져 1997년에 남한이 약 두 배, 현재는 세 배 이상 우위를 보인다고 한다. 이런 상황인데도 '싸우면 진다'는 대한민국 군대다. 우리에게 전쟁은 무엇일까?.

우리는 미국과 군사동맹까지 맺고 있다. 그런데 세계 최빈국 가운데 하나인 북한의 위협에 놀라 일본과 군사적 협력까지 맺었다. 도대체 우리는 지금까지 그 많은 국방비를 들여 국가 안보를 위해 무엇을 했던 걸까. 그것도 온 국민이 국정농단 사태에 관심을 쏟고 있는 혼란을 틈타 속전속결로 처리해버렸다.

국방 전문가인 김종대 의원은 《노무현, 시대의 문턱을 넘다》에서 가슴 아픈 국방의 진실을 들려준다. 이제 미군은 더 이상 한국군과 함께 피를 흘릴 수 있는 '혈맹'이 아니라고 단언하고 있기 때문이다.

2009년 12월 북한제 무기를 실은 그루지야 수송기가 태국에 불시착한 사건은 오산 미7공군의 스텔스 무인정찰기를 동원한 미 정보기관의 비밀작전 때문이었다. 미국은 이 작전에 대해 사전은 물론이고 사후에도 한국 정부에 통보하지 않았다. 주한미군의 전략과 전력, 병력이동에 관한 정보가 한국 정부의 시야 밖에 있다는 기가 막힌 사실은 한 가지 진실을 알려준다.

"이제껏 우리가 알고 있었던 전통적 동맹은 존재하지 않는다!"

주한미군은 미국의 전략에 따라 움직일 뿐이다. 이러한 변화를 깨닫지 못하고 과거 동맹에 대한 고정관념에 기대어 미국의 '선의' 하나만 믿고 우리 운명을 통째로 맡긴다는 것은 너무도 위험천만한 일이다. 미국과의 '연합 능력'을 중시하느라 한국군 스스로 전쟁 목적을 달성하기 위한 제대로 된 지휘통제 능력을 갖추지 못했다는 것은 세계 8위권의 군사대국인 한국군으로서는 어두운 그림자라고밖에 말할 수 없다. 전쟁이 나면 미국의 구령에 따라 '차려, 열중쉬어'를 한 수밖에 없는 처지인 것만은 부정하기 어렵다.

그는 우리가 용산기지를 이전한 것쯤으로 알고 있는 평택기지에 대한 지적도 이어간다. 당시 노무현 대통령은 평택기지가 장차 중국을 견제하는 수단으로 작동하지 못하도록 주한 미군의 전략적 유연성을 차단했다고 판단했지만 그것은 착각이었다는 것이다. 평택기지는 장차 중국을 비롯한 동북아시아에서 미군의 전략을 구현하는 전초기지이자, 한국의 주권이 전혀 미치지 않는 미군의 500년 기지로 조성되고 있다는 것이다. 상황이 이런데도 우리는 오래된 기억 속에 남아 있는 주한 미군만을 떠올리며 혈맹을 이야기하고 그들에게 기대기를 멈추지 않고 있다.

자존심은 원래 보수주의자들의 전유물인데, 그들은 유독 전시작전권에 관해서는 비용의 문제로만 접근한다. 그들은 전시작전권을 미국이 갖는 게 자주국방보다 더 경제적이고 효율적이라고 생각한다. 우리 집의 안위 문제를 옆집에 맡기고 돈을 주면서 해결해줄 것을 요청하는 것과 무엇이 다른가. 가장의 정신적 권위는 사라지고 '돈의 천박함'만 남았는데 과연 정상적인 가정일 수 있을까. 고고도 미사일 방어체계THAAD 논란만 해도 그렇다. 오바마 전 대통령의 언급에서 알 수 있듯이, 한국의 안전 보장은 미국의 사드 배치 목적에 들어 있지 않다. 결국 주한 미군과 미군 시설의 안전, 그리고 중국을 견제하기 위한 무기체계에 우리가 비용을 부담하면서 중국과의 불화는 감수하라는 것이나 다름없다. 국민을 보호하기 위해 들여오는 사드가 왜 국가 주요 기관과 전체 인구의 절반이 모여 있는 수도권을 방어하지 못하는지 우리는 국가로부터 합리적인 설명을 들을 수 있어야 한다. 우리에게 전쟁은 무엇일까?

우리의 전쟁이 통일을 목적으로 한다면 우리는 준비가 되어 있는 걸까. 독일의 통일이 우리에게 주는 교훈은 무엇일까. 분단국가 서독의 전략은 통일된 독일이 유럽 통합의 주요 파트너로 참여할 것이라는 확신을 주변국들에게 꾸준히 그리고 일관되게 심어주는 것이었다. 독일은 이처럼 통일 문제를 유럽 지역의 문제로 전환시키는 일련의 과정을 통해 통일을 달성할 수 있었다. 오늘날처럼 모든 나라가 국제적으로 얽히고설킨 상황에서는 사실 그 방법 외에는 선택의 여지가 없다. 훗날의 상황을 가정한다면 우리가 미국의 요구대로 중국을 겨냥해 한반도에 사드를 배치한 것은 결코 선택해서는 안 되는 결정이었다.

지금 상태라면 우리의 통일은 독일이 아니라 예멘의 비극을 따라갈 가능성이 농후하다. 1990년 예멘은 국민적 합의나 체계적 준비

없이 통일을 추진했다가 4년 후 내전으로 이어지는 상황에 빠지고 말았다. 물리적으로는 통일을 이루어냈지만, 경제적·문화적 갈등을 효과적으로 해결하지 못했기 때문이다. 북한 정권이 무너지는 순간 통일로 이어질 것으로 예상하는 우리의 시각은 또 다른 혼란을 내포하고 있다. '통일비용'은 경제적인 비용만을 의미하지는 않는다. 경제를 넘어선 정신적 통일, 즉 남북 간의 갈등과 적개심, 불신감을 해소하는 데 필요한 우리의 지혜와 인내를 포함하고 있기 때문이다.

넓은 초원에
염소 한 마리
풀을 뜯고 있다

하늘을 업은
염소의 잔등이 푸르다

그 잔등 위로
한 마리 새가 날아간다

주루룩 푸른 물이 쏟아져 내린다

새들이 지우고 간 자리만큼
하늘이 비어간다

새하얀 염소 한 마리

두둥실 떠간다

   조윤희 시인의 '하얀 염소가 있는 풍경' 너머로 푸른 하늘이 보이면 좋겠다. 하늘의 이야기가 땅에서도 같은 빛깔로 풀렸으면 좋겠다. 열심히 올려다본 하늘에서 푸르름을 퍼내 와 대지의 채색을 도왔으면 하는데 하루에 하늘 한 번 처다보는 것도 쉽지가 않다. 하늘을 처다보는 건 고사하고, 우리는 외려 땅의 잿빛을 하늘로 퍼 올리며 먹구름을 더욱 두텁게 만들고 있다.

7

개인의 **희망**이 곧 국가의 **정책**이다

그리하여 왕의 재산이 거의 다 없어지고 남에게 넘어갔을 때 페르디카스가 물었다.

"그러시면 전하께 남는 게 무엇입니까?"

그러자 알렉산드로스가 말했다.

"희망. 이 또한 그대와 함께, 원정을 가는 모든 사람들과 함께 나누어 가질 것이네."

그러자 페르디카스는 자신에게 주어진 재산을 받지 않았고, 이에 알렉산드로스의 다른 동료들도 동참했다. 알렉산드로스는 자신의 호의를 받고자 하는 사람들에게 기꺼이 남은 재산을 내놓았고 그가 마케도니아에 갖고 있던 거의 모든 소유물은 이런 식으로 분배되었다.

– 알렉산드로스 15절

이름 앞에 '위대한'이란 형용사가 붙는 인물의 경우 논쟁이 뒤따르게 마련이다. 알렉산드로스BC 356~323 역시 그렇다. 우선, 알렉

산드로스에 대한 장 자크 루소Jean-Jacques Rousseau, 1712~1778의 평
가를 보자.

> 내가 알렉산드로스의 행위에서 아름답게 보는 바가 무엇이냐고? 그
> 것은 알렉산드로스가 미덕을 믿고 있었다는 점이다. 자기 목과 목숨을
> 걸고 그것을 믿었다는 사실이다. 오, 그 삼킨 약이 얼마나 아름다운 신
> 앙고백이었던가!

　루소가《에밀: 교육론》에서 토론의 주제로 삼기 위해 선택한 장면
은 '주치의 필리포스를 신뢰하는 알렉산드로스'다. 알렉산드로스가
병들어 누워 있는데 주치의가 약사발을 들고 왔다. 그런데 그는 이미
심복에게 비밀서찰을 받아 베개 밑에 넣어두고 있었다. 적장에게 매
수된 주치의가 독약을 진상할 것이라는 내용이었다. 알렉산드로스
는 건네받은 약사발을 단숨에 들이키면서 그 비밀서찰을 주치의에
게 보여주었다. 플루타르코스는 이 장면을 무대에 올려도 부족하지
않을 만큼 놀라운 광경이었다고 기록하고 있다.

　한 사람은 편지를 읽고 다른 한 사람은 약을 들이키는데, 두 사람
모두 서로를 바라보고 있지만 그 표정은 극과 극을 달리고 있었기 때
문이다. 알렉산드로스는 기쁘고 환한 표정으로 주치의에 대한 선의
와 신뢰를 드러낸 반면, 주치의는 자신을 비방하는 내용이 담긴 편지
를 읽으며 사색이 된 얼굴을 하고 있었다. 결국 그는 주치의에 대한
믿음으로 건강을 회복했을 뿐만 아니라 부하들의 신뢰와 충성까지

덤으로 얻었다.

반면, 네루는 《세계사 편력》에서 알렉산드로스를 '유명한 정복자, 그러나 교만했던 청년'이라 칭하며 다음과 같이 말한다.

> 그는 페르시아 원정을 시작한 뒤로 끝내 고국 마케도니아를 보지 못하고 서른세 살에 죽고 말았다. 이 '위대한' 인물은 그 짧은 생애에 무엇을 이룩했을까? 그는 몇몇 싸움에서 눈부신 승리를 거두었다. 그는 의심할 여지없이 위대한 장군이기는 했다. 그러나 그는 허영과 자만심의 인간이었고 가끔 아주 잔인하고 난폭했다. 그는 자신을 거의 신이라고 간주했다. 일시적인 격분과 변덕의 순간에 가장 훌륭한 친구들을 죽였으며, 또 몇 개의 큰 도시를 그 주민들과 함께 파괴해 버렸다. 그는 그의 제국에 이렇다 할 만한 업적, 심지어 제대로 된 도로조차 남기지 않았다. 그는 그저 허공을 흐르는 별똥별처럼 나타났다가 사라졌으며 한 줌의 기억 말고는 아무것도 남긴 것이 없었다. 그가 죽은 뒤 그의 일족은 서로 살해를 일삼아 그 크나큰 나라는 사분오열되고 말았다.

알렉산드로스는 인도의 갠지스 강을 넘어 원정을 계속하기를 원했지만 오랜 원정에 지친 부하들의 성화에 할 수 없이 돌아가기로 결정했다. 그 무렵 그는 명성이 높은 인도 철학자들에게 디오게네스의 제자를 보내 예를 갖춘 적이 있었다. 이때 인도의 철학자 단다미스 Dandamis가 "알렉산드로스 왕이 이처럼 먼 곳까지 온 이유가 무엇입니까?"라고 물었다. 그저 허공을 흐르는 별똥별처럼 나타났다가 사라질 운명이며, 한 줌의 기억 말고는 아무것도 남길 것도 없는 인생인데, 무엇을 위해 이토록 먼 곳까지 왔다가 되돌아가는 수고를 하는지 그 본질적 이유를 물은 것이다. 인생무상을 지적한 인도인의 통찰은 '세상 끝까지'를 목적으로 삼았던 알렉산드로스를 정신적으로 무력하게 했는지도 모르겠다. 네루의 평가가 루소와 사뭇 다른 것은 그가 알렉산드로스의 죽음과 가까운 말년에 초점을 맞추고 있다는 점이다.

알렉산드로스가 숙적이었던 다레이오스 왕을 제거하고 페르시아를 정복하면서 '바로 여기'가 정점임을 알리는 징후가 곳곳에서 나타났다. 알렉산드로스의 말년은 술주정뱅이에 폭군의 모습을 하고 있었다. 그는 우정의 힘으로 온갖 어려움을 함께했던 친구들을 차례로 처형하고, 대신 달콤한 말로 꾀는 아첨꾼들에 둘러싸였다. 유명한 정복자, 그러나 교만했던 청년의 죽음은 그렇게 무상했다.

동쪽을 향한 원정을 떠나기 전 알렉산드로스는 자신의 모든 토지와 재산을 친구에게 나누어주었다. 그가 죽음을 각오하고 전쟁에 '다 걸기'를 한 것이다. 무엇이 그에게 모든 인생을 다 걸게 했을까. 그것은 바로 희망이었다. 그는 모든 나라가 자신을 중심으로 하나가 되는 세상을 꿈꿨다. 그 희망을 위하여 그는 정복자의 위엄을 지키면서도 정복한 나라의 풍습과 전통을 받아들였다. 사막을 횡단할 때 부하들이 마지막 남은 물을 알렉산드로스에게 바치자 그가 그 한 모금의 물을 바닥에 쏟으면서 함께 건디겠다고 말할 수 있었던 것도 바로 희망덕분이었다. 희망은 그로 하여금 1만 명에 가까운 병사의 이름을 거의 다 외우게 했고, 전쟁 중에는 병사들과 함께 먹고, 마시고, 잠을 자게 했다. 알렉산드로스는 희망이 있었기에 전쟁터에서 항상 선두에 서서 승리의 깃발을 흔들 수 있었다. 희망에 찬 그의 태도는 부하들로 하여금 죽음을 두려워하지 않는 군대로 거듭나게 했고, 싸울 때마다 승리를 이어갈 수 있었다.

샘처럼 솟아나는 그 희망의 원천은 어디였을까. 아버지 필리포스는 처음 본 야생마를 능숙하게 다스리는 아들을 보면서 말했다. "아들아, 네 그릇에 어울리는 왕국을 차지하도록 해라. 마케도니아는 네게 너무 좁다." 아버지는 아들이 타고난 고집쟁이에 강요하면 반발하지만 논리를 앞세우면 설득하기 쉽다는 것을 알아채고 열세 살이 된 아들에게 최고의 선생을 붙여주었다. 그가 바로 그리스의 스승 아리스토텔레스였다. 스승은 그리스적 관점에서 가르침을 3년 동안 이어갔다. 플라톤에서 아리스토텔레스로 이어지던 '그리스인과 야만인 비그리스인'이라는 이분법적 인간관이 그 토대였음은 당연했다. 그러나 그는 스승의 생각에 동의하지 않았다. 어쩌면 이때부터 그는 세상 사람 모두를 하나의 시민으로 엮겠다는 희망을 품었는지도 모른다.

그는 전쟁을 수행하며 야만인들과 접촉하면서 그리스인이 과연 그들보다 우월한지를 판단했다. 그는 모든 사람이 본질적으로 동일하다는 확신을 갖게 되었다. 이 생각이 알렉산드로스로 하여금 꺼져가던 그리스 문명을 동방의 숨결로 살려내게 했다. 그는 어떤 문명이나 민족도 다른 집단보다 우월하지 않고, 모든 인류는 평등하다고 믿었다. 그의 희망은 어쩌면 '세계 시민'이었고 이를 증명하기 위해 '돌아가지 못할 만큼 먼 길'을 떠났는지도 모른다. 결국 그의 사상은 스토아 철학으로 흘러 들어 인류가 형제임을 가르쳤고, 그 후 사도 바울로를 통해 기독교로 흘러 들어갔다. 알렉산드로스의 희생제물을 받은 헬레니즘은 유대인의 헤브라이즘과 합쳐져 서양 문명의 모태가 되었다.

2016년 11월 희망제작소가 발표한 '시민희망지수'에 따르면 한국인의 사회희망 인식은 100점 만점에 겨우 44점이었다. 개인희망 인식 역시 100점 만점에 63점에 불과했다. 개인적으로는 희망의 끈을 놓지 않고 있지만, 사회에 대해서는 절망적으로 느끼고 있다는 의미다. 괴테는 말한다 "인간이 절망하는 곳에는 어떠한 신도 살 수 없다." 우리가 사는 곳은 신들마저 떠나버린 도시일까. 어디가, 무엇이 문제일까. 누가 우리의 희망을 훔쳐갔을까. 그들은 우리의 희망을 어디에다 숨겨놓은 걸까. 심리학자 김태형은 《불안증폭사회》에서 그 범인은 개인이 아니라, 사회라고 말한다. 그는 우리가 만들었던 사회가 도리어 우리를 한 사람씩 도려내려 한다고 말하고 있다.

G20 정상회담 주최, GDP 증가, 경제규모 세계 10위권 도달, OECD 가입 등 화려한 대한민국의 이력 이면엔, 단군 이래 최악의 상황에 놓여 있다. IMF 이후 극대해진 양극화와 교육문제, 남북관계의 불안과 공포 등 일일이 열거할 수 없을 정도다. 그런데 그런 이유가 개인의 문제라는 것보다 외부적 요인, 다시 말해 국가적 요인에서 온 것이라 할 수 있다.

한국사회의 어두운 면을 보자. 행복지수는 세계 50위권에 불과하고 OECD 국가 중 남녀 소득 격차, 국채 증가율, 세 부담 증가율, 저임금 노동자 비율, 근로 시간, (해고가 쉬운) 노동유연성, 산재 사망자, 비정규직 비율, 이혼율, 자살률, 사교육비 비중 등이 1위인 대한민국이다.

하지만 대부분의 심리학자들과 사회과학자들은 자살 및 범죄 등 사회의 이상 징후에 대해 당사자의 이상 심리와 일탈로 해석하고 개인 책임에 대해서만 이야기할 뿐, 우리 사회가 책임져야 할 70퍼센트에 대해서는 침묵해왔다. 왜일까? 문제를 개인의 탓으로 돌려버리는 편이 훨씬 쉽기 때문이다!

그는 말한다. 개인이 아픈 것은 그 사회가 아프기 때문이라고. 청춘이어서 아픈 게 아니라, 이 사회가 청춘들을 아프게 하고 죽이고 있는 것이 문제라고. 그렇다면 이 사회는 어떻게 청춘들을 아프게 하고 죽이는 괴물이 되어버렸을까. 그 범인은 정책이다.

미국의 정치학자 로널드 잉글하트Ronald Inglehart는 국가 발전의 목표에서 경제 우선주의적 태도를 '물질주의'로, 언론자유를 보장하고 정부정책 결정에 국민의 의견수렴을 우선시하는 문화주의적 태도를 '탈물질주의'로 정의해 각 국민의 가치관World Values Survey을 비교 분석한 바 있다. 한국은 '국정운영의 화두가 주로 부국강병과 관련된 것'이어야 한다는 물질주의자가 37%, '경제보다 참여와 인간적 가치, 환경 등 탈인습적 가치'를 강조하는 탈물질주의자가 6%, 두 가지 모두에 어느 정도 긍정하는 혼합형이 57%였다.

이 결과는 비교 대상이 된 국가 중 중국 다음으로 물질주의자의 비율이 높은 것으로, 특히 미국이나 유럽 국가들에 비하면 거의 세 배 정도 많았다. 스웨덴은 물질주의적 가치관에 속한 사람이 6%밖에 되지 않아 우리나라와 거의 반대 구조를 나타낸다. 보통 유럽 선진국들에서는 국민의 20% 이상이 탈물질주의자로 분류된다. 그만큼 환경보호와 언론 자유, 소수자의 인권 보호 등에 매우 민감하다는 뜻이다. 그에 비해 우리는 아직도 경제성장이 필요하고, 이를 위해 다른 것을 희생해야 한다는 경제 우선주의에 갇혀 있다. 한국인에게는 여전히 경제 문제가 핵심 관심사다. 한국은 지나치게 물질 중심적이어서 당연히 사회적 관계의 질도 낮다. 이는 당연히 낮은 행복도로 이어진다.

개인이 느끼는 행복감은 질병관리나 생산성, 창의성 등 국가가 관리해야 할 지표에 달려 있다는 연구결과가 속속 나오고 있다. 행복을 결정하는 것은 돈이 아니라 우리의 일상에서 긍정적으로 작용하는 사회적 관계에 따른 삶의 질이다. 개인의 행복이 국가의 복지정책에 달려 있다는 뜻이다. 어떻게 정치에 반영되도록 할 것인지는 여전히 시민의 몫이다.

어느 길로 가야 할지 알 수 없는 혼돈의 시간, 하지만 우리는 '진정한 여행'나짐 히크멧, Nazim Hikmet을 떠나야 한다. 가장 훌륭한 시와, 가장 아름다운 노래와, 가장 넓은 바다와, 불멸의 춤과, 가장 빛나는 별을 찾아서 가장 먼 여행을 떠나야 한다.

가장 훌륭한 시는 아직 쓰여지지 않았다.

가장 아름다운 노래는 아직 불려지지 않았다.

최고의 날들은 아직 살지 않은 날들

가장 넓은 바다는 아직 항해되지 않았고

가장 먼 여행은 아직 끝나지 않았다.

불멸의 춤은 아직 추어지지 않았으며

가장 빛나는 별은 아직 발견되지 않은 별

무엇을 해야 할지 더 이상 알 수 없을 때

그때 비로소 진정한 무엇인가를 할 수 있다.

어느 길로 가야 할지 더 이상 알 수 없을 때

그때가 비로소 진정한 여행의 시작이다.

8

폼필리우스에게 배우는 국민대통합

새로운 정부가 들어설 때마다 맨 처음 꺼내는 말이 있다. '국민대 통합'이다. 하지만 막상 권력을 쥐고 나면 자신의 사람들을 꾸준히, 곳곳에 심는다. 정부가 통합 의지가 있는지 여부는 집권하고 2년 후 의 변화를 보면 알 수 있다. 그 정도의 시간이 지나면 정부는 안정을 이루고 정책에 박차를 가하며 자신감을 분출하기 시작한다. 마라톤 선수가 반환점을 돌 무렵 그의 기록을 알 수 있는 자세가 나오듯이 정부가 초심을 잃지 않고 있는지 여부를 알 수 있는 시점이다. 그 시 점의 내각 구성을 보면 오만함인지 자신감인지를 알 수 있다.

지금까지는 '몰락의 씨'를 스스로 뿌리는 경우가 대부분이었다. '국민대통합' 공약 불이행과 인사 소외지역에 대한 불만에 '인재 위주 로 하다 보니까 어떤 때는 이쪽이 많기도 하고 저쪽이 많기도 하다' 고 설명하는 식이다. 능력만 보고 뽑을 뿐 출신지역에 대한 안배를 염두에 두지 않다 보니 시기에 따라 출신지역 쏠림 현상이 왔다 갔다 할 뿐이라는 거다. 하지만 오로지 지역적 충성에 기댄 결과가 참담한 몰락이라는 것을 우리는 지난 정권에서도 목격했다.

이제는 한국도 인종차별을 법으로 금지하고 있는 미국처럼 지역 차별금지법을 제정해야 하는 단계에 오지 않았나 싶다. 아니면 지역별 인구구성 비율에 맞게, 고위직에 대한 객관적인 가중치를 반영해 인재를 등용할 수 있게 강제하는 법률을 제정하는 것도 시도해볼 만하다. 그렇게 한다면 누가 시비를 걸겠는가.

2010년 인구주택총조사 결과에 따르면 수도권 인구 비율은 49%, 영남 26%, 호남 11%, 충청 10%, 강원 3%, 제주 1%의 순으로 이어진다. 이러한 인구구성 비율은 그동안 이루어진 경제개발의 지역적 차별을 보여주는 증거이기도 하고 국민통합을 저해하는 장애요소가 되기도 한다. 그러나 문제를 해결하기 위해서는 현재에서 출발할 수밖에 없다. 정말로 어느 한 지역에서만 특별히 재능을 가진 사람들이 줄줄이 대기하고 있어 주체하지 못할 상황이라면 국민들에게 그 실상을 소상히 밝히고 양해를 구해야 한다. 그렇게 못할 거라면 국회의원 선거에 적용하듯이 인구비례에 따라 내각을 구성하는 게 맞다.

내가 문과에 급제한 임자년(1792)의 문과 급제자는 59명이었다. 그 중에 정승 집과 재상 집 자제들은 발표 뒤에 즉시 규장각과 홍문관의 자리에 제수되었고, 서울 명문가 출신의 젊은이들은 모두 초계문신에 들었다. 초계문신은 최고로 촉망받는 인재들로만 구성되는데, 녹봉 말

265
나라답게

고도 하사받는 물품이 줄줄이 이어지고 교외로 나갈 때면 가마와 말을 타고 각 고을에서 편의를 제공받는다. 그 밖에 노쇠하고 가세가 없는 사람들, 명경과로 합격한 시골 사람들은 녹봉을 받는 벼슬은 고사하고 삼관에 배치되는 것조차 기약 없이 미루어졌다.

18세기 문인 윤기1741~1826의 《무명자집》에 나오는 내용이다. 윤기는 '노쇠하고 가세가 없는 사람들'에 속한 사람이었다. 그는 33세가 되어서야 소과에 합격해 성균관에 들어갔으며, 그 후 20년을 유생으로 지내다 52세에 대과에 급제해 관직생활을 시작했다고 한다. 그는 성균관 근처에 살면서 성균관에서 끼니를 해결해야 할 만큼 궁핍하게 살았고 급제 후에도 지방 관리를 전전했다. 우리가 이런 역사 속 불신과 부패의 뒷골목 풍경을 관행을 따르듯 이어가야 할 이유는 없다. 이참에 국회나 지방의회 선거를 독일식 정당명부제로 바꾸고 모든 계층이 지지받는 만큼 목소리를 낼 수 있는 기반을 만드는 건 어떨까. 아니면 선거운동의 타락상을 개혁하기 위해 제비뽑기 선거를 도입하는 것은 어떨까.

다비트 판 레이브라우크David Van Reybrouck는 《국민을 위한 선거는 없다》에서 대의제의 폐단을 극복하기 위해서는 차라리 제비뽑기 방식을 도입하라고 주장한다. 모든 시민은 적어도 자기 삶에 있어서는 전문가들인 만큼 이 주장은 합당하다. 제비뽑기 방식을 통하면 노동자, 농민, 전업주부 같은 보통 사람들을 의회로 보낼 수 있고 따라서 의회는 전체 국민의 구성과 흡사한 구조를 띠게 된다. 보통 사람들이 문제를 더 쉽게 해결할 수 있고, 민주적 토론의 질이 높아져 결국 정치라는 자기 폐쇄적 구조를 개선하기에 이른다. 또한 제비뽑기는 선거자금과 무관한 시스템이기 때문에 금권정치와 부패를 해결하고, 재선을 금지해 광범위한 국민 참여가 가능하다.

실제로 우리나라에서도 녹색당이나 일부 종교단체에서는 제비뽑기로 풀뿌리 민주주의를 실험하고 있다. 이와 비슷하게 일본의 어느 중소기업에서는 신규 사원을 채용할 때 선착순으로 뽑고, 승진시킬 때는 후보자 명단을 선풍기 바람에 날려 뽑았음에도 회사의 운영은 물론 수익성에도 아무런 문제가 없이 잘 돌아간다는 이야기를 들은 적도 있다.

1989년 뉴욕시장 선거에서 백인 루돌프 줄리아니 Rudolph Giuliani 와 흑인 데이비드 딘킨스 David Norman Dinkins 가 출마했을 때 흑인 유권자들은 똘똘 뭉쳐 딘킨스를 시장으로 당선시켰다. 그러나 미국의 언론이나 백인 사회에서는 이를 문제 삼지 않았다. '흑인들이 뭉치고 있으니 우리 백인들도 뭉치자'는 식의 분위기가 없었다는 것이다. 백인 주류사회는 흑인들이 뭉칠 만한 충분한 이유가 있다고 생각했던 것이다. 용산 사태처럼 노동자들이 적극적으로 저항할 만한 이유가 있다고 우리가 인정해주지 못하는 상황에서 시민으로서의 위엄을 운운한다는 것은 어불성설이다.

로마의 건설자 로물루스가 실종될 무렵 로마는 본토박이 로마인과 이주해 온 사비니인 두 부족으로 구성되어 있었는데, 서로 통합을 완강하게 거부하고 있었다. 다양성과 차이를 없애는 통합은 부족의 정체성마저 없애버릴 것이라는 우려 때문이었다. 왕이 필요하다는 점에서는 모두 동의를 했지만 어느 부족에서 누구를 뽑아야 할지에 대해서는 도무지 의견이 맞지 않았다.

이 문제로 로마인들과 사비니인 두 부족은 서로 대립했다. 그러나 그들은 지혜롭게 한발 물러서서 타협했다. 서로가 상대편 부족 내에서 왕을 선택하기로 한 것이다. 사비니 사람들은 왕위 선택권을 로마인들에게 일임했다. 로마인들 또한 사비니인들의 손으로 선출된 로마의 왕을 모시는 것보다는 차라리 스스로 선택한 사비니 출신의 왕을 받들고 싶어 했다. 그리하여 사비니 부족 출신으로 모든 면에서 뛰어난 재능으로 명성을 얻고 있었던 누마 폼필리우스가 왕으로 추대되었다. 그의 나이 마흔 살 되던 해였다.

누마가 자신의 목가적牧歌的 기질을 국정에 반영하면서 그가 재위한 43년간 전쟁은 완전히 멈추었다. 사실 로마는 호전적이고 무모한 용기에 사로잡힌 사람들이 온 사방에서 꾸역꾸역 모여들면서 도시를 형성하였고, 계속되는 전쟁으로부터 자양분을 얻으며 힘을 키운 도시였다. 그러나 로마인들은 누마의 정의로움과 온화함에 감화되어 온순해졌으며, 그 결과 이탈리아 전역에서 축제와 잔치가 벌어졌다. 방패의 손잡이에는 거미줄이 쳐졌고 창과 칼에는 녹이 슬었다고 노래하는 시가 남아 있을 정도다.

잘 섞이지 않는 단단한 물질이라도 부수고 갈면 입자가 작아져 더 잘 섞이고 혼합된다는 것을 잘 알고 있었던 누마는 전체 시민을 훨씬 더 많은 부분으로 나누고자 결심했다. 이에 따라 그는 시민들을 기술과 직업에 따라 구분했다. 그로써 시민을 사비니 족이니 로마 사람이니 타티우스의 백성이니 로물루스의 백성이니 구분지어 일컫고 생각하는 관습을 몰아냈다. 그의 구분 방식은 시민들이 전부 조화롭게 섞이는 결과를 낳았다.

– 누마 17절

지도자는 자신이 해야 할 일을 심장이 알고 있는 사람이다. 후보로서 공약하고 당선자로서 뒤집는 사람은 결코 진정한 지도자라 할 수 없다. "모든 나라는 그 수준에 맞는 정부를 가진다"는 조제프 드 메스트르Joseph de Maistre, 1753~1821의 이 말을 우리는 새겨들어야 한다. 왜냐하면 정부는 선거의 결과이기 때문이다. 통합을 저해하는 불량 정치인에 대한 진입장벽을 높이기 위해서는 시민이 분별력을 키우는 수밖에 없다. 분열을 막아내고 차별에 저항할 수 있는 발판을 만들어줄 사람은 우리 자신 말고는 아무도 없다. 박의상 시인이 전지가위를 들고 '찔레나무 가지'를 바라보는 것처럼 우리는 우리의 욕망이 헛되지 않게 하기 위해 어느 눈물을 버려야 할지를 판단할 수 있어야 한다.

찔레나무를 가꾸는 사람만이
찔레나무의 어느 가지를
잘라내야 할지 안다

그의 무수한 말

무수한 눈 가운데 어느 만큼인가

그는 버려야 하는 것처럼

찔레나무를 가꾸기 위해

찔레나무의 어느 가지를 그는

그렇게 오늘도 자른다

헛된 욕망을 버리는 것처럼이 아니라

욕망이 헛되지 않게 하기 위해서처럼

그는 찔레나무의 가지를 자르면서

자기의 소중한 눈물 가운데

어느 눈물을 버려야 할지 깨닫는다.

9

자발적 복종을 끌어낸 **리더십**의 비밀

북한 군인과 주민 여러분! 우리는 여러분이 처한 참혹한 실상을 잘 알고 있습니다. 국제사회 역시 북한 정권의 인권 탄압을 심각하게 우려하고 있습니다. 인류 보편의 가치인 자유와 민주, 인권과 복지는 여러분도 누릴 수 있는 소중한 권리입니다. 우리 대한민국은 북한 정권의 도발과 반인륜적 통치가 종식될 수 있도록 북한 주민 여러분들에게 진실을 알리고, 여러분 모두 인간의 존엄을 존중받고 행복을 추구하며 살아갈 수 있도록 최선의 노력을 다할 것입니다.

북한 주민 여러분들이 희망과 삶을 찾도록 길을 열어놓을 것입니다. 언제든 대한민국의 자유로운 터전으로 오시기를 바랍니다.

탄핵되어 물러난 대통령이 국군의 날 기념식에서 했다는 연설이다. 나는 국가의 이런 통일정책에는 동의하지 않는다. 국가의 품위는 말할 것도 없고 수단과 방법을 가리지 않는 저열하기 그지없다는 생각에서다. 현대사에서 가장 인상적인 통일 사례로 인정받는 1990년 독일의 통일을 예로 들면 그 차이는 더욱 도드라진다. 우리가 염두에 두어야 할 두 가지 원칙이 들어 있기 때문이다.

우선, 독일 통일은 경제강대국 서독에 의한 '흡수통일'이 아니었다. 독일은 처음부터 끝까지 흡수를 반대하고, 흡수하지 않는다는 원칙을 유지했다. 오씨Ossie라고 불리는 동독 시민들의 자유로운 의사 표현 과정을 거쳐 자발적인 방식으로 독일연방에 편입했다. 통일 후 이념 차이의 문제가 사라지자 동서독 간 인적 통일은 빠르게 이루어졌다. 그 확실한 예가 동독 출신인 앙겔라 메르켈Angela Merkel독일 총리다. 그녀는 2005년 최연소 여성 총리로 당선되어 독일과 유럽을 이끌고 있으며 2017년 9월로 예정된 총선 결과에 따라 네 번 연임하는 총리가 될지 여부가 결정된다.

또한 독일 통일은 민주적이고 합리적인 논의 과정을 거쳤다. 경제가 우선시되고 규모가 커져버린 자본주의 시대에 통일비용을 예측한다는 것은 사실상 불가능하다. 따라서 전례를 찾을 수 없었던 '준비되지 않은' 독일의 통일도 환희와 고통을 섞어놓은 혼돈을 불러왔다. 통일 당시 동독 인구는 서독 인구의 25%였고, 동독의 1인당 국민소득은 서독의 38% 수준이었다. 하지만 그들은 분단 40년이 가져온 엄연한 현실을 받아들이고 민주적 절차라는 원칙을 유지했다. 동독인들은 차별적 현실을 받아들였고, 서독인들Wessie은 통일로 인한 경제적 부담을 받아들였다.

그렇다면 통일과 관련한 한반도의 현실은 어떨까. 2013년 기준으로 북한 인구는 남한의 50%이고, 북한의 국민소득은 남한의 5% 미만이다. 한반도의 통일을 준비하면서 민주적 절차를 거치지 않고, 대통령까지 나서서 '통일대박'을 외치고, 북한 주민들에게 '탈북'으로 스스로의 의사표현을 '대체'하라고 부추긴다면 어떤 일이 벌어질까. 다른 것은 제쳐두고 심리적인 면만 놓고 봤을 때, 통일 이후 인적 통일은 고사하고 그들을 '2등 국민'으로 낙인찍는 결과를 낼 것이 분명하다.

13세기 양쯔 강의 북쪽에는 몽골제국이, 남쪽에는 남송이 자리하고 있었다. 중화문명의 정통성을 잇는 남송 정복의 대업이 칭기즈칸의 손자 쿠빌라이 칸에게 주어졌다. 쿠빌라이는 10만 대군을 이끌고 남송의 관문인 상양과 번성을 포위하고는 100km가 넘는 거대한 토목공사를 시작하면서 어떤 공격도 하지 않는 전략을 폈다. 이런 상황이 장기화되자 10만 명이 주둔하고 있는 전쟁터를 중심으로 시장이 생겨났다. 7년여의 대치가 계속되자 남송에서는 내분이 일어났다. 몽골군은, 투항해 오는 남송의 병사들을 잘 대우해 돌려보내고, 성안에 기근이 들면 군량미를 보내주기도 했다. 이를 보면서 남송 군사들은 자신의 처지를 한탄하면서 오히려 적국을 흠모하게 되었다.

전쟁이 전혀 예상치 못했던 방향으로 전개되는 걸 보면서 남송의 장수 여문환과 그의 병사들은 도대체 '국가'가 무엇인지, '나'는 누구인지를 놓고 정체성을 고민하기 시작했다. 결국 여문환과 그의 군사들은 '위대한' 지도자 쿠빌라이 칸에게 투항했다. 자발적 복종을 택한 여문환은 몽골군의 사령관이 되어 남송과 마주했고, 결국 1275년 남송의 13만 병사는 몽골군에 투항하면서 힘없이 무너지고 말았다. 그렇게 남송은 몽골에 통합되었고 쿠빌라이 칸은 원나라의 태조 황제가 되었다. 쿠빌라이 칸은 몽골제국이 지속되기 위해서는 중국 문화의 도움을 받아야 한다는 것을 잘 알고 있었다. 그 통찰력을 바탕으로 쿠빌라이 칸이 '마음'의 전략을 취한 결과였다.

로마가 위기에 처했을 때마다 카밀루스Marcus Furius Camillus, BC 446~365는 독재관으로 임명되어 로마를 구원했다. 그는 시민들이 끊임없이 질투하고 경계하면서도 사랑하는 그런 존재였다. 팔리스키족과의 전쟁이 벌어졌을 때도 로마는 그를 독재관으로 임명하고 전쟁의 진두지휘를 맡겼다. 당시 그의 전략은 장기전이었는데 이 대치 국면에서 적국의 교사 한 명을 둘러싼 돌발사건이 벌어졌다.

팔리스키족은 그들의 도시 팔레리이가 매우 강하다고 자신하여 로마의 포위 공격을 가볍게 여겼다. 그리하여 성벽을 방어하던 군사들을 제외한 나머지 사람들은 평상시와 똑같은 차림을 하고 도시를 누볐다. 아이들을 가르치는 교사는 아이들이 운동할 수 있도록 성벽 둘레를 산책하게 했다. 팔레리이 시민들은 모든 아이들을 한 교사에게 맡기고 있었다. 아이들이 처음부터 서로 몰려다니며 함께 자라도록 하기 위해서였다.

그런데 이 교사는 로마의 군사력에 겁먹은 나머지 아이들을 이용해 팔레리이 시를 배신할 마음을 먹고 있었다. 그는 학생들을 데리고 매일 성벽 밖으로 나갔다. 처음에는 성벽에서 멀리 나가지 않고 운동이 끝나면 곧바로 성안으로 데리고 들어왔다. 그러다 조금씩 더 멀리 나가 시민들이 전혀 의심하지 않도록 만든 다음, 마침내 아이들을 데리고 로마의 부대로 들어가버렸다.

투항한 교사의 말을 들은 카밀루스는 그를 반기기는커녕 오히려 그의 행동을 몹시 언짢아했다. "전쟁은 참으로 잔인한 것이며 많은 불의와 폭력이 따른다. 하지만 전쟁터에서도 지켜야 할 도리가 있다. 우리는 간교한 방법으로 승리를 좇지 않는다. 위대한 장군은 자신의 용맹을 믿고 전쟁을 벌이지, 다른 사람의 비열함에 의지하지 않는다."

카밀루스는 교사의 옷을 벗기고 팔을 뒤로 묶은 다음 아이들의 손에 회초리를 들려 그를 매질하며 팔레리이 성안으로 몰고 들어가게 했다. 카밀루스 장군을 '구원자, 아버지, 신'이라고 칭송하며 돌아온 아이들로부터 모든 사정을 들은 팔레리이 시민들은 정의를 사랑하는 카밀루스의 마음에 감동하여 즉시 회의를 소집하고 로마로 사절단을 보냈다. "우리는 힘에 있어서 로마에 조금도 뒤지지 않는다고 생각합니다. 그러나 당신들은 승리보다 정의가 더 소중하다는 것을 우리에게 가르쳐주었습니다. 그래서 우리는 자유보다 복종을 선택하기로 했습니다."

– 카밀루스 10절

"전쟁은 다른 수단에 의해 수행되는 정치의 연장에 불과하다." 《전쟁론》을 쓴 클라우제비츠Carl von Clausewitz, 1780~1831의 말이다. 어쩌면 카밀루스의 신념에 교사의 반역행위는 가치가 없었거나 어린 아이들까지 이용한다는 것을 그의 양심이 용납하지 않았을지 모른다. 그래서 그는 학생들에게 회초리를 들게끔 하여 교사에 대한 '교육적 징계'를 내리고 돌려보냈을 수도 있다. 아니면 그보다 더 큰 열매를 마음속에 품었을지도 모른다. 여하튼 '적의 비열함에 의지하지 않겠다'는 그의 신념만큼은 참 매력적이다.

장미가 만발하던 오월 어느 날, 장석남 시인은 '꽃의 사다리'를 타고 내려온 자가 꽃과 나무와, 그 빛과 그늘과, 눈물과 또 가난까지 사랑했다. 사람들은 맨발로 하루를 다 살고 싶다고 고백했다.

> 하늘에 오를 수 있는 사다리는 없다.
>
> 하늘에 오르고 싶은 자
>
> 하늘에 오르는 길은
>
> 꽃을 사랑하는 일.
>
> 나무를 사랑하는 일.
>
> 그 빛과 그늘들을 사랑하는 일.
>
> 눈물을 사랑하는 일.
>
> 또 가난까지도 사랑하는 일.
>
> 꽃들 다 하늘로 솟고
>
> 누군가 꽃의 사다리를 타고 하늘로 간 듯
>
> 담장을 넘어간 넝쿨들 고요한 아침.
>
> 이런 날은 맨발로 하루를 다 살고 싶다

10

청년이 세우고 **노인**이 지키는 **사회**

소셜 아티스트Social artist 홍승희는 일본대사관 앞 소녀상에 난입한 한 단체의 노인들 앞에서 '대한민국효녀연합'의 미소로 대응했다. "애국이란 태극기에 충성하는 것이 아니라 물에 빠진 아이들을 구하는 것입니다." 정부의 중고교 국사교과서 국정화 방침에는 '청년예술인 행동'의 이름으로 청와대에 "청와대는 너희 집이 아니고 역사도 너희 집 가정사가 아니다"라는 내용의 메시지를 보냈다. 그녀는 보수정부의 '역린'이었던 세월호를 언급하고, 청와대의 지시와 전경련의 자금 지원으로 움직인 정황이 드러난 단체에 기품 있게 맞섰다.

검찰은 그녀에게 일반교통방해죄와 재물손괴죄를 물어 1년 6개월을 구형했다. 헌법에 보장된 학문과 예술의 자유도 사회의 아픔을 함께하려 한 청년 예술가를 지켜줄 수 없었다. 이어진 재판에서 그녀가 진술한 최후 변론의 일부를 들어보자.

저의 행위가 불법이라고 생각하지도 않았지만, 불법이었다 해도 중요하지 않았습니다. 한 사람도 구하지 못하는 국가와 의회정치, 법 제도는 아무 의미가 없었습니다. 법의 잣대는 기울어졌고, 비뚤어진 법을 따르지 않을 권리가 제게 있습니다. 사람들은 미래라는 종교에 오늘을 빼앗겨버렸습니다. 한 명의 독재자에게만 분개하고, 한 명의 영웅을 칭송하는 삶의 방식, 이런 성찰 없는 오늘이 모여 괴물 같은 세계를 만들었습니다. 우리가 모두 가담한 세계입니다.

재판장님, 검찰의 구형대로 징역을 선고받아도 저는 상관이 없습니다. 저 자신에게 떳떳하기 때문입니다. 그러나 이번 판결에서 무죄가 선고되지 않는다면, 견딜 수 없어서 비명이라도 지르는 사람들에게 걸림돌이 될 판례를 남기게 됩니다. 일상의 폭력을 말하는 목소리를 묻히게 할 수도 있습니다. 제가 폭력 하나를 치우지는 못할망정, 폭력에 힘을 실어주는 돌부리를 놓게 된다면, 그때 저는 견딜 수 없을 것 같습니다.

지금의 그리스와 알바니아가 국경을 나누고 있는 에페이로스 왕국을 다스리던 퓌르로스 왕BC 318~272 재위은 술에 취해 자신을 욕한 젊은이들에게 미소를 건넸다.

젊은이들이 술에 취해 왕을 욕했다는 이유로 끌려왔다. 왕이 젊은이들에게 정말 욕을 했느냐고 묻자 한 청년이 대답했다. "했습니다. 전하. 더 취했더라면 더 심한 말도 했을 것입니다." 그러자 왕은 웃으며 젊은이들을 풀어주었다.

– 퓌르로스 8절

2016년 대한민국이 진지한 청년 예술가에게 가했던 폭력을 기준으로 한다면 2,300여 년 전에 자신을 향한 청년의 욕을 웃어넘겼던 퓌르로스 왕의 가치는 '하늘만큼'이라고 매겨야 할 듯하다. 그와 비슷한 시기, 가까운 중국에서도 그런 유연한 지도자의 예가 있었다.

지금부터 2,500년 전 춘추시대, 정鄭나라는 자산子産이라는 재상이 다스리고 있었다. 각 지방에는 지도자를 양성하는 교육기관인 향교가 있었는데 점차 정부시책에 불만을 품은 사람들의 정치활동 거점으로 변질되고 있었다. 이를 우려한 측근들이 향교의 폐쇄를 진언하자 자산은 그 의견에 반대하며 이렇게 말했다. "그럴 필요 없다. 그들이 매일 밤 향교에 모여 우리의 정치를 비판하고 있는 걸 나도 안다. 나는 그들의 의견을 참고해 평판이 좋은 정책은 실행하고 나쁜 정책은 개선할 것이다. 이만하면 그들은 내게 스승이 아닌가. 물론 무력으로 그들의 입을 막을 수는 있다. 하지만 이는 강물을 막는 것과 같다. 강물을 막으면 불어난 강물이 둑을 무너뜨리고 홍수가 나서 많은 사상자를 낼 뿐이다. 그러니 강물을 막기보다 조금씩 물을 흘려보내 수로를 만드는 편이 더 낫다."

유연한 정치는 지도자의 본질적 태도에서 나온다. 저들이 경험했던 여유로운 정치를 우리는 왜 맛보지 못하는 것일까. 그 갈망을 누구한테 희망해야 할까. 국가에 대한 애국심으로 똘똘 뭉친 '원로'라 불리는 어르신들은 어떠한가. 키케로는 《노년에 관하여》에서 그들의 가치를 높이 사며 이렇게 말하고 있다. "위대한 나라는 젊은이들이 전복하고 노인들이 지탱하고 회복하였다."

김동길 대한노인회 고문이 "노인들이 정당을 조직해서 큰일을 앞장서서 하자"고 제안했다는 뉴스를 보았다. 그는 대한민국을 사랑하는 일밖에는 아무런 할 일이 없는 이 땅의 노인들이 '은빛당Silver Party'을 조직하여 이 나라를 건지고 세계를 건져야 한다고 말했다. '패기있는' 노인들 100명만 정치일선에 내세울 수 있어도 친북, 종북은 이 나라의 정치풍토에서 숨도 제대로 못 쉴 것이며, 이들을 '단속하지' 않고서는 한국의 경제도, 정치도 발전할 수 없다며 그 제안 배경을 설명했다. 또한 정강정책은 자유민주주의이고 남북통일도 자유민주주의 '실천궁행實踐躬行, 실제로 몸소 행함'을 위해서만 필요하다고 부연했다. 이쯤에서 나는 솔론이 떠올랐다.

하루는 참주(독재자) 페이시스트라토스가 스스로 상처를 입히고 시장에 나가서는 정적들이 자신을 해치려고 했다며 민중의 분노를 유도했다. 그때 솔론이 다가가 말했다. "히포크라테스의 아들이여, 호메로스의 오디세우스를 연기하려면 제대로 하게나. 오디세우스가 자신을 망가뜨렸을 때는 적을 속이기 위해서였는데 그대는 같은 시민을 속이려고 이런 짓을 하는가!?"
그러나 가난한 자들은 독재자를 만족시키지 못해 안달이 났고, 부자들은 겁을 집어먹고 참주와 부딪히기를 피했다. 이를 본 솔론은, 자신이 가난한 사람들보다는 현명하고 부자들보다는 용감하다고 말했다.
결국 페이시스트라토스는 많은 호위병을 거느리게 되었고 아크로폴리스를 점령했다. 도시가 소란에 휩싸이자 사람들은 몸을 사렸다. 솔론은 노쇠하고 지지해주는 사람이 없었음에도 시장에 나가 시민들의 어리석음과 나약함을 꾸짖기도 하고, 자유를 버리

지 말라고 그들을 격려하고 설득했다. 그러나 아무도 용기를 내어 그의 편을 들어주지

않자 그는 집으로 돌아가 무기를 꺼내 집 앞에 펼쳐놓고 이렇게 말했다.

"나는 내 나라와 내 나라의 법을 지키기 위해 온 힘을 다했다."

그 후 그는 조용히 은거하며 지냈고 사람들은 솔론이 참주에게 죽임을 당할지 모른다

고 걱정했다.

참주가 솔론에게 도대체 무얼 믿고 자기에게 그토록 대담하게 반대하느냐고 묻자 그

는 짧게 대답했다. "노년을 믿고!" 그 후 페이시스트라토스는 솔론을 예우하고 솔론의

조언을 받았다. 페이시스트라토스는 솔론이 만든 법 대부분을 그대로 유지했고 자신

이 먼저 그 법을 지키는 데 솔선수범하며 동료들 역시 지키도록 만들었다.

－ 솔론 30～31절

그렇다. "나는 이제 늙은이잖소!"라는 솔론의 대답은 체념이 아니라 올바른 방향으로 나아간 '노년의 힘'을 보여준다. 옳은 방향으로 날아가는 순기능과 그릇된 방향을 향하는 폐해를 분간할 수 없다면 '노년'은 무익하다는 것이 내 생각이다.

젊은이들이 올바른 시민의식, 정치의식을 갖지 못한다면 우리는 미래를 꿈꿀 수 없다. OECD 34개국 중 유일하게 18세에게 선거권을 주지 않는 나라가 대한민국이다. 일본은 2015년 선거연령을 20세에서 18세로 낮춰 참의원 선거를 치렀다. 미국·영국·프랑스·독일·일본 등 세계 147개국도 이미 선거연령을 18세로 정하고 있다. 중앙선거관리위원회도 '정치·사회의 민주화, 교육수준의 향상, 인터넷 등 다양한 매체를 통한 정보 교류로 인하여 18세에 도달한 청소년도 독자적

인 신념과 정치적 판단에 기초해 선거권을 행사할 수 있는 능력과 소양을 갖추었다'며 개정 의견을 낸 지 오래다. 사실 우리가 극복해야 할 것은 그들을 어른들의 통제 아래 두려는 고정관념이다. 권성동 의원이 선거연령 개정에 반대하는 이유는 구차하다 못해 쓸쓸하다. "대체로 우리나라 고3 학생은 부모와 선생님에 대한 의존이 심하고 독자적 판단 능력이 부족하기 때문에 투표권을 주지 않아도 위헌이 아니라는 헌법재판소의 판례가 있다. 고3을 무슨 선거판에 끌어들이나. 공부를 열심히 해야지."

미래 세대가 자신의 미래를 결정할 수 없다는 것만큼 모순된 것도 없다. 18세가 살아가야 할 30년과 70세가 살아가야 할 30년이 똑같은 시간은 아닐 것이다. 일본은, 18세 이상으로 선거연령을 낮추고 처음 치른 참의원 선거에서 보수인 자민당이 18~19세 유권자들로부터 40%의 지지를 얻었다. 낮아진 선거연령에 맞춰 자민당이 청년들의 표심을 잡기 위한 노력을 했음은 두말할 필요도 없다. 더 넓어진 유권자의 스펙트럼에 정당은 지지를 얻기 위해 노력할 수밖에 없고 그런 과정에서 청년의 의사가 정책에 반영된다.

내가 상상하는 아름다운 나라는 '청년에 의한, 노인을 위한, 청년의 나라'다. 왜냐하면 지금의 대한민국은 청년의 기쁨과 스릴로 재건할 필요가 있기 때문이다. 리모델링 remodeling 과 리노베이션 renovation 의 차이는 크다. 리모델링이 현재의 삶을 유지하기 위한 것이라면 리노베이션은 현재의 삶을 근본적으로 바꾸는 것이기 때문이다.

하지만 지금은 시절이 하수상하다. 우리의 해안가로 해일이 몰려오고 있기 때문이다. 젊은이들에게 용기를 내고, 모험하라고 조언할 수 없는 이유가 산더미처럼 쌓이고 있다. 기본적 사회 자본이라 할 수 있는 세대 간 유대감은 훼손되고 있고, 우리 사회의 현실 앞에 젊은이들은 분노를 배운다. 그들을 두르고 있는 감정의 옷은 여러 겹이겠지만 가장 답답하게 옥죄고 있는 건 아마 '두려움'이라는 코르셋일 것이다. 두려움은 외부에서 은밀히 들어와 뿌리를 내리고는 마치 처음부터 그곳에 있었던 것처럼 천연덕스러운 표정으로 우리를 빤히 쳐다본다. 그러다가 마음의 약한 고리를 찾아내면 어김없이 끊고 들어와 주인으로 군림하며 우리를 부리려 한다. 숀 필립스Shawn Phillips의 노래 'The Ballad of Casey Deiss'는 나를 젊은이로 되돌려놓는다. 암울해하는 청년들의 얼굴을 볼 때도 그의 노래가 들려온다. 이 음유시인이 노래하고 있는 것은 청년의 슬픔이기 때문이다.

하늘이 울부짖는 어느 날 밤
그는 도끼를 들고 나갔다
땔감을 구해와 집을 따뜻하게 하려고 했지만
내려치던 번개에 내 동생은 죽고 말았다

그에게 저 멀고먼 포도원에서 만든 와인을 주려 하지 말고
그에게 협곡의 무서움에 대해서도 말하지 말라
다만 그에게 평화와 영원한 지혜를 빌어 달라

마음으로 세상을 보고 깨달음을 얻고자 했던 동생이었다. 그는 자신이 찾아 헤매던 바로 그 번개의 빛에 의해 죽고 말았다. 젊은이에게 깨달음은 너무 과분한 것일까? 그리고 그를 쓰러뜨린 그 빛은 '진리'였을까? 저녁 하늘, 노을 같이 애잔하게 퍼지는 청년의 분노와 외로움을 바라보는 우리는 누구일까?

11

국가와 **시민사회**, 그 부단한 **길항관계**

로마 집정관 가이우스 파브리키우스와 퀸투스 아밀리우스가 퓌르로스 왕에게 건강과

행복을 빌며. 왕께서는 친구를 알아보는 눈도, 적을 알아보는 눈도 부족하신 듯합니다.

우리가 보내는 이 편지를 읽으면 왕께서 전쟁을 벌이고 있는 상대는 존경할 만하고

정의롭지만, 왕께서 믿는 자들은 정의롭지 못하고 비겁하다는 사실을 알게 되실 것입

니다. 우리가 정보를 전하는 이유는 왕을 위해서가 아니라. 왕의 파멸이 우리에게 불

명예를 가져다주지 않게 하기 위해서입니다. 우리가 용맹스럽게 싸우는 대신, 반역행

위에 기대어 전쟁을 종결했다는 말을 듣지 않기 위해 이 편지를 보냅니다.

– 퓌르로스 견절

　　로마와 에페이로스가 전쟁을 벌이고 있을 때의 일이다. 퓌르로스
BC 319~272는 지금의 그리스 북서부와 알바니아 남부지방에 걸쳐 있
던 작은 왕국인 에페이로스의 군주였다. 에페이로스는 트로이 전쟁

의 영웅인 아킬레스의 고향이기도 하다. 그 후예인 퓌르로스는 로마
군과 몇 번의 전투를 치러 이기기는 했지만 언제나 2% 부족한 승리
여서 찜찜해하고 있었다. 상처뿐인 영광에 지나지 않았기 때문이다.
퓌르로스는 이러한 난국을 타개하기 위해 로마군과 휴전협상을 시
작했다. 이때 양국 사이의 포로에 관한 협정을 책임진 로마 측 대표
자는 가이우스 파브리키우스였다. 그는 노련한 퓌르로스의 온갖 회
유와 협박과 유혹에도 불구하고 협상을 성공적으로 이끌었다.

파브리키우스는 그 공로를 인정받아 집정관으로 선출되어 퀸투
스 아밀리우스와 로마를 이끌게 되었다. 그 무렵 퓌르로스의 주치의
가 자신의 군주를 독살하는 조건으로 이에 상응하는 보상을 요구하
는 편지를 보내왔다. 그러나 로마의 두 집정관은 이 계획을 적장인
퓌르로스에게 알려줌으로써 그의 생명을 구한다. 로마의 정신이 에
페이로스의 정신보다 한결 우위에 있으며, 승리보다 더 귀중한 것이
있음을 점잖게 드러낸 것이다.

물론 여기에는 '공정fair play'의 정신만 들어 있지는 않았을 것이다.
적장의 목숨을 비열한 방법으로 빼앗는다면 오히려 적군의 수뇌부
를 노엽게 만들어 로마에 유리한 전세가 순식간에 뒤바뀔 수 있다는
판단도 했을 것이다. 하지만 이런 여러 가지 경우의 수를 생각할 수
있는 것도 따지고 보면 '로마의 여유'였다. 로마가 하루아침에 이루어
지지 않았다는 것은 로마를 로마답게 만든 '시스템'이 존재한다는 뜻
이고, 그런 시스템을 떠받쳐줄 인재들이 곳곳에 편재해 있었다는 뜻
이기도 하다.

나는 두 나라 정상이 주고받은 이 편지를 보면서 국가와 시민단체의 관계가 떠올랐다. 전쟁 중에 있는 두 나라 사이의 긴장감은 아니겠지만 건강한 나라를 지탱하기 위해서도 그 둘 사이에는 언제나 '이원적으로 공존하고 비슷한 힘으로 서로 맞서 버티는' 길항拮抗의 관계가 있어야 한다.

시민단체의 역할이 권력을 옹호해야 하는가, 비판해야 하는가에 대한 문제는 그 권력이 정의롭게 사용되는지 여부에 달려 있다. 하지만 현실은 시민단체마저 정치색을 띠고 그로 인해 새로운 정부가 들어설 때 경우에 따라서는 길항을 넘어 전쟁을 치르기도 한다. 정부의 정책을 옹호하면 관변단체로 묶이고 비판하면 반정부단체로 엮이는 현실이다. 심지어 좌우로 갈린 시민단체는 정부를 대리해 반대 진영의 시민단체와 맞붙기도 한다. 시민단체의 수준이 국민의 수준을 보여준다고 한다. 안타깝지만 지금 우리의 시민사회는 이념적으로 양분되어 서로를 적으로 삼아 전쟁을 벌이고 있다 해도 과언이 아니다. 어디에서 문제가 생긴 것일까.

우리나라에서 실질적 시민사회운동은 1987년 6·10 민주항쟁의 열매다. 시민운동은 직접 민주주의의 확대와 부당한 국가권력에 대한 감시 및 저항의 형태로 시작되었다. 그러나 곧 삶의 질, 환경보호, 개인의 인권, 여성의 권리와 소비자의 권리 등 다양한 형태로 확대되었다. 시민의 자발적인 참여와 그 혜택이 시민에게 골고루 돌아가는 공공성을 특징으로 폭발적으로 성장했다.

진보진영의 김대중, 노무현 정부가 연속적으로 집권하면서 시민운동의 환경은 외연이 확대되고 질의 차원도 크게 높아졌다. 시민운동의 요구가 국정에 반영될 수 있는 환경이 조성된 것이다. '국민의 정부'에서 시작된 이러한 흐름은 '참여정부'에 이르러 절정에 달했다. 시민운동세력이 현실정치 속으로 직접 들어간 것이다. 하지만 정부로부터 재정 지원을 받기 시작하면서 시민운동의 독립성이 훼손되었고 시민단체의 비판 능력은 약화되었다. 시민단체의 정치 권력화도 진행되었다. 시민단체들이 연합하여 벌인 특정 정치인에 대한 낙천낙선운동과 노무현 대통령 탄핵반대운동은 그 출발점이었다.

그로부터 10여 년이 흐른 지금 시민운동의 영토는 어떤 모습일까. 보수정권에 의한 국정농단 사태가 벌어진 극단적 환경에서 보수의 점수는 아무런 의미가 없다. 진보의 가치가 수용되었다기보다는 보수의 가치가 부정되는 형국이기 때문이다. 그렇다면 보수의 가치는 왜 부정되는 걸까. 《플루타르코스 영웅전》에서 만난 두 개의 구절로 그들의 실패를 설명할 수 있다. 첫 번째는 마르쿠스 카토가 불법적인 일에 빠진 어느 노인에게 한 말이다. "노년은 그 자체로도 수치스러운 일입니다. 거기에 악행의 수치까지 더하지 마십시오." 물론 나는 노년이 수치라는 말에는 동의하지 않는다. 카토 역시 노년을 수치라고 생각한 적은 없다. 다만 지금 불법적인 일을 행하고 있는 노인의 노년을 수치로 보고 있을 뿐이다. 두 번째는 휘페레이데스의 말이다. "아테네 시민들이여, 내가 모진 말을 하는지 살피지 말고 내가 모진 말을 하는 대가로 돈을 받는지 살피십시오."

휘페레이데스는 알렉산드로스의 제국주의적 통합에 맞서 싸우다가 혀가 잘린 채 죽음을 당한 연설가다. 마케도니아와 맞서 싸우다 전사한 전몰용사들을 기리는 장례식장에서 그가 행한 연설을 들어 보자.

우리들의 도시 아테네는 칭송받을 자격이 충분합니다. 위대한 선택을 했기 때문입니다. 아테네의 선택은 이전에 이루어진 일들에 버금가는, 아니 그보다 훨씬 더 위대한 것이었습니다. 또한 전사한 용사들도 칭송받을 자격이 충분합니다. 그들은 전쟁에서 용맹스러움을 보여주었고, 선조들의 더원함을 걸코 부끄럽지 않게 하였기 때문입니다.

우리들의 도시는 끊임없이 못된 사람들에게 벌을 주고, 정의로운 사람들을 도와주며, 부정의(不正義)에 맞서 모든 이들에게 공평한 몫을 나누어주며, 위기의 순간이 닥쳐 값을 지러야 할 때에 모든 헬라스(그리스) 사람들이 두려움에 시달리지 않도록 자유롭게 해주고 있습니다.

가스통을 들고 나와 시민을 위협하는 시위를 하고 전경련에서 자금을 지원받으며 시위를 대행하면서 불법을 행한 정부를 옹호하는 게 열정일 수 있을까. 그렇게 보수의 가치가 부정되고 있다. 교육되지 않고 동원되고 있을 뿐이다. 반공과 국가주의에만 기대어 동원될 뿐 인간성의 보편적 가치가 무엇인지에 대한 기본적인 인식도 보여주지 못하고 있다. 보수의 진정한 가치인 자유·경쟁·책임은 안중에도 없고 오로지 낡은 이념의 패러다임에만 안주할 뿐이다.

공익을 추구해야 할 시민단체가 돈과 권력을 추구하면 정권과 함께 무너질 수밖에 없다. 이는 진보 시민단체나 보수 시민단체 모두에게 적용되는 원칙이다. 시민단체의 존재 이유는 시장과 국가가 보장하지 않는 공공의 이익을 추구하는 데 있기 때문이다. 또한 시민단체는 시장과 정치권력으로부터 독립되어 있을 때, 그리고 정부의 잘못을 바로잡기 위한 목소리를 낼 수 있을 때 공공의 정당성을 확보할 수 있다.

하지만 정부도 명심해야 할 것이 있다. 시민단체의 비판이나 반대역시 국가의 미래라는 큰 그림에서 보면 상호 협력을 낳는다는 것이다. 기업의 무한 이익 추구로 생태계 파괴가 일어나고 정부가 기업의이익을 앞세워 국민과 충돌하게 될 때 시민단체의 반대는 궁극적으로는 민주주의를 확장시키고 생태계의 보전에 기여한다. 설악산 케이블카 설치에 반대해 사업의 부결처리를 이끌어낸 것도 짧게 보면케이블카 사업신청 주체의 패배지만, 길게 보면 미래 세대를 위한 공공의 승리라고 할 수 있다.

그런 점에서 국가와 지도자는 집권을 위한 단기적인 목표보다 장기적인 국가의 존재를 위한 목적에 귀를 기울일 줄 알아야 한다. "민주주의자 없이 민주주의는 이루어지지 않는다." 독일 바이마르공화국의 초대 대통령이었던 프리드리히 에베르트 Friedrich Ebert, 1871~1925의 말이다. 민주주의자로부터 시작된 운동이 순수성을 의심받는 사회라면 그 사회는 알 수 없는 병에 걸려 있다고 보면 된다. 국가가 민주주의자의 행동을 받아들일 때 비로소 그 국가는 외부 세계로부터민주국가로 인정을 받는다. 민주주의자의 저항은 탈선한 국가를 본래의 궤도로 올려놓고 달리게 하는 힘이 있기 때문이다.

티베리우스 그라쿠스와 옥타비우스는 토지개혁 문제로 거의 날마다 연단에서 논쟁을 벌였다. 두 사람은 저마다 열성을 다해 상대방을 이기려고 노력했지만 상대방을 욕하거나 화가 나도 상대방을 비방하는 말은 한마디도 하지 않았다. 에우리피데스의 말처럼 '바쿠스 축제'에서뿐 아니라 야망과 분노가 지배하는 곳에서도 '고상한 본성과 건전한 교육'이 마음을 억제하고 조절했기 때문이다.

정부가 시민단체를 바라보는 태도는 한니발의 탄식을 취해야 한다. 승패에 관계없이 끈질기게 덤비는 마르켈루스를 두고 한니발은 이렇게 한탄했다. "오, 헤라클레스여! 행운도 불운도 받아들일 줄 모르는 이 사람을 어쩌면 좋겠습니까? 이자는 이겨도 쉬지 않고, 져도 쉬지 않습니다. 그는 승리하면 용기를 발판으로 삼고, 패배하면 수치를 기회로 삼아 과감한 도전을 해오는 바람에 우리는 그와의 전투에서 잠시도 쉴 틈이 없습니다."

짧게 보면 전쟁이지만 길게 보면 고귀한 목표를 향한 동행이다. 아메리카 호피인디언들의 지혜를 받아들이자. 백인들이 호피인디언을 보호구역에 가두고 근대 교육을 시도하던 시절의 이야기가 있다. 백인 교사가 똑같은 책걸상에 호피인디언을 앉히고 시험을 보게 하면서 절대로 옆 사람의 답안지를 보지도 말고, 보여주지도 말라고 했다. 그렇게 하는 건 부정행위라는 설명도 곁들였다. 그런데 그들은 이 시험규칙을 받아들이기는커녕 시험 시간에 서로 보여주고 토의하는 등 '난리'를 피웠다. 백인 교사가 나무라자 호피인디언이 말했다.

우리 조상들은 어려운 문제가 있으면 함께 모여 상의하고 해답을 찾았다. 당신들이 시험에 집착을 하는 건 이 문제가 중요하기 때문이 아닌가. 우리는 중요한 문제에 부딪히면 서로 의논해서 최선의 답을 찾으라는 말을 듣고 자랐다. 아는데도 가르쳐주지 않는다? 모르는데도 배우려 하지 않는다? 이건 살 길을 찾지 않겠다는 말이나 다름없다. 알면 가르쳐주고 나눠야 할 것 아닌가. 우리는 당신네들의 '아는 것을 가르쳐주지 말라, 모르는 것을 묻지도 말라'는 요구를 도저히 이해할 수 없을 뿐만 아니라 도덕적으로 옳다고 생각하지도 않는다.

에필로그

절망을 딛고 일어설 **그대**에게

집으로 돌아가기 싫어

가급적 아주 먼 길을 돌아가 본 적 있는지

그렇게 도착한 집 앞을

내 집이 아닌 듯 그냥 지나쳐 본 적 있는지

길은 마음을 잃어

그런 날은 내가 내가 아닌 것

바람이 불었는지 비가 내렸는지

꽃 핀 날이었는지

검불들이 아무렇게나 거리를 뒹굴고 있었는지

마음을 다 놓쳐버린 길 위에서

들리지도 보이지도 않는 날

숨 쉬는 것조차 성가신 날

흐린 달빛 아래였는지

붉은 가로등 아래였는지

훔치지 않은 눈물이 발등 위로 떨어지고

그 사이 다시 집 앞을 지나치고

당신도 그런 날 있었는지

　김명기 시인의 '그런 날 있었는지'다. 어쩌면 우리의 일상은 징검다리가 총총히 놓인 시냇물을 건너는 일인지도 모른다. 햇살을 받아 번지는 윤슬이 부드럽게 반짝이는 날이면 발걸음도 가볍지만, 바람이 비를 부르고 폭우로 이어지는 불온한 계절에는 얘기가 달라진다. 누군가는 절망을, 또 누군가는 불안을, 대통령이 무너뜨린 국가의 품격을 어깨에 메고 건너려는 사람들은 분노를 품고 건너야 하기 때문이다. 그런데 어쩌다 이 셋을 다 갖게 된 나는 무엇으로 묶으면 될까. 흐린 달빛 아래에서 바람과 비, 꽃을 놓치고 붉은 가로등 아래에선 거리를 뒹굴던 꽃잎마저 마음에서 놓쳐버렸다. 아무래도 외로움으로 분류해야 할 듯하다. 뿌리를 내릴 수 없는 언 땅에 순록의 무리를 세우자마자 노래를 부르며 임시 천막을 펼치는 유목민과 달리 나에게는 희망도 긍정도 없다. 그나마 다행이라면, 그렇게 도착한 이 외로움을 내 집이 아닌 듯 그냥 지나갈 만큼의 힘이 생겼다는 것이다. 그리스 로마의 고전을 접하며 쓸쓸한 마음을 마음껏 울리고 난 후의 변화이다.

겨울의 심연 속에서

나는 내 안에 아무도 어쩔 수 없는 여름이 있다는 것을 알게 되었다.

— 알베르 카뮈Albert Camus

그렇다.

여름에 겨울을 염두에 넣어야 하는 것처럼 겨울에도 끝이 있음을 믿는다면 희망은 돋아난다. 적어도 나는 그렇게 견뎌낸다. 아프지만 끝이 있는 아픔이고, 슬픔이기에 흔들림은 있지만 쓰러져 눕지는 않으려고 한다.

　　1. 대한민국은 민주공화국이다.

　　2. 대한민국의 주권은 국민에게 있고, 모든 권력은 국민으로부터 나온다.

대한민국 헌법 제1조의 내용이다. 대한민국은 투표를 통한 민주주의를 선택한 나라이다. 불행히도 우리가 뽑은 대리인들마다 그 역할을 자의적으로 해석하고 왜곡함으로써 수많은 구멍을 만들어놓는 바람에 국가라는 댐이 무너질지 모른다는 걱정을 안고 살아간다. 지도자는 자기가 선택한 길의 끝에 이상향인 '샹그릴라'가 있다고 주장한다. 그러나 국민이 생각하는 이상향은 동네 어귀에 있어야 한다. 우리의 기억 속에 그런 부딪침은 수없이 많다. 노무현 정부가 강정마을에 해군기지를 외쳤지만 평화의 섬에는 구럼비 바위가 제격이라고 믿는 사람들이 있다. 이명박 정부가 미국산 쇠고기 수입과 한반도 대운하 사업을 강권할 때에도 사람들은 건강과 환경을 위해 촛불을 들었다. 그리고 박근혜 정부……. 수없이 많다!

정부의 설명대로 해군기지와 한반도 대운하, 그리고 국정교과서가 자라나는 세대에게 실제로 유익하다고 해도 문제는 남는다. 지금의 역사 교과서가 비록 젊은이들을 망쳐놓는다 할지라도 다수의 국민이 반대한다면, 지도자는 '무지몽매한' 국민의 결정을 따르고 국민이 그 대가를 치르는 걸 조용히 지켜봐야 한다는 것이다. 질투심 많은 경쟁자와 우매한 대중에게 도편추방을 당하면서도 아테네 시민들에게 그 어떤 위험도 닥치지 않기를 빌었던 아리스테이데스처럼 말이다. 다른 이유가 있어서도 아니고 오직 민주주의이기에 그렇다. 국민이 '환경'을 우선하고 정부가 '국익' 우선을 고집하며 싸울 때 적어도 민주주의 체제라면 국민에게는 저항의 권리가 우선적으로 주어져야 하며, 정부는 설득의 의무를 가져야 한다. 개별적 약자와 집합적 거인과의 싸움이기 때문이다.

지금까지 우리 사회의 좌표는 환멸과 절망 사이의 그 어디쯤이었다고 생각한다. 부패한 권력과 그에 기댄 세력이 벌인 국정농단 등으로 국민들을 그 지점으로 몰아갔기 때문이다. 소위 지도자라고 하는 권력자, 지배 계층은 이렇게 자기가 공격하기 쉬운 지점으로 상대를 몰아넣고 그들에게 유리한 전쟁을 벌인다. 대한민국의 주권은 국민에게 있는데도 국민은 왜 항상 그들이 끝내고 돌아간 연회장에 남아 설거지를 해야 할까. 누릴 것 다 누린 지도자들이 재난을 일으키고 환멸과 절망 사이에 놓인 국민들이 정리하는 일이 반복되고 있다. 국민 각자가 정치·경제·사회·문화 및 자기가 살아가는 영역에서 저마다의 좌표를 찾고, 그 좌표를 지키기 위해 충실하고 서로 연대하는 사회가 되어야 하는 이유다.

역사는 과거와 현재, 미래가 연결되어 있다. 동양과 서양이 연결되어 있고, 그곳에 살고 있는 사람들의 보편적인 생활양식 또한 연결되어 있다. 따라서 우리 모두는 시간과 공간에 상관없이 서로 연결되어 있다고 할 수 있다. 플루타르코스가 2천 년 전에 남긴 기록물에 오늘의 대한민국을 비추어, 우리의 의식수준을 판단해보고 싶었다. 나는 또한 시민의 눈에 비친 대한민국을 기록으로 남기고 싶었다. 내게 2016년의 대한민국은 아인슈타인Albert Einstein이 말한 '미증유의 재난'을 향해 표류하는 나라였다.

고삐 풀린 원자의 힘은 우리의 사고방식을 제외한 모든 것을 바꾸어 놓았으며 우리는 미증유의 재난을 향해 표류하고 있다.

무지몽매한 원자 하나가 우리에게 '민주주의'와 '정의'를 가르치고 받아 간 수업료가 미증유의 재난이었다고 생각할 수밖에 없었던, 두 번 다시 경험하고 싶지 않은 사건의 연속이었다. 그러나 어쩌겠는가. 우리는 여기서 교훈을 깨우치고 일어서야 하지 않겠는가. 나는 우리 시대의 현자였던 신영복 선생의 말을 기억하며 일어선다.

우리를 절망케 하는 것은 거듭되는 곤경이 아니라 거듭거듭 곤경에 처하면서도 끝내 깨닫지 못하는 어리석음이다. 어리석음은 반복이다. 그러나 거듭되는 곤경이 비록 우리들이 이룩해놓은 달성을 무너뜨린다 하더라도 다만 통절한 깨달음 하나 일으켜 세울 수 있다면 곤경은 결코 절망일 수 없다. 이제부터 그것은 새 출발의 디딤돌이 되기 때문이다. 우리의 깨달음은 결국 각자의 삶과 각자의 일 속에서 길어 올려야 할 것이다.

국민은 탄핵으로 돌려보낸 빈자리에 새로운 대통령을 앉히며 정의로운 나라를 만들어달라고 요청했다. 한겨울 눈 속에 파묻혀 보이지 않았던 씨앗 하나에서 꽃이 피어나고 있다. 하지만 그 꽃이 아름답게 피어나고 은은한 향을 멀리까지 내도록 하는 것은 정원사인 우리들의 몫임을 잊지 말아야 할 것이다.

| 참고문헌 |

⌂ 《감옥으로부터의 사색》, 신영복, 돌베개

⌂ 《광기의 역사》, 미셸 푸코, 나남출판

⌂ 《국가》, 플라톤, 숲

⌂ 《국가란 무엇인가》, 유시민, 돌베개

⌂ 《국민을 위한 선거는 없다》, 다비트 판 레이브라우크, 갈라파고스

⌂ 《군주론》, 마키아벨리, 까치

⌂ 《그리스인 조르바》, 니코스 카잔차키스, 열린책들

⌂ 《노년에 관하여 우정에 관하여》, 마르쿠스 툴리우스 키케로, 도서출판 숲

⌂ 《노무현, 시대의 문턱을 넘다》, 김종대, 나무와숲

⌂ 《뇌물의 역사》, 임용한 김인호 노혜경, 이야기가있는집

⌂ 《뇌물의 역사》, 존 T. 누난, 한세

⌂ 《당신들의 대한민국》, 박노자, 한겨레출판사

⌂ 《대통령의 조건》, 월러 R. 뉴웰, 21세기북스

⌂ 《대한민국사》, 한홍구, 한겨레출판

⌂ 《떠도는 그림자들》, 파스칼 키냐르, 문학과지성사

▲《로마인 이야기》, 시오노 나나미, 한길사

▲《롤랑 바르트, 마지막 강의》, 롤랑 바르트, 민음사

▲《메넥세노스》, 플라톤, 이제이북스

▲《명상록》, 마르쿠스 아우렐리우스, 도서출판 숲

▲《무명자집》, 윤기, 성균관대학교출판부

▲《불안증폭사회》, 김태형, 위즈덤하우스

▲《사과나무》, 존 골즈워디, 시사영어사

▲《사회학적 파상력》, 김홍중, 문학동네

▲《삶의 지혜를 위한 편지》, 세네카, 동서문화사

▲《세계사 편력》, 자와할랄 J. 네루, 일빛

▲《소크라테스의 변론 / 크리톤 / 파이돈》, 플라톤, 도서출판 숲

▲《에밀: 교육론》, 장 자크 루소, 성문각

▲《위대한 연설》, 김헌, 인물과사상사

▲《위험한 충성》, 에릭 펠턴, 문학동네

▲《이방인》, 알베르 카뮈, 시사영어사

▴《이별에도 예의가 필요하다》, 김선주, 한겨레출판

▴《일리아스》, 호메로스, 도서출판 숲

▴《자살의 역사: 자발적 죽음 앞의 서양 사회》, 조르주 미누아, 그린비

▴《좋은 기업을 넘어 위대한 기업으로》, 짐 콜린스, 김영사

▴《줄리어스 씨저》, 윌리엄 셰익스피어, 나남출판

▴《처음처럼》, 신영복, 돌베개

▴《침묵의 기술》, 조제프 앙투안 투생 디누아르, 아르테

▴《칼의 노래》, 김훈, 생각의나무

▴《펠로폰네소스 전쟁사》, 투퀴디데스, 도서출판 숲

▴《황금가지》, 제임스 조지 프레이저, 한겨레출판

▴《21세기 자본》, 토마 피케티, 글항아리

시민의 품격, 국가의 품격
'플루타르코스 영웅전'에서 민주주의를 읽다!

초판1쇄 인쇄 | 2017년 7월 20일
초판1쇄 발행 | 2017년 7월 25일

지은이 | 이충호
펴낸이 | 김진성
펴낸곳 | 벗나래

편 집 | 정소연, 허강, 박진영
디자인 | 안성희, 장재승
관 리 | 정보해

출판등록 | 2012년 4월 23일 제2016-000007
주 소 | 경기도 수원시 장안구 팔달로237번길 37, 303호(영화동)
전 화 | 02-323-4421
팩 스 | 02-323-7753
홈페이지 | www.heute.co.kr
이메일 | kjs9653@hotmail.com

값 15,000원
ISBN 978-89-97763-14-6 03330

* 잘못된 책은 서점에서 바꾸어 드립니다.